HANS DIETRICH VON LOEFFELHOLZ UND GÜNTER KÖPP

Ökonomische Auswirkungen der Zuwanderungen nach Deutschland

SCHRIFTENREIHE DES RHEINISCH-WESTFÄLISCHEN INSTITUTS FÜR WIRTSCHAFTSFORSCHUNG ESSEN

NEUE FOLGE HEFT 63

Ökonomische Auswirkungen der Zuwanderungen nach Deutschland

Von

Hans Dietrich von Loeffelholz und Günter Köpp

Duncker & Humblot · Berlin

Die Deutsche Bibliothek – CIP-Einheitsaufnahme

Loeffelholz, Hans Dietrich von:
Ökonomische Auswirkungen der Zuwanderungen nach Deutschland / von Hans Dietrich von Loeffelholz und Günter Köpp. – Berlin : Duncker und Humblot, 1998
(Schriftenreihe des Rheinisch-Westfälischen Instituts für Wirtschaftsforschung Essen ; N. F., H. 63)
ISBN 3-428-09801-3

Fotoprint: Berliner Buchdruckerei Union GmbH, Berlin
Printed in Germany

ISSN 0720-7212
ISBN 3-428-09801-3

Vorbemerkungen

Das Interesse an der ökonomischen und gesellschaftlichen Bedeutung von Zuwanderungen hat in Politik, Wissenschaft und Gesellschaft in den letzten Jahren spürbar zugenommen. Dies gilt insbesondere in Deutschland, aber auch z.B. in den Vereinigten Staaten von Amerika; beide Länder waren in der zurückliegenden Dekade bevorzugte Zielgebiete von Immigranten. Die Ursachen dafür sind mit dem Stichwort „Globalisierung" und zunehmende Integration von Volkswirtschaften in die internationale Arbeitsteilung nur unzulänglich umschrieben; jedenfalls haben die Mobilitätsschranken nicht nur für Kapital, sondern auch für den Faktor Arbeit – vor allem in Europa nach dem Ende des Ost-West-Konflikts – erheblich an Bedeutung verloren und – aus unterschiedlichen politischen, wirtschaftlichen und sozialen Gründen – zu einer verstärkten Zuwanderung von Personen insbesondere aus den ost- und südosteuropäischen Länder in die Bundesrepublik geführt.

Mit anhaltendem Zuzug und verstärkt durch Ungleichgewichte auf den Arbeitsmärkten rücken indes Befürchtungen darüber in den Vordergrund, daß Immigrationen die Situation noch verschärfen und die Anpassungslasten für die heimische Bevölkerung steigern könnten. Mit Blick auf die anhaltenden Konsolidierungserfordernisse in den öffentlichen Haushalten wachsen auch Besorgnisse in der Öffentlichkeit darüber, daß Zuwanderungen die Sozialleistungssysteme und die Infrastruktur über Gebühr beanspruchen könnten. Hinzu kommen Bedenken hinsichtlich der kulturellen Identität und der sozialen Kohäsion der Gesellschaft; diese könnten durch Immigration, zumal von Menschen aus unterschiedlichen Kulturkreisen, in Gefahr geraten.

Die vorliegende Arbeit konzentriert sich auf die ökonomischen Wirkungen der Zuwanderung nach Deutschland; sie fügt sich in eine Kette einschlägiger Arbeiten des RWI ein, deren Ursprünge weit in die siebziger Jahre zurückreichen. Seitdem hat sich das Institut mehr oder weniger kontinuierlich im Rahmen seiner bevölkerungsökonomischen Arbeiten und der RWI-Stukturberichterstattung mit wirtschaftlichen Implikationen der Beschäftigung von ausländischen Arbeitnehmern und Selbständigen sowie des Zuzugs, des Aufenthalts und der Integration von Migranten beschäftigt. Die Arbeiten haben in der Öffentlichkeit jeweils viel Beachtung gefunden und zur Versachlichung der Diskussion beigetragen.

Nunmehr legt das Institut eine Studie vor, die sich erstmalig und umfassend mit wesentlichen arbeitsmarktspezifischen, finanzwirtschaftlichen sowie wachstums- und strukturpolitischen Wirkungen der Zuwanderungen nach Deutschland in längerer Frist befaßt. Schwerpunkte sind zum einen eine aktuelle Darstellung der Zuwanderungen nach unterschiedlichen Immigrationskohorten (Deutsche und Ausländer) seit Ende des Zweiten Weltkriegs, zum anderen die gerade auch mit Blick auf den Arbeitsmarkt wichtige theoretische und empirische Frage, inwieweit die Beschäftigungs- und Einkommenssituation der Ansässigen durch die zuziehenden Arbeitskräfte tangiert wird. Daran schließen sich Überlegungen und Untersuchungen zu den Implikationen von vergangenen und zukünftigen Zuwanderungen für die öffentlichen Finanzen an, wobei der Beteiligung der Migranten an den Kosten der öffentlicher Güter („social overhead costs") besondere Beachtung geschenkt wird. Während bis hier die – auch längerfristig anhaltenden – Vorteile für die Aufnahmegesellschaft, aber auch die immer noch bestehenden Integrationsdefizite gerade der hierzulande geborenen Ausländer z.B. im Bildungs- und Ausbildungssystem sowie – als Folge davon – am Arbeitsmarkt deutlich wurden, konnten bezüglich der wachstums- und strukturpolitischen Auswirkungen der Zuwanderungen in die Bundesrepublik kaum mehr als Tendenzaussagen gewonnen werden. Der Grund dafür ist die Komplexität der Ursachen und Folgen des Wirtschaftswachstums und des wirtschaftlichen Strukturwandels; hier spielen die gegebenen Immigrationen vermutlich nur eine untergeordnete Rolle. Aber auch dieses Ergebnis dient der besseren analytischen und empirisch-statistischen Fundierung der politischen und wissenschaftlichen Diskussion. Die Arbeit soll nunmehr – auch mit Blick auf den in der Europäischen Wirtschafts- und Währungsunion aus Osten und möglicherweise aus Süden anhaltenden Wanderungsdruck – einer breiteren Öffentlichkeit zugänglich gemacht werden.

Die Studie wurde in der Forschungsgruppe „Öffentliche Finanzen und Steuern" des Instituts von Dr. Günter Köpp und Dr. Hans Dietrich von Loeffelholz erstellt, der auch die Projektleitung innehatte. Wir danken Professor Dr. Klaus F. Zimmermann, München, und Professor Dr. Dr.h.c. Bert Rürup, Darmstadt, für wertvolle Hinweise zu einer früheren Fassung.

Essen, April 1998

Rheinisch-Westfälisches Institut
für Wirtschaftsforschung

Paul Klemmer

Inhaltsverzeichnis

Drittes Kapitel

Viertes Kapitel

Auswirkungen von Zuwanderungen auf Konjunktur, Wirtschaftswachstum und Strukturwandel 119

Fünftes Kapitel

Zusammenfassende Bewertung 146

Literaturverzeichnis 153

Verzeichnis der Tabellen

Verzeichnis der Schaubilder

Problemstellung und Aufbau der Untersuchung

Die politischen Umwälzungen in Mittel- und Osteuropa seit 1989 haben zu der stärksten Zuwanderung nach Deutschland[1] seit dem Zustrom von Vertriebenen und Flüchtlingen nach Ende des Zweiter Weltkriegs geführt: Zwischen 1988 und 1995 kamen – im Saldo von Zu- und Abwanderungen – mit 4,5 Mill. Personen mehr als halb so viele Menschen, wie im Zuge der Ost-West-Wanderung vom Ende des Zweiten Weltkriegs bis zum Beginn der fünfziger Jahre in die Bundesrepublik gekommen waren[2]. Handelte es sich damals hauptsächlich um Flüchtlinge aus den ehemaligen deutschen Ostgebieten, sind heute

- knapp die Hälfte Aussiedler aus den ost- und südosteuropäischen Siedlungsgebieten deutscher Volksgruppen in den ehemaligen Ostblockstaaten einschließlich der ehemaligen Sowjetunion (2,1 Mill.) und
- gut die Hälfte Ausländer (2,4 Mill., darunter 1,7 Mill. Asylbewerber, darunter knapp 440 000 im Jahr 1992 und 130 000 im Jahr 1995); sie kommen vor allem aus Ost- und Südosteuropa sowie aus südeuropäischen EU-Mitgliedsländern und aus der Türkei.

Zu dieser Außenwanderung tritt eine beachtliche Binnenwanderung von Ost- nach Westdeutschland; so siedelten im Betrachtungszeitraum per Saldo[3] reichlich 1,1 Mill. Personen aus den neuen Bundesländern in die alten über. Diese Wanderung erfolgte vor allem von Berlin-Ost nach Berlin-West sowie von Mecklenburg-Vorpommern nach Niedersachsen, Nordrhein-Westfalen und Hamburg.

Aufgrund dieser Zuwanderung erhöhte sich der Bevölkerungsstand in Westdeutschland von 61,2 Mill. Personen (1988) auf schätzungsweise 65,8 Mill. (1995); in Deutschland nahm die Bevölkerung von 79,4 Mill. Personen (1990) auf reichlich 81,5 Mill. (1995) zu. Diese Immigration wird in der Öffentlichkeit nicht nur unter gesellschaftlichen, politischen und kulturellen Aspekten, sondern auch mit Blick auf

---

1 Im folgenden wird die Bundesrepublik Deutschland nach dem jeweiligen Gebietsstand betrachtet. Bis zum 2. Oktober 1990 umfaßte sie die alten Bundesländer und Berlin-West („Westdeutschland"), ab dem 3. Oktober 1990 zusätzlich die neuen Bundesländer und Berlin-Ost (Beitrittsgebiet bzw. „Ostdeutschland").

2 Nach R. Layard u.a., East-West Migration. The Alternatives. Cambridge, MA, 1992, S. 47f., wanderten zwischen 1945 und 1950 8 Mill. Personen nach (West-) Deutschland, 4 Mill. kamen zwischen 1950 und dem Bau der Berliner Mauer im August 1961.

3 Allein zwischen 1990 und 1994 zogen 1,2 Mill. Personen aus den neuen Bundesländern und aus Berlin-Ost in das frühere Bundesgebiet, 482 000 von West- nach Ostdeutschland. Vgl. Statistisches Bundesamt (Hrsg.) [I], Bevölkerungsentwicklung 1994. „Wirtschaft und Statistik", Stuttgart, Jg. 1995, S. 880ff.

die konjunkturellen und strukturellen Probleme in West- bzw. in Ostdeutschland mit wachsender Sorge verfolgt. Bedenken richten sich vor allem auf negative ökonomische Auswirkungen der Zuwanderung – vor allem auf solche, die im gesellschaftlichen und politischen Bewußtsein eine besondere Rolle spielen. Sie betreffen den Arbeitsmarkt, die öffentlichen Finanzen und die Infrastruktur sowie das Wirtschaftswachstum und den Strukturwandel.

Im folgenden werden auch die künftigen Kosten und Erträge der Zuwanderung insbesondere im Hinblick auf die Schrumpfung und Alterung der einheimischen Bevölkerung aufgezeigt. Dabei werden auch die gesellschaftspolitischen Grenzen dauerhafter Zuwanderung (z.B. Akzeptanz durch die einheimische Bevölkerung) berücksichtigt.

Über die kurz- und mittelfristigen Wirkungen der Zuwanderungen auf den Arbeitsmarkt, die öffentlichen Finanzen sowie auf Konjunktur bzw. Wachstum hinaus, die bisher meist im Vordergrund vergangenheitsbezogener, wissenschaftlicher Analysen im Sinne von Bestandsaufnahmen standen[4], werden die längerfristigen ökonomischen Auswirkungen der Immigration mit ins Bild genommen; dieses ist nach allen vorliegenden Bevölkerungsprognosen einerseits durch einen spürbaren Rückgang und durch eine erhebliche Alterung der einheimischen Bevölkerung geprägt, andererseits durch die zunehmende Zahl von Ausländern der zweiten und dritten Generation. Bei dieser ex ante-Untersuchung wird – ausgehend von Bevölkerungsmodellrechnungen im Rahmen von konsistenten Szenarien der makroökonomischen Entwicklung – auf eine Differenzierung nach einzelnen Nationen verzichtet, aber nach Aussiedlern und Ausländern unterschieden.

Die Untersuchung gliedert sich in vier Schwerpunkte: Zunächst wird als Folge der Zuwanderungen und der natürlichen Bevölkerungsbewegungen die demographische Entwicklung der Gesamtbevölkerung und die des ausländischen Bevölkerungsteils in den letzten 50 Jahren skizziert (erstes Kapitel). In diesem Zusammenhang interessieren auch die jeweiligen Bestimmungsgründe der Migration; dabei werden die Vertreibungs- und Flüchtlingswelle (1945 bis 1950 bzw. 1950 bis 1961), die Gastarbeiterwelle (1955 bis 973), die Welle der Familienzusammenführung (1974 bis 1988) und die aktuelle Zuwanderung nach Beendigung des Ost-West-Gegensatzes (seit 1988) unterschieden. Vor diesem Hintergrund werden auch die entsprechende Entwicklung in

4 Vgl. z.B. G. Barabas u.a., Gesamtwirtschaftliche Effekte der Zuwanderung 1988 bis 1991. „RWI-Mitteilungen", Berlin, Jg. 43 (1992), S. 133ff., A. Gieseck, U. Heilemann und H.D. von Loeffelholz [I], Wirtschafts- und sozialpolitische Aspekte der Zuwanderung in die Bundesrepublik. „Aus Politik und Zeitgeschichte", Beilage zur Wochenzeitschrift „Das Parlament", Nr. B 7/93, Bonn 1993, S. 29ff., H.D. von Loeffelholz [I], Der Beitrag der Ausländer zum wirtschaftlichen Wohlstand in der Bundesrepublik Deutschland. „Zeitschrift zur Politischen Bildung (Eichholz Brief)", Bonn, Jg. 29 (1992), Heft 1, S. 60ff., H.D. von Loeffelholz, A. Gieseck und H. Buch, Ausländische Selbständige in der Bundesrepublik. (Schriftenreihe des Rheinisch-Westfälischen Instituts für Wirtschaftsforschung, N.F. Heft 56.) Berlin 1994, und A. Gieseck, U. Heilemann and H.D. von Loeffelholz [II], Economic Implications of Migration into the Federal Republic of Germany, 1988–1992. „International Migration Review", Staten Island, NY, vol. 29 (1995), S. 693ff. Vgl. auch G. Wagner, Ausgewählte sozialpolitische Probleme der Eingliederung von Zuwanderern. In: J. Genosko u.a. (Hrsg.), Soziale Integration in Europa II. (Schriften des Vereins für Socialpolitik, N.F. Band 222/II.) Berlin 1996, S. 57ff., mit weiterführenden Literaturhinweisen.

anderen europäischen Ländern sowie in den klassischen Zuwanderungsländern, den Vereinigten Staaten, Kanada und Australien untersucht.

Als wesentlicher Schwerpunkt der demographischen Bewegungen interessieren die Auswirkungen der Zuwanderung auf den Arbeitsmarkt (zweites Kapitel). Insbesondere wird nach dem Einfluß der Immigration auf Umfang und Altersstruktur der Bevölkerung und damit auf das Erwerbspersonenpotential, differenziert nach Geschlechtern, Deutschen und Ausländern sowie nach beruflicher und sektoraler Struktur, gefragt. Weiter werden die Möglichkeiten für Zuwanderer analysiert, je nach konjunktureller Situation, beruflicher Qualifikation und im weiteren Sinne nach persönlichen Merkmalen einen Arbeitsplatz in Deutschland zu finden. Dabei steht vornehmlich die abhängige Beschäftigung im Vordergrund der Betrachtungen; darüber hinaus interessiert, inwieweit und warum es – vor allem in den achtziger Jahren – verstärkt zur Gründung selbständiger Existenzen durch Ausländer gekommen ist. Schließlich ist zu untersuchen, inwieweit die Beschäftigungschancen der einheimischen Bevölkerung in kurzer, mittlerer und langer Frist durch die Zuwanderer beeinflußt werden. In diesem Zusammenhang wird auch auf die Erfahrungen in den genannten Einwanderungsländern eingegangen. Etwaigen Verdrängungseffekten werden direkte und indirekte Beschäftigungswirkungen gegenübergestellt.

Als weiterer Schwerpunkt werden die direkten und indirekten Kosten und Erträge der Zuwanderung für die Haushalte von Gebietskörperschaften und Sozialversicherungen (öffentliche Haushalte) quantifiziert (drittes Kapitel). In die Untersuchung einbezogen werden insbesondere zusätzliche Einkommen- und Verbrauchsteuern und Sozialabgaben sowie Transfers (z.B. Starthilfen, Kindergeld, Arbeitslosengeld, Aufwendungen für die Integration in den Arbeitsmarkt) sowie gruppenspezifische Ausgaben für wichtige Infrastrukturbereiche (z.B. Bildungs- und Gesundheitssystem, Wohnungsmarkt, Verkehrswege). Darüber hinaus wird der Beitrag der Zuwanderer zur Finanzierung solcher staatlichen Aufwendungen, die vom Zuzug und vorübergehenden oder auch dauerhaften Aufenthalt von Zuwanderern und damit von der Bevölkerungsgröße weitgehend unabhängig sind (social overhead costs), berücksichtigt. Als aktuelles Beispiel mögen an dieser Stelle die Kosten der deutschen Einigung genügen.

Dabei wird auch versucht, ggf. die fiskalischen Wirkungen von Beschäftigungs- und Verdrängungseffekten auf dem Arbeitsmarkt, strukturelle Verschiebungen auf dem Wohnungsmarkt und Abwanderungen in die Schattenwirtschaft (indirekte Kosten) quantitativ abzugreifen. Das Ergebnis wird den indirekten Erträgen gegenübergestellt, die sich aus der fortschreitenden Integration der Zuwanderer in wirtschaftlicher und gesellschaftlicher Hinsicht ergeben. Wirtschaftliche sowie soziale und kulturelle Integration sind wesentliche Voraussetzungen dafür, daß allgemein ein gegenüber Ausländern aufgeschlossenes Klima in der heimischen Bevölkerung gewahrt bleibt. Eine unterbliebene bzw. unterbleibende Integration könnte bedeuten, daß Potentiale zur Steigerung der gesamtwirtschaftlichen Wohlfahrt nicht genutzt werden bzw. zusätzliche Kosten durch besondere administrative Vorkehrungen oder durch eine höhere Inanspruchnahme öffentlicher Leistungen entstehen[5].

---

5 Vgl. im einzelnen Rheinisch-Westfälisches Institut für Wirtschaftsforschung und Institut für Politikwissenschaft der Universität Münster (Hrsg.), Kosten der Nichtintegration ausländischer Zuwande-

Schließlich werden in diesem Kapitel die längerfristigen Auswirkungen der Bevölkerungs- und Arbeitsmarktentwicklung auf die Belastung des Sozialversicherungssystems untersucht; differierende Zuwanderungsszenarien sollen dabei einen Eindruck von den Handlungsmöglichkeiten, aber auch von den Grenzen vermitteln. Gefragt wird, inwieweit Zuwanderer einen spürbaren Beitrag zur Abschwächung des langfristigen Rückgangs der heimischen Bevölkerung und des vorhersehbar geringeren Arbeitsangebots in den nächsten Dekaden leisten können: Bei der voraussichtlichen Entwicklung von Geburtenraten und Lebenserwartung der heimischen Bevölkerung wird es nach der Jahrtausendwende zu einer demographischen Lücke von jahresdurchschnittlich etwa 200 000 bis 300 000 Personen kommen; immer mehr Rentner werden immer weniger Beitragszahlern mit entsprechend steigenden Beitragslasten gegenüberstehen. Es wird gefragt, inwieweit Zuwanderung zur Abschwächung der zunehmenden „Alterslast" beitragen kann und welche Optionen, etwa längere Lebensarbeitszeiten, verstärkte Erwerbsbeteiligung der ansässigen Arbeitskräfte oder geringere Einkommenssteigerungen, zur Problemlösung in Frage kommen, insbesondere auch welchen Kosten bzw. welchen trade-offs zwischen Zuwanderung und Einkommenseinbußen sich die ansässige Erwerbs- und Altersbevölkerung bei einem Verzicht auf Immigration gegenübersähen. Dabei ist in Rechnung zu stellen, daß die absehbaren Einkommenssteigerungen jährlich 1 bis 2 vH nicht überschreiten dürften[6].

Die Bedeutung der Zuwanderung für das Wirtschaftswachstum und den Strukturwandel bildet einen weiteren Schwerpunkt der vorliegenden Untersuchung (viertes Kapitel). Auf der Basis entsprechender nachfrage- und angebotsseitiger wachstumstheoretischer Ansätze wird im einzelnen gefragt, ob eine Zuwanderung der gesamtwirtschaftlichen Entwicklung in Deutschland eher förderlich oder abträglich sein dürfte[7] und welche demographischen und qualifikatorischen Voraussetzungen bei den Immigranten für die eine oder andere Wirkung gegeben sein müßten. In diesem Zusammenhang ist auch zu analysieren, ob es dabei längerfristig wegen des vermehrten Arbeitsangebots zu einer Verlangsamung der arbeitsplatzsparenden Investitionstätigkeit kommt und damit der Strukturwandel, der für die Aufrechterhaltung der Wettbewerbsfähigkeit der deutschen Wirtschaft und damit letztlich für das Wirtschaftswachstums notwendig ist, verlangsamt wird[8] oder ob – umgekehrt – eine weitere Zuwanderung

---

rer. Gutachten im Auftrag des Ministeriums für Arbeit, Gesundheit und Soziales des Landes Nordrhein-Westfalen. (Bearb.: H.D. von Loeffelholz, D. Thränhardt und A. Gieseck.) Düsseldorf 1996, S. 1ff.

6 Vgl. dazu H.D. von Loeffelholz [II], Zuwanderung: Erfahrungen und Perspektiven der Zuwanderung in die Bundesrepublik aus ökonomischer Sicht. In: Forschungsinstitut der Friedrich-Ebert-Stiftung (Hrsg.), Von der Ausländer- zur Einwanderungspolitik. (Gesprächskreis Arbeit und Soziales, Nr. 32.) Düsseldorf 1994, S. 59f.

7 Diese Fragen behandelt z.B. auch Economic Council of Canada (Ed.), Economic and Social Impact of Immigration. A Research Report prepared for the Economic Council of Canada. Ottawa 1991, S. 36ff., für die Entwicklung Kanadas in den letzten 45 Jahren. Vgl. auch o.V., Immigration vorteilhaft für die wirtschaftliche Entwicklung. „Handelsblatt", Düsseldorf, Ausgabe vom 10. Dezember 1992, S. 12.

8 Vgl. W. Lamberts, Wachstum und Strukturbildung bei Ausländerbeschäftigung. (Schriftenreihe des Rheinisch-Westfälischen Instituts für Wirtschaftsforschung, N.F. Heft 38.) Berlin 1976, S. 28ff., und M. Wehrmann, Auswirkungen der Ausländerbeschäftigung auf die Volkswirtschaft der Bundesrepublik Deutschland in Vergangenheit und Zukunft. Baden-Baden 1989, S. 151ff.

geradezu als eine wichtige Voraussetzung für Strukturwandel und weiteres Wirtschaftswachstum zu betrachten ist. Hier werden wiederum die Erfahrungen in den klassischen Einwanderungsländern berücksichtigt.

Eine zusammenfassende Bewertung der Untersuchungsergebnisse beschließt die Arbeit (fünftes Kapitel). Im Vordergrund stehen dabei die arbeitsmarktpolitischen, finanzwirtschaftlichen und wachstumspolitischen Implikationen von Zuwanderungen sowie Schlußfolgerungen für eine zukünftige Immigrationspolitik, welche sich nicht nur auf die mögliche Steuerung des Zuzugs von Zuwandernden beziehen, sondern insbesondere auf die Integration der bereits Zugewanderten.

Erstes Kapitel

Zuwanderungen in längerfristiger Perspektive

1. Ursachen und Ausmaß der Migration

1.1. Theoretische Bestimmungsgründe

Die ökonomische Erklärung von Wanderungen orientiert sich am Paradigma rationalen Verhaltens. Auch wenn sie in der Realität das Ergebnis unterschiedlicher Motive und Anlässe sein können, ist für die konkrete Situation Deutschlands anzunehmen, daß ökonomische Gründe stets mitbestimmend, wenn nicht ausschlaggebend sind[1]. Grundlage für die Entscheidung zur Migration von Individuen und Gruppen ist das Ziel der Maximierung der individuellen oder gemeinsamen Nutzenfunktion, in welche die bis zum Planungshorizont aggregierten und entsprechend diskontierten Erträge und Kosten der Migration eingehen. Dazu wird unterstellt, daß die potentiellen Migranten alle Faktoren, die die wirtschaftliche Situation am gegenwärtigen Aufenthaltsort (push-Faktoren) und am möglichen Zielort (pull-Faktoren) bestimmen, bewerten, zusammenfassen und einander gegenüberstellen[2]. Die erwarteten Erträge der Migration ergeben sich unter Berücksichtigung der individuellen Beschäftigungschancen aus den Unterschieden im Einkommens- oder Wohlstandsniveau bzw. der wirtschaftlichen Entwicklung. Als wesentliche Bestimmungsgrößen können dazu die Unterschiede der Realeinkommen[3], der Arbeitslosenquoten und die Dichte des sozialen Netzes herangezogen werden. Dabei offenbart sich eine erhebliche Spannbreite: So überstieg Mitte der achtziger Jahre das Pro-Kopf-Einkommen der EU das in den ehemaligen Ostblockstaaten um mehr als das Dreifache, das in Süd- und Südostasien um etwa das Zehnfache und das in Afrika um das Fünfzehnfache[4]. Schon angesichts einer zwischen Industrie-

---

1 Vgl. A. Kruse, Wanderungen (II): Internationale Wanderungen. In: E. von Beckerath u.a. (Hrsg.), Handwörterbuch der Sozialwissenschaften, Band 11. Stuttgart u.a. 1961, S. 504.

2 Vgl. dazu P. Franz, Soziologie der räumlichen Mobilität. Eine Einführung. Frankfurt und New York 1984, S. 57ff., und H. Körner, Internationale Mobilität der Arbeit. Eine empirische und theoretische Analyse der internationalen Wirtschaftsmigration im 19. und 20. Jahrhundert. Darmstadt 1990, S. 16ff.

3 Vgl. A. Kruse, S. 505.

4 Auch wenn der direkte internationale Vergleich der Pro-Kopf-Einkommen mit erheblichen Meßproblemen behaftet ist, lassen die Ergebnisse aus zahlreichen Studien auf deutliche Divergenzen schließen.

und Entwicklungsländern weiterhin divergierenden Bevölkerungsentwicklung ist eine spürbare Angleichung der Wohlstandsniveaus gegenwärtig nicht abzusehen.

Die Entscheidung zur Wanderung wird getroffen, wenn die erwarteten Erträge die mit der Wanderung einhergehenden materiellen und immateriellen Kosten übersteigen. Tendenziell abnehmende Transportkosten und die mit der engen weltwirtschaftlichen Verflechtung verbundene Verbesserung des Informationsstandes haben in der Vergangenheit zu einem Abbau von materiellen Kosten und Risiken beigetragen, und die Möglichkeit von Transferzahlungen an daheim gebliebene Familienmitglieder dürfte „immaterielle Reibungsverluste"[5] reduzieren.

Insgesamt können ökonomische Überlegungen das Wanderungsverhalten natürlich nur in den Grenzen bestimmen, die kulturelle Faktoren sowie aus- und einwanderungspolitische Maßnahmen in den jeweiligen Ländern setzen[6]. Dies zeigt auch der folgende Überblick über die Zuwanderung nach Deutschland seit dem Ende des Zweiten Weltkriegs.

1.2. Die Zuwanderungen seit 1945

Das Gebiet der seit dem 8. Mai 1945 aus den drei Besatzungszonen der West-Alliierten bestehenden und im September 1949 entstandenen Bundesrepublik Deutschland ist in den letzten fünf Jahrzehnten weit vor Frankreich bedeutendstes Zuwanderungsziel in Westeuropa gewesen[7]; dies gilt auch in bezug auf die Immigration von Ausländern. Bei der Relation der Zuwanderer zur ansässigen Bevölkerung übertraf es bis Ende der sechziger Jahre sogar die Vereinigten Staaten und Kanada (vgl. Tabelle 1)[8].

In den letzten 50 Jahren ließen sich in Deutschland etwa 20 Mill. Personen unterschiedlicher geographischer, nationaler und kultureller Herkunft nieder; diese Unterschiede sollten insbesondere in bezug auf die deutschen Zuwanderer (Flüchtlinge, Vertriebene, Aussiedler und Übersiedler) gegenüber den Immigranten z.B. in die Vereinigten Staaten berücksichtigt werden. Deshalb wird die Migration der vergangenen fünf Dezennien im folgenden in Abhängigkeit von den unmittelbaren und mittelbaren Wanderungsursachen, von Richtung und Zusammensetzung der Zuwanderungsströme sowie vom Einsatz wanderungspolitischer Maßnahmen in die Vertreibungs-,

---

5 Vgl. H. Körner, S. 16.

6 So kommen Korrelationsrechnungen für den Zeitraum 1960 bis 1991 zu einem engen positiven Zusammenhang zwischen Wachstum des Bruttoinlandsprodukts und Zuwanderung von Ausländern; dagegen besteht kein signifikanter Zusammenhang zwischen Wachstum und Zuzug von Über- und Aussiedlern; ihr Wanderungsverhalten war offensichtlich durch den „Eisernen Vorhang" eingeschränkt.

7 Vgl. auch OECD (Ed.) [I], The Changing Course of International Migration. Paris 1993, S. 38; dies gilt erst recht, wenn man die unmittelbare Nachkriegszeit bis Ende der vierziger Jahre und die letzten zehn Jahre betrachtet.

8 Nach Westeuropa, d.h. vor allem nach Deutschland und Frankreich, wanderten in den fünfziger und sechziger Jahren 3,0 bzw. 3,2 Personen je 1 000 Personen der ansässigen Bevölkerung zu, während dies in Nordamerika (Vereinigten Staaten und Kanada) 2,7 bzw. 2,3 Personen waren; vgl. OECD (Ed.) [I], S. 38f.

Tabelle 1

Immigration in ausgewählte OECD-Länder

1946 bis 1994; in 1 000 Personen

Zeitraum	Deutschland[1] insgesamt	Deutschland[1] darunter: Ausländer	Frankreich	Italien	Kanada	Vereinigte Staaten
1946 bis 1949	5 479	.	.	.	320	1 730
1950 bis 1954	1 769	–99	169	–496	599	1 896
1955 bis 1959	2 124	213	791	–513	523	1 859
1960 bis 1964	1 834	1 145	1 469	–398	179	1 877
1965 bis 1969	1 110	872	504	–560	521	2 263
1970 bis 1974	1 691	1 486	477	–81	448	4 081
1975 bis 1979	137	–162	186	83	244	4 675
1980 bis 1984	189	–147	380	364	438	2 816
1985 bis 1989	2 151	920	–25	302	689	3 508
1990 bis 1994	3 445	1 815	260[a]	447[a]	952[a]	3 363[b]
insgesamt	19 929	6 043	4 211	–852	4 914	28 068
nachrichtlich: insgesamt in vH der Bevölkerung des Jahres 1992	31,4[c]	9,5	7,4	–1,4	18,0	11,0

Eigene Berechnungen nach amtlichen Angaben, nach OECD (Ed.) [I], S. 38, und nach OECD (Ed.) [II], Trends in International Migration (SOPEMI). Annual Reports 1993 und 1994. Paris 1994 und 1995; teilweise geschätzt. – [1]Westzonen bzw. nach jeweiligem Gebietsstand. – [a]1990 bis 1993. – [b]1990 und 1991. – [c]Bevölkerung der alten Bundesländer. RWI ESSEN

Flüchtlings-, „Gastarbeiter-" und in die Zuwanderungswelle als Folge der politischen Umwälzungen in Osteuropa Ende der achtziger Jahre bzw. Anfang der neunziger Jahre unterteilt (vgl. Tabelle 2)[9].

1.2.1. Vertreibungswelle[10]

In den ersten 5 Jahren nach dem Ende des Zweiten Weltkriegs mußten 12 Mill. deutsche und deutschstämmige Personen die Aussiedlungsgebiete in Osteuropa verlassen (Vertriebene[11]); darunter wanderten etwa 8 Mill. nach Westdeutschland, dessen Bevöl-

9 Vgl. dazu K.F. Zimmermann, Migration Pressure in Germany: Past and Future. (Münchener wirtschaftswissenschaftliche Beiträge, Nr. 91/24.) München 1991.

10 Einen umfassenden historischen Überblick über die Wanderungsbewegungen in Europa seit Beginn des 18. Jahrhunderts gibt S. Sassen, Migranten, Siedler, Flüchtlinge. Von der Massenauswanderung zur Festung Europa. Frankfurt a.M. 1996.

11 Vertriebene sind nach amtlicher Definition deutsche Staatsangehörige und deutsche Volksangehörige, die die Aussiedlungsgebiete im Osten des ehemaligen Deutschen Reichs unter fortdauerndem Vertreibungsdruck verlassen haben, um ihren ständigen Aufenthalt in der Bundesrepublik zu begründen.

Tabelle 2

Zuwanderungen nach Deutschland 1946 bis 1995; in 1 000 Personen						
Jahr	Deutsche			Ausländer		insgesamt
	Vertriebene und Aussiedler	Übersiedler aus der DDR	insgesamt	insgesamt	darunter: Nicht-EU	
1946	3 634	19	3 653	.	.	3 653
1947	506	112	618	.	.	618
1948	577	101	678	.	.	678
1949	337	193	530	.	.	530
1946 bis 1949	5 054	425	5 479	.	.	5 479
1950	275	179	454	18	.	472
1951	179	155	334	–38	.	296
1952	143	137	280	–43	.	237
1953	193	257	450	–15	.	435
1954	125	225	350	–21	.	329
1955	180	233	413	20	.	433
1956	133	196	329	40	.	369
1957	260	222	482	46	.	528
1958	248	147	395	43	.	438
1959	159	133	292	64	.	356
1960	141	166	307	194	.	501
1961	17	207	224	200	.	424
1950 bis 1961	2 053	2 257	4 310	508	.	4 818
1962	16	21	37	247	.	284
1963	15	43	58	250	.	308
1964	21	42	63	254	.	317
1965	24	30	54	120	.	174
1966	28	24	52	97	.	149
1967	26	20	46	–144	.	–98
1968	23	16	39	258	144	297
1969	30	17	47	541	337	588
1970	19	18	37	541	330	578
1971	34	17	51	371	219	422
1972	24	17	41	273	476	314
1973	23	15	38	342	245	380
1962 bis 1973	283	280	563	3 150	1 751	3 713
1974	25	13	38	–41	26	–3
1975	20	16	36	–234	–102	–198
1976	44	15	59	–128	–146	–69
1977	54	12	66	–29	–3	37
1978	58	12	70	50	45	120
1979	55	13	68	179	126	247
1980	52	13	65	246	177	311
1981	69	15	84	85	64	169
1982	48	13	61	–112	–53	–51
1983	38	11	49	–152	–82	–103
1984	36	41	77	–214	–171	–137
1985	39	25	64	32	3	96
1986	43	26	69	131	46	200
1987	79	19	98	139	99	237

noch Tabelle 2

Zuwanderungen nach Deutschland

1946 bis 1995; in 1 000 Personen

Jahr	Deutsche			Ausländer		insgesamt
	Vertriebene und Aussiedler	Übersiedler aus der DDR	insgesamt	insgesamt	darunter: Nicht-EU	
1974 bis 1987	660	244	904	–48	29	856
1988	203	40	243	289	208	532
1989	377	380	757	329	243	1 086
1990	397	353	750	370	240	1 120
1991	222	x	222	423	326	645
1992	220	x	220	593	473	813
1993	215	x	215	277	210	492
1994	223	x	223	152	100	375
1995	218	x	218	155	100	373
1988 bis 1995	2 075	773	2 848	2 588	1 900	5 436
1946 bis 1995	10 125	3 979	14 104	6 198	3 680	20 302

Nach amtlichen Angaben. RWI ESSEN

kerung dadurch auf knapp 50 Mill. Personen zunahm. Zwischen dem Jahr 1946, für das erste Ergebnisse der amtlichen Statistik verfügbar sind, und 1949 kamen reichlich 5 Mill. Vertriebene in die Westzonen, darunter 3,6 Mill. allein 1946. Sie wiesen annähernd die gleiche sozioökonomische und demographische Struktur auf wie die ansässige Bevölkerung, was bei dieser zwangsweisen Wanderung nicht weiter verwundert. In dem betrachteten Jahrfünft siedelten weiter 425 000 Personen von der Ostzone in die Westzonen über[12].

1.2.2. Flüchtlingswelle

In den Jahren von 1950 bis zum Bau der Mauer an der innerdeutschen Grenze im August 1961 verfünffachte sich die Zahl der Übersiedler aus der DDR auf fast 2,3 Mill.[13], die damit fast ein Siebtel ihrer Bevölkerung verlor. Zusammen mit den noch reichlich 2 Mill. Vertriebenen aus den Ostgebieten des ehemaligen Deutschen Reiches wanderten in der Aufbauphase der Bundesrepublik 4,3 Mill. deutsche und deutschstämmige Personen zu, was einen Bevölkerungszuwachs um fast 9 vH von knapp 50 Mill. (1950) auf 54,3 Mill. (1961) bedeutete[14].

---

12 Übersiedler sind solche deutschen Staatsangehörigen und deutschen Volksangehörigen, die die DDR und Berlin-Ost verlassen haben, um ihren ständigen Aufenthalt in der Bundesrepublik zu begründen.

13 Zwischen 1953, dem Jahr des Volksaufstands in der DDR am 17. Juni, und 1961 siedelten fast 1,8 Mill. Personen in die Bundesrepublik über.

14 Auf den Anteil der jeweiligen Staatsausgaben am laufenden Sozialprodukt (Staatsquote) hatte dies indes offensichtlich kaum Einfluß: die Quote stieg nur um etwa 2 vH-Punkte auf 34 vH.

1.2.3. „Gastarbeiter"-Welle

Der mit dem wirtschaftlichen Aufschwung einhergehende Bedarf an Arbeitskräften überstieg schon Ende der fünfziger Jahre das inländische Erwerbspersonenpotential[15]. Auch wenn die rasche wirtschaftliche Expansion ohnehin ausländische Erwerbspersonen anzog, wurden nach dem Mauerbau 1961, der den Zustrom von Aus- und Übersiedlern weitgehend gestoppt hatte, und angesichts der Wiedereinführung der Wehrpflicht sowie beträchtlicher tariflicher Arbeitszeitverkürzungen, die sich z.B. zwischen 1960 und 1970 in der gewerblichen Wirtschaft und bei den Gebietskörperschaften auf 7 vH beliefen, im Wege zwischenstaatlicher Vereinbarungen ausländische Arbeitnehmer aus südeuropäischen und nordafrikanischen Ländern angeworben[16]; den ersten Anwerbevereinbarungen über „Gastarbeiter" mit Italien (1955) sowie mit Spanien und Griechenland (1960) folgten weitere mit der Türkei (1961 und 1964), mit Marokko (1963), Portugal (1964), Tunesien (1965) und Jugoslawien (1968).

Bis 1973 strömten im Saldo 3,1 Mill. ausländische Zuwanderer nach Westdeutschland – darunter 1,75 Mill. aus Nicht-EU-Ländern (seit 1968), wie der Türkei, Polen, Jugoslawien und aus außereuropäischen Staaten –, während die Zahl der Aus- und Übersiedler jeweils nicht einmal mehr ein Zehntel erreichte (280 000). Bereits 1965 wurden 1,1 Mill. ausländische Arbeitskräfte in Deutschland gezählt, 1973 sogar 2,6 Mill. Der Anwerbepolitik lag die Vorstellung zugrunde, daß die „Gastarbeiter" – vorwiegend Männer im Alter zwischen 26 und 45 Jahren – auf Zeit nach Deutschland kommen und anschließend mit den Ersparnissen und ihrem technischen Know-How in die Heimatländer zurückkehren sollten. Dies hat sich allerdings nicht realisieren lassen: Zum einen wollten viele Gastarbeiter ihre im Vergleich zum Heimatland günstigen Verdienstmöglichkeiten nicht aufgeben, zum anderen verzichteten viele Unternehmen nur ungern auf die mittlerweile eingearbeiteten und voll leistungsfähigen Kräfte. Da somit viele „Gastarbeiter" in Deutschland dauerhaft seßhaft wurden und auch der Familiennachzug zunahm, stieg die ausländische Bevölkerung von schätzungsweise 1,3 Mill. Personen (1965) – zehn Jahre zuvor dürfte es erst etwa die Hälfte gewesen sein – auf knapp 4 Mill. (1973)[17] (vgl. Schaubild 1). Der Anteil der Ausländer an der Gesamtbevölkerung nahm von reichlich 2 vH auf 6,5 vH zu, der der ausländischen Arbeitnehmer an den Arbeitnehmern insgesamt (Ausländerquote[18]) verdoppelte sich auf 11 vH.

---

15 Vgl. z.B. B.B. Schmidt, Zur Entwicklung der Situation und zur beruflichen Integration von Ausländern in der Bundesrepublik Deutschland. „Informationen zur Raumentwicklung", Bonn, Jg. 1991, S. 405ff.; H. Herrmann, Ursachen und Entwicklung der Ausländerbeschäftigung. (Informationen zur politischen Bildung, Nr. 237.) Bonn 1992, S. 4ff.; H. Giersch, K.-H. Paqué and H. Schmieding, The Fading Miracle. Four Decades of Market Economy in Germany. (Cambridge Surveys in Economic Policies and Institutions.) Cambridge 1994, S. 125ff.

16 Zu einem chronologischen Abriß der Ausländerpolitik in Deutschland vgl. K.J. Bade, Ausländer, Aussiedler, Asyl in der Bundesrepublik Deutschland. Bonn 1994, S. 18ff. Vgl. auch M. Wehrmann, S. 30.

17 Der Anteil der (sozialversicherungspflichtig beschäftigten) ausländischen Arbeitnehmer an der ausländischen Bevölkerung ging dadurch von 85 vH (1965) auf 65 vH (1973) zurück. 1980 lag er bei 45 vH; derzeit dürfte er nur noch knapp 35 vH betragen.

18 Jeweils sozialversicherungspflichtige Arbeitnehmer; sozialversicherungsfrei Beschäftigte (sog. 590- bzw. 500-DM-Jobs (West- bzw. Ostdeutschland)) oder solche, die neben ihrer Haupterwerbstätigkeit

Schaubild 1

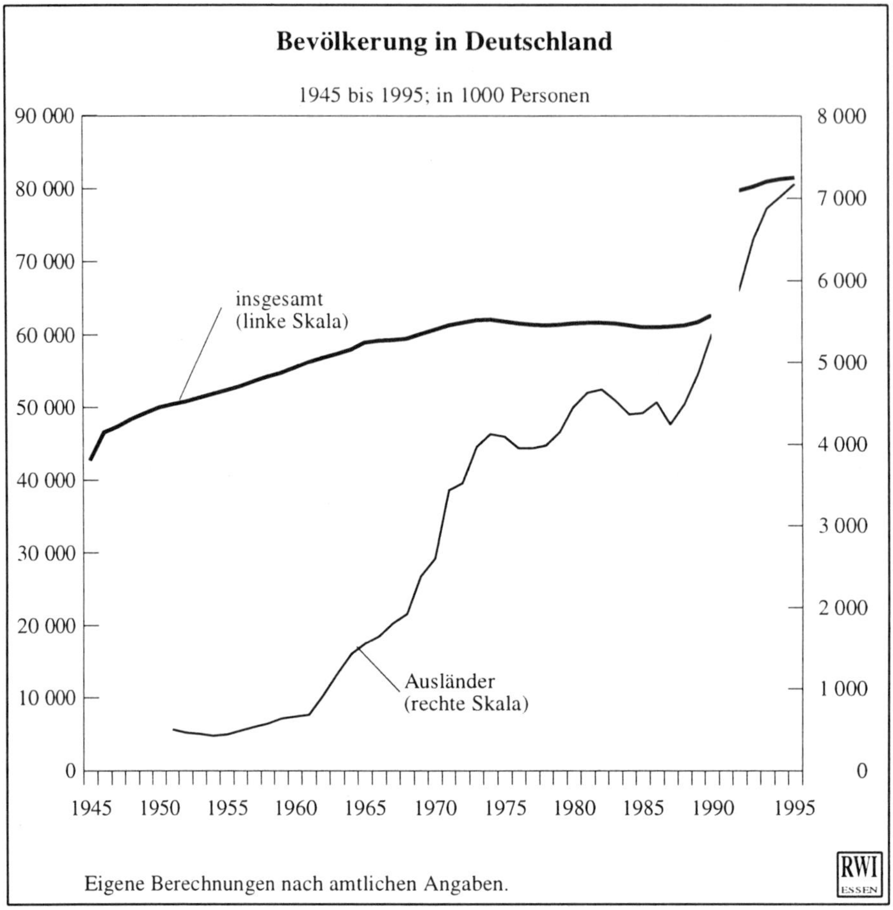

Mit Beginn der Rezession im Gefolge der ersten Ölpreiskrise beendete 1974 ein Anwerbestopp die Zuwanderung ausländischer Arbeitnehmer; bis 1987 wanderten viele Beschäftigte – unterstützt durch Rückkehrhilfen, die vor allem zur Entlastung des

---

eine geringfügige Nebentätigkeit ausüben, sind dabei nicht berücksichtigt. Deren Umfang wurde für das Frühjahr 1992 für Deutschland mit 4,5 Mill. beziffert, darunter rund zwei Drittel sozialversicherungsfreie Beschäftigte und ein Drittel geringfügige Nebentätigkeiten. Unter ersteren – mit einem Frauenanteil von 68 vH – dürften sich vermutlich relativ viele Ausländerinnen befinden. Vgl. K. Rohr und G. Heyer, Differenzierte Betrachtung. „Bundesarbeitsblatt", Bonn, Jg. 1996, Heft 6, S. 9ff., sowie U. Engelen-Kefer u.a., Beschäftigungspolitik. Dritte Auflage, Köln 1995, S. 183ff. Vgl. auch Institut für Sozialforschung und Gesellschaftspolitik (Hrsg.), Sozialversicherungsfreie Beschäftigung. Gutachten im Auftrag des Bundesministeriums für Arbeit und Sozialordnung. Köln 1992.

Schaubild 2

Geschlechtsproportion und Altersstruktur der ausländischen Bevölkerung in Deutschland

1961 bis 1995; Anteil in vH

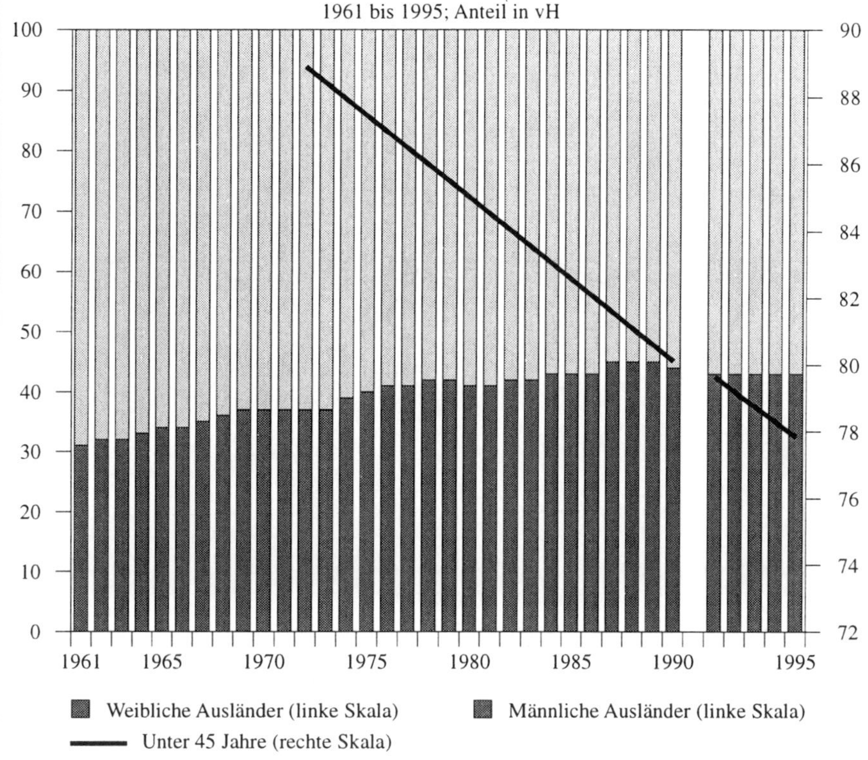

Eigene Berechnungen nach amtlichen Angaben.

Arbeitsmarkts seit Anfang der achtziger Jahre gewährt wurden[19] – in ihre Heimatländer zurück, „im Gegenzug" kamen viele Familienangehörige der verbliebenen ausländischen Erwerbstätigen, insbesondere (Ehe-) Frauen mit den Kindern, was den Anteil der weiblichen Personen an der ausländischen Bevölkerung insgesamt erheblich erhöhte („Feminisierung"). Der Anteil der unter 45 Jahre alten Ausländer an allen Ausländern fiel – dem längerfristigen Trend folgend – auf unter 82 vH (vgl. Schaubild 2).

---

19 Eine wesentliche Maßnahme war die Erstattung von (Arbeitnehmer-) Beiträgen zur gesetzlichen Rentenversicherung. Da die Arbeitgeberbeiträge, die wie die Arbeitnehmeranteile ökonomisch betrachtet Lohnbestandteile darstellen, nicht erstattet wurden, erfolgte eine Umverteilung von den rückkehrenden zu den verbleibenden Arbeitnehmern. Vgl. Antwort der Bundesregierung auf die Große Anfrage der Abgeordneten G. Andres u.a. und der Fraktion der SPD, Situation ausländischer Rentner und Senioren in der Bundesrepublik Deutschland. Deutscher Bundestag, Drucksache 12/5796. Bonn 1993, S. 19ff.

Schaubild 3

Beschäftigung von Arbeitnehmern insgesamt und von ausländischen Arbeitnehmern

1973 bis 1987; Veränderung gegenüber dem Vorjahr in vH

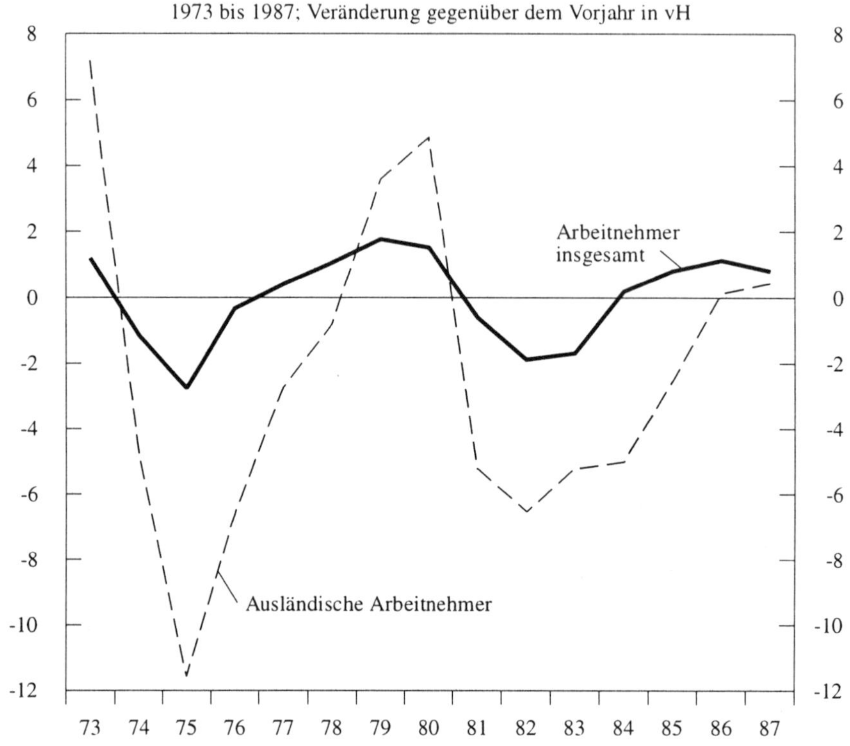

Eigene Berechnungen nach amtlichen Angaben.

RWI ESSEN

Die erwerbstätigen Ausländer erfüllten in dieser Phase vorwiegend die Funktion eines Arbeitskräftepuffers[20]: Die im Konjunkturverlauf prozyklischen Schwankungen der (sozialversicherungspflichtigen) Beschäftigung von Ausländern war deutlich ausgeprägter als die der Arbeitnehmer insgesamt (vgl. Schaubild 3).

1.2.4. Familienzusammenführung

Die restriktiven zuwanderungspolitischen Maßnahmen verstärkten aufgrund der Regelung, daß für Ausländer aus Nicht-EU-Ländern, d.h. vor allem aus der Türkei, nach erfolgtem Fortzug eine Wiedereinreise zum Zweck der Arbeitsaufnahme in der

20 Vgl. dazu auch H.-P. Klös, Zuwanderungsbedingter Potentialzuwachs: Substitution Arbeitsloser oder Mehrbeschäftigung? „IW-Trends", Köln, Jg. 18 (1991), Heft 3, S. 31f.

Regel nicht mehr möglich war, die Neigung zum Daueraufenthalt und zur Familienzusammenführung. Hinzu kamen zum einen der Verlust sozialversicherungsrechtlicher Ansprüche, z.B. auf Arbeitslosengeld und -hilfe[21], und zum anderen die weiterhin wenig attraktive Situation in den Heimatländern[22]. Demgegenüber wanderten viele Ausländer aus EU-Ländern – im Wissen um die in den Römischen Verträgen garantierte Freizügigkeit – in ihre Herkunftsländer zurück. Der Anwerbestopp hatte insgesamt wohl nichtintendierte Effekte: Die Zahl der ausländischen Mitbürger stieg aufgrund des Zuzugs der Familienangehörigen und der natürlichen Reproduktion bis Mitte der achtziger Jahre auf rund 4,4 Mill. und erreichte einen Anteil an der Bevölkerung in Höhe von gut 7 vH[23]. Damit einher ging zum einen – wie erwähnt – eine sukzessive „Feminisierung" der ausländischen Bevölkerung. Zum anderen veränderte sich die nationale Struktur der Ausländer von EU- hin zu Nicht-EU-Angehörigen (vgl. Tabelle 3)[24]. Der Anteil der Nationalitäten aus der EU ging um 11 vH-Punkte auf nur noch 25,3 vH (1991) zurück – und war damit nur noch halb so hoch wie 1969 (51,3 vH), der Anteil der Zuwanderer aus Asien und Afrika stieg um knapp 9 vH-Punkte auf 13,4 vH. Der Anteil der türkischen Mitbürger stieg von 13,5 vH (1969) auf über 30 vH (1991)[25].

Ähnlich verlief im übrigen die Entwicklung in den vergangenen drei Jahrzehnten auch in den Zuwanderungsregionen Nordamerikas; z.B. kamen in den sechziger Jahren mehr als ein Drittel der Immigranten, die in die Vereinigten Staaten einwanderten, aus Europa und nur 16 vH aus der Karibik (darunter die Hälfte aus Kuba). 13 vH kamen aus Asien, während in den achtziger Jahren – bei einer wesentlich erhöhten Zuwanderung (vgl. Tabelle 1) – nun die asiatischen Immigranten mehr als ein Drittel und die aus Mexiko fast ein Viertel ausmachten[26]. Vergleichbares gilt für Kanada; dort waren im Zeitraum 1963 bis 1976 noch mehr als die Hälfte der Zuwanderer europäischer und erst 16 vH asiatischer Herkunft, von 1977 bis 1990 stieg der asiatische Anteil auf 42 vH, und der europäische ging auf knapp 30 vH zurück[27].

---

21 Der Arbeitslose muß zur Aufrechterhaltung seines Anspruchs auf Arbeitslosengeld bzw. -hilfe uneingeschränkt dem Arbeitsmarkt zur Verfügung stehen.

22 Dies hat u.a. einen stetig gestiegenen Anteil ausländischer Rentner in Deutschland zur Folge. Vgl. dazu H. Herrmann, Aus Gastarbeitern werden Rentner. „Arbeitgeber", Köln, Jg. 1993, S. 641ff.

23 Etwa 60 vH des Zuwachses der ausländischen Bevölkerung in Westdeutschland seit den siebziger Jahren entfallen auf Zuzüge und 40 vH auf Geburtenüberschüsse. Vgl. dazu H. Bucher, M. Kocks und M. Siedhoff, Wanderungen von Ausländern in der Bundesrepublik Deutschland der achtziger Jahre. „Informationen zur Raumentwicklung", Jg. 1991, S. 501ff.

24 Vgl. D. Thränhardt [I], Ausländerinnen und Ausländer in Nordrhein-Westfalen. Die Lebenslage der Menschen aus den ehemaligen Anwerbeländern und die Handlungsmöglichkeiten der Politik. (Landessozialbericht, Band 6.) Neuss 1994, S. 36f. Zur Immigration von Ausländern nach Nationalität und Wanderungsursache sowie zu den demographischen Strukturänderungen in den Wanderungsströmen vgl. auch U. Mammey, 35 Jahre Ausländer in der Bundesrepublik Deutschland – die demographische Entwicklung. In: C. Höhn und D.B. Rein (Hrsg.), Ausländer in der Bundesrepublik Deutschland. (Schriftenreihe des Bundesinstituts für Bevölkerungsforschung, Band 20.) Wiesbaden 1990, S. 55ff.

25 Am aktuellen Rand liegt der Anteil wegen der zwischenzeitlich starken Zunahme von Nationalitäten aus den Bürgerkriegsregionen des Balkans (Kroatien und Bosnien-Herzegowina) bei 28 vH.

26 Vgl. U.S. Bureau of the Census (Ed.), Statistical Abstract of the United States: 1993 (113th edition). Washington, D.C., 1993, S. 11.

27 Vgl. Economic Council of Canada (Ed.), S. 11.

Tabelle 3

Ausländer in Deutschland nach der Herkunft

1969 bis 1991; Anteil in vH

	1969	1978	1991
Europa	90,6	89,5	82,6
darunter:			
EU[1]	51,3	36,3	25,3
Jugoslawien	13,9	15,3	13,2
Österreich	5,1	4,0	3,2
Polen	.	1,2	4,6
Türkei	13,5	29,3	30,3
Afrika	.	2,0	4,0
Amerika	.	2,6	2,7
Asien	.	3,7	9,4
Sonstige	2,2	2,2	1,3

Nach amtlichen Angaben. – [1]Einschließlich Griechenland, Spanien und Portugal, die seit dem 1. Januar 1981 (Griechenland) bzw. seit dem 1. Januar 1986 Mitglied der EU sind.

RWI ESSEN

1.2.5. Migration im Gefolge der politischen Umwälzungen

Ausgelöst durch die politischen Umwälzungen in Europa seit Mitte der achtziger Jahre setzte im Jahr 1988 eine neue Zuwanderungswelle nach (West-) Deutschland ein; in den vergangenen sieben Jahren kamen vor allem Übersiedler aus den neuen Bundesländern, Aussiedler aus Osteuropa sowie Ausländer, unter denen die Asylbewerber immer zahlreicher vertreten waren (vgl. Schaubild 4).

Innerhalb Europas blieb Deutschland – ebenso wie zwischen 1981 und 1987, aber auf einem insgesamt sehr viel höheren Niveau – das bedeutendste Zielland für Asylbewerber (vgl. Tabelle 4); fast die Hälfte aller zwischen 1988 und 1994 zugewanderten Asylbewerber kam nach Deutschland, 16 vH nach Italien, aber nur 8,5 vH nach Frankreich und 7,1 vH nach Großbritannien. Bezogen auf je 1000 Einwohner lag indes Deutschland mit 24,3 Bewerbern ebensowenig an der Spitze wie zwischen 1981 und 1988, sondern wurde von Schweden (28,1) und der Schweiz (25,7) übertroffen. Die anderen größeren europäischen Länder hatten zwar ebenfalls zunehmende Anträge von Asylbewerbern zu verzeichnen; in Relation zur Bevölkerung bewegten sich diese auf einem eher bescheidenen Niveau.

Während die meisten Asylbewerber bis Anfang der achtziger Jahre aus (Südost-) Europa, vor allem aus der Türkei, und von 1983 bis 1986 aus Asien, insbesondere aus dem Iran und aus Sri Lanka, stammten, kamen sie in den vergangenen Jahren in erster Linie aus den Ländern des Balkans. Sie verließen insbesondere ihre Siedlungsgebiete im ehemaligen Jugoslawien und den dortigen dortigen Bürgerkriegsregionen sowie in

Schaubild 4

Zuwanderung von Aussiedlern, Übersiedlern, Asylbewerbern und sonstigen Ausländern nach Westdeutschland

1985 bis 1995; in 1000

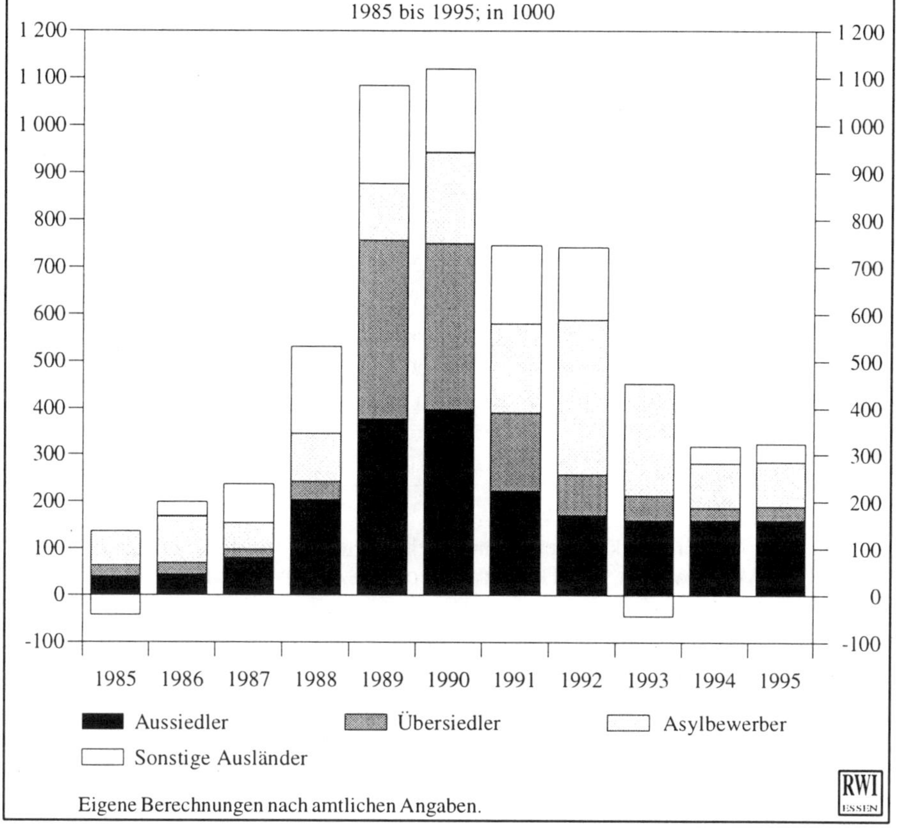

Eigene Berechnungen nach amtlichen Angaben.

Rumänien (vgl. Schaubild 5). Bei ersteren überwogen naturgemäß politische Migrationsgründe, bestimmend war die Flucht vor den Kriegswirren. Auch wenn hier die Migration im Grundsatz temporären Charakter hat, lassen die zahlreichen ethnischen und politischen Konflikte und das Anhalten nationalistischer Tendenzen in den Herkunftsländern darauf schließen, daß ein großer Teil dieser Asylbewerber einen dauerhaften Aufenthalt in Deutschland anstrebt; die Bewerbung um Asyl wird dann zur Zuwanderung.

Bei zugewanderten Rumänen – unter ihnen viele Sinti und Roma – dürften wirtschaftliche Anreize den Ausschlag für die Wanderung gegeben haben. Dies veranlaßte die Politik zu einer Änderung des Grundgesetzes, die eine „unberechtigte" Berufung auf das Asylrecht verhindern und den Schutz der tatsächlich politisch Verfolgten gewährleisten sollte. Die Neuregelung, die im Juli 1993 in Kraft trat und insbesondere „sichere Drittstaaten" festlegte, zu denen seitdem z.B. das ehemalige Jugoslawien, Rumänien

Tabelle 4

Asylbewerber in europäischen Zielländern

1981 bis 1994

Land	1981 bis 1987			1988 bis 1994		
	in 1 000	in vH	1987 je 1 000 Einwohner	in 1 000	in vH	1994 je 1 000 Einwohner
Deutschland[1]	372,5	44,7	5,3	1 556,2	47,1	24,3
Frankreich	168,8	20,3	3,1	280,4	8,5	4,9
Großbritannien	38,8	4,7	0,7	235,9	7,1	4,0
Italien	30,6	3,7	0,5	530,4	16,0	9,3
Niederlande	31,6	3,8	2,2	172,5	5,2	11,2
Österreich	70,7	8,5	9,3	108,7	3,3	13,9
Schweden	63,2	7,6	7,6	245,4	7,4	28,1
Schweiz	56,7	6,8	8,7	177,3	5,4	25,7
insgesamt	832,9	100	x	3 306,8	100	x

Nach Angaben in OECD (Ed.) [II], Tabelle A.3. – [1]Westdeutschland. RWI ESSEN

und Nigeria sowie die Türkei oder Ghana gezählt werden, führte zu einem Rückgang der Zahl der Asylbewerber vom Höchstwert von 438 000 im Jahr 1992 auf 127 000 im Jahr 1994[28].

Insgesamt strömten zwischen 1988 und 1995 – wie erwähnt – von außerhalb etwa 4,5 Mill. Personen nach Deutschland[29]. In das frühere Bundesgebiet zogen unter Berücksichtigung der Übersiedler aus den neuen Bundesländern und der Verteilung der Aussiedler und Asylbewerber auch auf die neuen Bundesländer ebenfalls ca. 4,5 Mill. In dieser Phase kamen 2,6 Mill. Ausländer, wovon 1,7 Mill. einen Asylantrag stellten.

Gegenwärtig sind in Deutschland reichlich. 7 Mill. Ausländer gemeldet, was einem Bevölkerungsanteil von 9 vH entspricht[30]; sie sind fast ausschließlich in den alten Bundesländern ansässig und machen hier einen Anteil von mehr als einem Zehntel aus (vgl. Schaubild 6). Ein Fünftel der ausländischen Bevölkerung (1,4 Mill.) besteht aus hier geborenen Ausländern[31] und bildet somit die zweite und dritte Ausländergenerati-

28 Auf diesem Niveau haben sich die Bewerbungen auch 1995 bewegt (129 000); in den ersten drei Quartalen 1996 waren es 87 000.

29 Bei dieser Überschlagsrechnung wurde davon ausgegangen, daß etwa drei Viertel der von außerhalb zugewanderten Personen nach Westdeutschland immigriert sind (3,4 Mill. Personen); hinzu kommen 1,1 Mill. Personen, die von den neuen in die alten Bundesländer übergesiedelt sind.

30 Am 31. Dezember 1994 hielten sich nach Angaben des Ausländerzentralregisters 6 990 510 Ausländer nicht nur vorübergehend hier auf. Der Anteil an der Gesamtbevölkerung (81,539 Mill.) betrug 8,6 vH.

31 Vgl. Antwort der Bundesregierung auf die Große Anfrage der Abgeordneten Cem Özdemir u.a. und der Fraktion BÜNDNIS 90/DIE GRÜNEN, Situation der Bundesrepublik Deutschland als Einwanderungsland. Deutscher Bundestag, Drucksache 13/5065. Bonn 1996, S. 56.

Schaubild 5

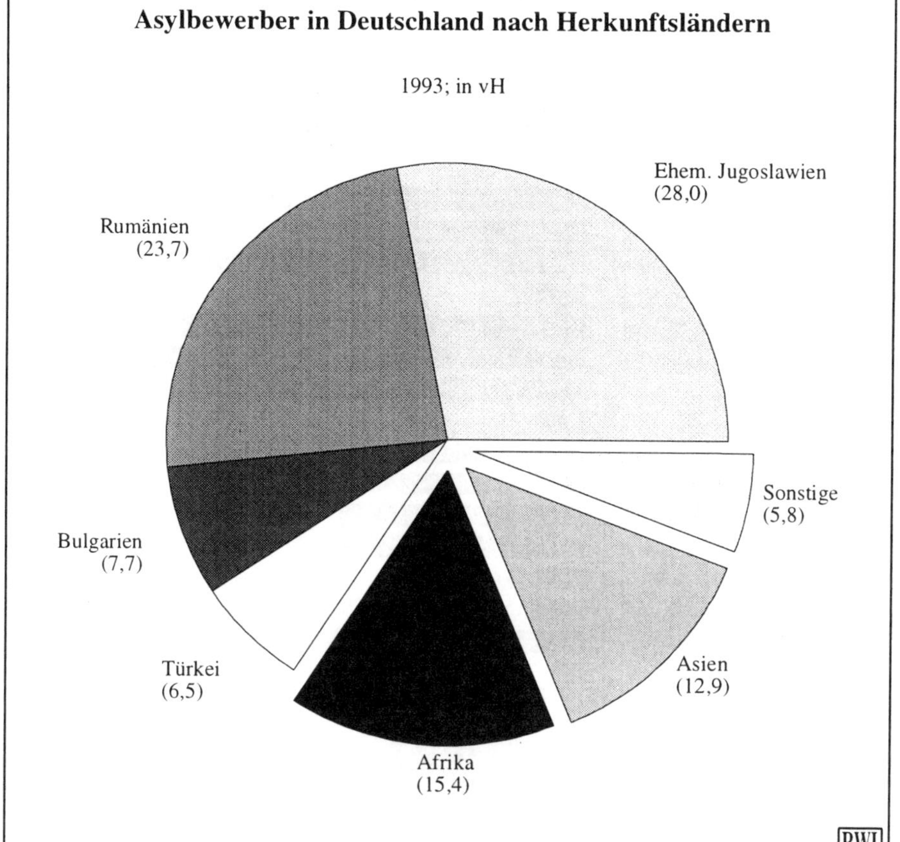

Eigene Berechnungen nach amtlichen Angaben.

on. Daß ihr Umfang in den nächsten Jahren noch spürbar zunehmen und innerhalb einer Dekade 2 Mill. erreichen wird, erscheint unzweifelhaft. Ob indes auch ihr Anteil an der ausländischen Bevölkerung auf über ein Fünftel steigen wird, hängt nicht nur von der jeweiligen Geburtenentwicklung ab, sondern auch vom Immigrationverlauf insgesamt.

Mit einem Ausländeranteil von 9 vH liegt Deutschland zusammen mit Belgien und Frankreich an der Spitze in Europa, wenn man von kleineren Ländern, wie Luxemburg (26 vH) und der Schweiz (15 vH) absieht. Nachrichtlich sei hier erwähnt, daß die Vereinigten Staaten 1990 einen Anteil von „foreign-born" von 8 vH (19,7 Mill. Personen von 248,7 Mill.) aufwiesen[32].

32 1980 betrug der Anteil noch 6 vH gegenüber z.B. 16,2 vH in Kanada 1981 und 20 vH in Australien 1976. Vgl. J.L. Simon [I], The Economic Consequences of Immigration. Cambridge, MA, 1989.

Schaubild 6

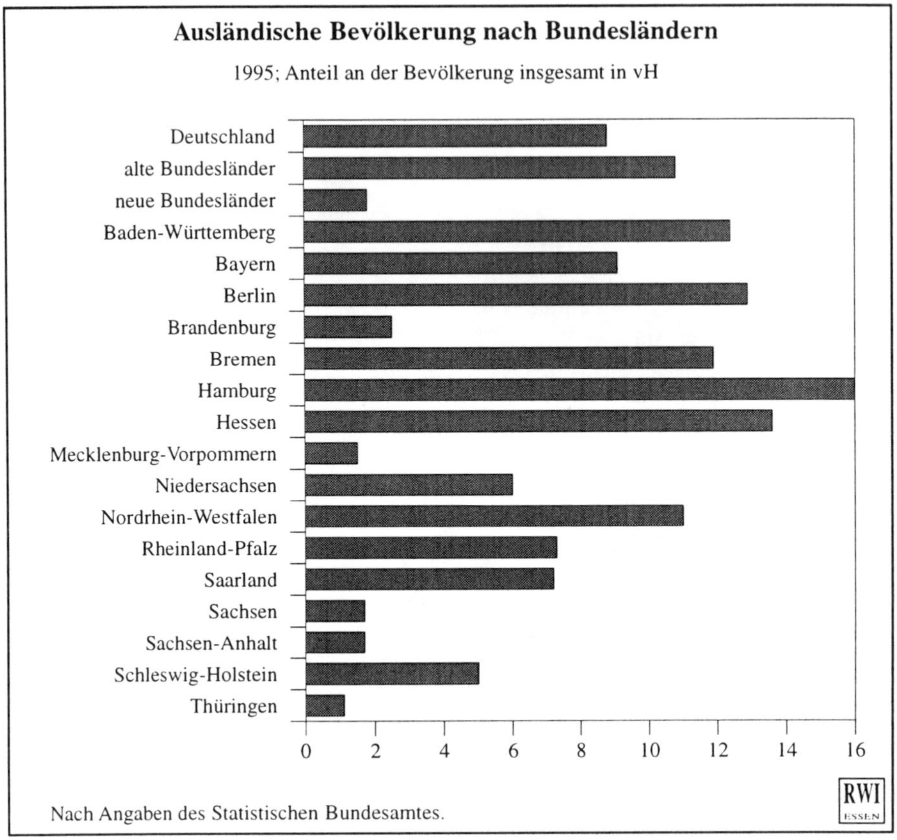

S. 29. Unter den „foreign-born" in den Vereinigten Staaten befanden sich in 1990, als der jüngste Census durchgeführt wurde, 5,4 Mill. asiatischer und 4,4 Mill. mexikanischer Herkunft; insgesamt wurden 32 Mill. Personen gezählt, die zuhause eine andere Sprache verwendeten als Englisch, darunter sprachen 17,3 Mill. Spanisch und 5,4 Mill. eine asiatische Sprache. Vgl. W. Weidenfeld, America and Europe: Is the Break Inevitable? Gütersloh 1996, S. 58f. Der Autor weist unter dem Aspekt der Veränderung der kulturellen Identitäten durch Zuwanderung darauf hin, daß „...without doubt, the 1980s saw a dynamic period of immigration, with more than seven million people flooding into the USA. And this is a trend which is set to be continue: many experts predict the arrival of a further 15 million immigrants during the 1990s. California, with 30 million inhabitants the biggest American state, and together with Texas and Florida the one which is most affected by immigration, is set to loose its white majority by the turn of the century. This is a clear indication that the vast majority of the new immigrants are not of European origin. Is, therefore, the USA set to change in cultural terms? Is Europe in danger of sinking beneath the horizon, as those with ethnic links with Europe become a minority". Der Autor schließt auch mit Blick auf die amerikanische Diskussion über den sog. Eurozentrismus daraus vorsichtig, daß „the United States is now really becoming a 'nation of nations', transcending any idea of ethnic identity" (S. 59). Vgl. zu dieser Diskussion auch A.M. Schlesinger, Jr., The Disuniting of America. Reflections on a Multicultural Society. New York 1993, S. 45ff., und L.H. Fuchs, The American Kaleidoscope. Race, Ethnicity, and the Civic Culture. Hanover, NH, 1995.

2. Demographische und räumliche Implikationen der Zuwanderungen

Die Wanderungs- und Geburtenüberschüsse der ausländischen Bevölkerung überkompensierten die erstmals 1972 aufgetretenen und seitdem anhaltenden Sterbeüberschüsse bei der ansässigen Bevölkerung (vgl. Schaubild 7) um rd. 1 Mill. Personen: Die „demographische Lücke" bei der ansässigen Population summierte sich von 1972 bis 1995 auf 2,1 Mill. Personen, die Zuwanderungen von außerhalb der jeweiligen Grenzen auf 3,1 Mill. Dadurch kam es zwar nicht zu einer „Verjüngung" der Bevölkerung – das Durchschnittsalter stieg von 36,6 auf 39,6 Jahre –, immerhin wurde ihre „Alterung" um 0,5 Jahre gebremst (vgl. Tabelle 5). Die Ausländer sind nach wie vor wesentlich jünger als die Deutschen: der Altersabstand hat sogar von durchschnittlich 9,2 (1972) auf 10,4 Jahre (1992) zugenommen, m.a.W. die deutsche Bevölkerung ist im Betrachtungszeitraum „schneller gealtert" (3,6 Jahre) als die ausländische (2,4).

Die Alterung der ausländischen Population muß auch im Zusammenhang mit ihrer zunehmenden Aufenthaltsdauer[33] und mit ihrem Grad an Integration in die hiesige Gesellschaft gesehen werden[34]. Ende 1993 war die Hälfte der ausländischen Mitbürger mindestens zehn Jahre in Deutschland ansässig und 27 vH bereits mehr als 20 Jahre[35] – die durchschnittliche Aufenthaltsdauer betrug 12 Jahre; 1973 hatte sie erst 3,6 Jahre, 1983 indes schon 10,6 Jahre betragen[36]. Bei der Verweildauer bestehen naturgemäß erhebliche nationalitätenspezifische Unterschiede: als Folge der Anwerbevereinbarungen halten sich z.B. 47 vH der ansässigen Türken mehr als zehn Jahre hier auf, 58 vH der Griechen und fast 90 vH der Spanier. Naturgemäß ist die Verweildauer für Bürgerkriegsflüchtlinge aus dem ehemaligen Jugoslawien sehr viel geringer.

Die Zuwanderungen berührten neben der Altersstruktur und der Aufenthaltsdauer auch die räumliche Verteilung der Bevölkerung. Bevorzugte Zielregionen der Außenwanderungen waren – wie auch bei den Binnenwanderungen insbesondere zwischen den neuen und den alten Bundesländern – wirtschaftlich (relativ) prosperierende Regionen

33 Im Jahr 1994 verfügten unter den Ausländern 1,3 Mill. über eine befristete (19 vH), 1,7 Mill. (24 vH) über eine unbefristete Aufenthaltserlaubnis, knapp 0,9 Mill. (13 vH) über eine Aufenthaltsberechtigung, und knapp 0,7 Mill. (10 vH) waren von einer Aufenthaltserlaubnis befreit. Über eine Aufenthaltsbewilligung verfügten knapp 0,2 Mill. Ausländer (2,4 vH), über eine Aufenthaltsbefugnis reichlich 0,1 Mill. (1,9 vH). Eine befristete und unbefristete Aufenthaltserlaubnis EG hatten reichlich 0,3 Mill. Ausländer (4,7 vH). Geduldet waren 0,3 Mill. (4,4 vH), der Aufenthalt gestattet war 0,4 Mill. Ausländern (4 vH); vgl. Antwort der Bundesregierung auf die Große Anfrage der Abgeordneten Cem Özdemir u.a. und der Fraktion BÜNDNIS 90/DIE GRÜNEN, S. 4ff. und S. 54f.

34 Zum Stand der Integration der Ausländer in Deutschland in das hiesige Bildungssystem und den Arbeitsmarkt und zu den damit verbundenen volkswirtschaftlichen Kosten vgl. Rheinisch-Westfälisches Institut für Wirtschaftsforschung und Institut für Politikwissenschaft der Universität Münster (Hrsg.), S. 1ff.

35 Vgl. Statistisches Bundesamt (Hrsg.) [II], Im Blickpunkt: Ausländische Bevölkerung in Deutschland. Stuttgart 1995, S. 21ff.

36 Die relativ geringe Erhöhung zwischen 1983 und 1993 ist auf starke Zuwanderung von Asylbewerbern zurückzuführen. Vgl. Statistisches Bundesamt (Hrsg.) [II], S. 22.

Schaubild 7

Zuwanderungen, natürliche Bevölkerungsbewegung und Bevölkerung in Deutschland

1947 bis 1996; Saldo in 1000

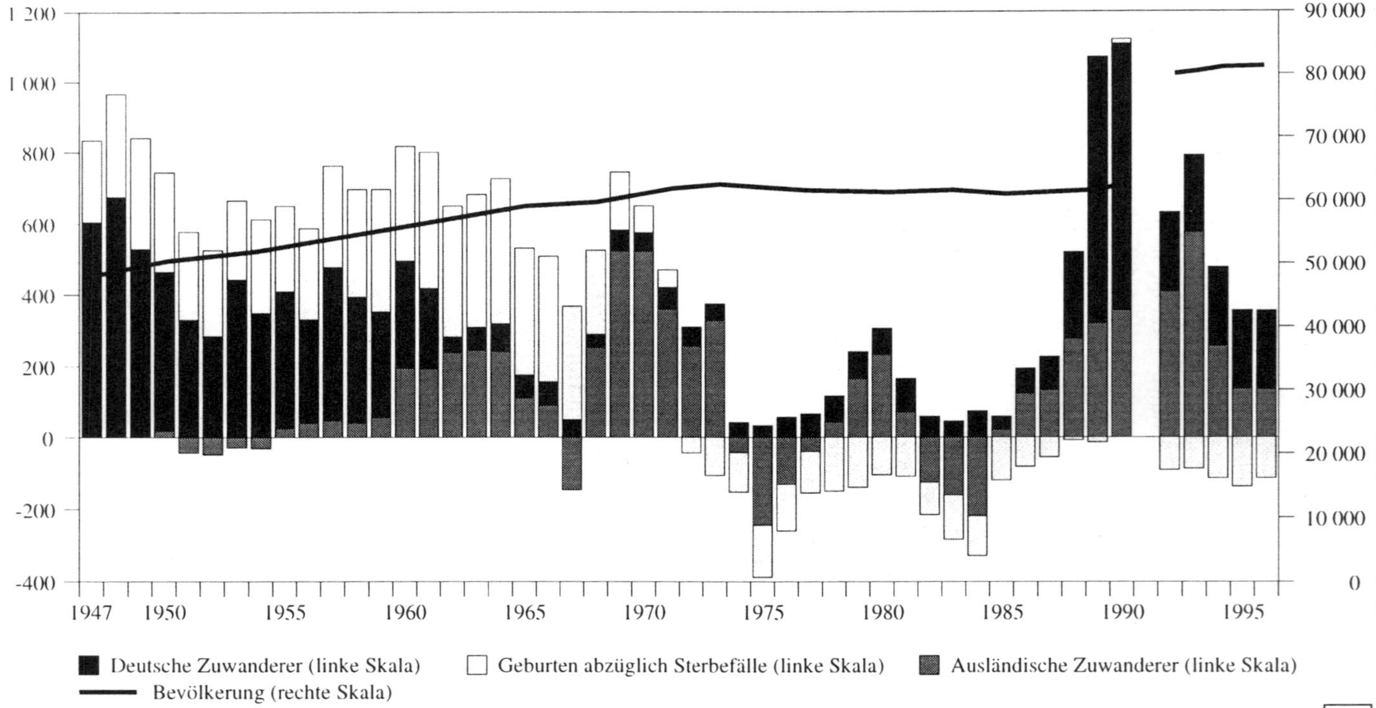

Eigene Berechnungen nach amtlichen Angaben.

Tabelle 5

Altersstruktur der deutschen und der ausländischen Bevölkerung in Westdeutschland

1972 und 1992; Anteil in vH

Alter von ... bis unter ... Jahren	Deutsche Bevölkerung		Ausländische Bevölkerung		Insgesamt	
	1972	1992	1972	1992	1972	1992
unter 15	22,7	15,2	21,4	21,6	22,6	15,8
15 bis 25	13,3	11,6	20	19,7	13,7	12,4
25 bis 35	13,5	17	29,7	21,4	14,4	17,4
35 bis 45	13,3	13,8	17,8	16,5	13,6	14,1
45 bis 55	11,8	13,4	6,9	12,3	11,5	13,3
55 bis 65	11	12,3	2,5	5,9	10,5	11,7
65 und mehr	14,5	16,7	1,8	2,7	13,8	15,3
insgesamt	100,0	100,0	100,0	100,0	100,0	100,0
nachrichtlich:						
Durchschnittsalter in Jahren	37,1	40,7	27,9	30,3	36,6	39,6

Nach amtlichen Angaben.

RWI ESSEN

in Nordrhein-Westfalen, Rheinland-Pfalz, Baden-Württemberg und Bayern[37] und hier wiederum urbane Verdichtungsräume. Kleinräumige Umschichtungen sind insbesondere in innerstädtischen Altbaugebieten festzustellen, „da sich hier eine Tendenz zur Wohnortverlagerung der ansässigen Bevölkerung mit den bevorzugten Wohnstandortzielen der Hinzuziehenden überlagerte“[38]. In den achtziger Jahren konzentrierten sich 88 vH der Wanderungsgewinne auf die Regionen mit großen Verdichtungsräumen oder Verdichtungsansätzen. Fast 40 vH der Migranten siedelten sich in Kernstädten auf etwa 3 vH der Fläche der alten Bundesländer an; dort war der Anteil an allen Zuzügen mehr als doppelt so hoch, wie es ihrem Bevölkerungsanteil entsprochen hätte[39]. Außenwanderungen führten nicht zu einer Annäherung der regionalen Entwicklungsunterschiede, sie verschärften eher die Disparitäten. Regionen mit Binnenwanderungsgewinnen

37 Bei den Binnenwanderungen von Ost- nach Westdeutschland ergaben sich je nach Herkunft spürbare Unterschiede. Z.B. sind Übersiedler aus Sachsen-Anhalt und Mecklenburg-Vorpommern vorzugsweise nach Niedersachsen und Nordrhein-Westfalen gewechselt, solche aus Sachsen und Thüringen nach Bayern und Baden-Württemberg. In bezug auf die Migranten je Einwohner in den alten Bundesländern stehen Rheinland-Pfalz und Niedersachsen an der Spitze. Vgl. S. Grundmann, Die Migration aus den neuen in die alten Bundesländer – ein Spezialfall der europäischen Ost-West-Migration? Vortrag auf der 28. Tagung der Deutschen Gesellschaft für Bevölkerungswissenschaft am 16. Februar 1994 in Bochum. Unveröffentlichtes Manuskript, S. 14.

38 Deutscher Bundestag (Hrsg.), Zwischenbericht der Enquete-Kommission „Demographischer Wandel. Herausforderungen unserer älter werdenden Gesellschaft an den einzelnen und die Politik“. Bonn 1994, S. 56.

39 Vgl. H. Bucher, Die Außenwanderungsbeziehungen der Bundesrepublik Deutschland. „Raumforschung und Raumordnung“, Köln, Jg. 51 (1993), S. 260.

und Geburtenüberschüssen hatten also auch stärkere Außenwanderungsgewinne gegenüber Regionen mit Bevölkerungsverlusten aus Sterbeüberschüssen und Abwanderungen. Gerade diejenigen Regionen mit Engpässen bei der Wohnungs- und Infrastrukturversorgung trugen auch die größte Last der Integration[40].

Auch in den Vereinigten Staaten wie in Kanada sind bevorzugte Zielregionen der Immigration traditionell wirtschaftlich (relativ) prosperierende und demzufolge auch stärker Arbeitskräfte attrahierende und absorbierende Regionen mit großen Verdichtungsräumen oder Verdichtungsansätzen. Im Fall der Vereinigten Staaten sind dies vor allem die Metropolen am Pazifik und am Atlantik (Los Angeles/Long Beach und San Diego bzw. Miami und New York) und an den Großen Seen (Chicago), im Fall Kanadas vor allem Toronto, Montreal und Vancouver mit ihren jeweiligen Provinzen[41].

---

40 Vgl. Deutscher Bundestag (Hrsg.), S. 56, sowie H. Bucher, S. 254ff.

41 Die jeweiligen Provinzen sind Ontario, Québec und British Columbia; „... not only are these cities [and provinces, d.V.] larger and therefore expected to attract greater absolute numbers, but also attract a disproportionate number of immigrants relative to their percentage of the native-born population in the provinces"; Economic Council of Canada (Ed.), S. 67f.

Zweites Kapitel

Zuwanderung und Arbeitsmarkt

Die Erwerbstätigkeit ist in einer marktwirtschaftlichen Gesellschaft zur Sicherung des Lebensunterhalts i.d.R. notwendig und bestimmt den Status des einzelnen in der Gesellschaft. Für Ausländer unterliegt der Zugang zum deutschen Arbeitsmarkt besonderen Reglementierungen, die in der Vergangenheit mehrfach geändert wurden. Bevor die Erwerbstätigkeit der ausländischen Bevölkerung in Deutschland und ihre Integration in den Arbeitsmarkt beschrieben werden, wird daher zunächst eine zusammenfassende Übersicht über den aktuellen Stand der institutionellen Rahmenbedingungen gegeben.

1. Rechtliche Rahmenbedingungen ausländischer Erwerbsbeteiligung in Deutschland

Bei den rechtlichen Bestimmungen für Ausländer zur Aufnahme einer Erwerbstätigkeit muß zwischen EU-Staatsangehörigen und Ausländern aus anderen Staaten unterschieden werden. EU-Staatsangehörige haben grundsätzlich das Recht der freien Wohnort- und Arbeitsplatzwahl innerhalb der EU. Des weiteren haben ihre Ehegatten, auch wenn sie nicht Staatsangehörige eines EU-Landes sind, freien Zugang zum Arbeitsmarkt, sofern der EU-Staatsangehörige in Deutschland einer Erwerbstätigkeit nachgeht. Diese Regelungen gelten nicht für Länder, mit denen, wie mit der Türkei, Assoziierungsabkommen geschlossen wurden, ab dem 1. Januar 1994 wohl aber für Staatsangehörige eines Mitgliedstaates des Europäischen Wirtschaftsraumes; dazu zählten damals Norwegen, Island, Schweden, Finnland, und Österreich[1], wovon die drei zuletzt genannten Länder seit dem 1. Januar 1995 EU-Mitglieder sind.

Andere Ausländer dürfen in Deutschland nur eine Erwerbstätigkeit ausüben, wenn sie sich erlaubt aufhalten, eine Erwerbstätigkeit nicht ausgeschlossen ist und eine Arbeitserlaubnis (§ 19 AFG) erteilt wurde. Die Grundvoraussetzung zur Aufnahme einer Erwerbstätigkeit ist somit eine Aufenthaltsgenehmigung, die eine Tätigkeit nicht verbietet; maßgebend ist hierfür das Ausländergesetz (AuslG), das in seiner jetzigen

---

1 Vgl. Bundesanstalt für Arbeit (Hrsg.) [I], Arbeitsmarkt 1994. „Amtliche Nachrichten der Bundesanstalt für Arbeit", Nürnberg, Jg. 43 (1995), Sondernummer, S. 100.

Form seit 1991 in Kraft ist[2]. Die Aufenthaltsgenehmigung wird i.d.R. vor der Einreise nach Deutschland beantragt, Bedingung zur Erteilung ist u.a., daß der Lebensunterhalt eigenständig – durch Erwerbstätigkeit, eigenes Vermögen oder sonstige Mittel – bestritten werden kann (§ 7 AuslG). Folgende Formen der Aufenthaltsgenehmigungen können erteilt werden[3]:

- Aufenthaltsbewilligung, wenn einem Ausländer der Aufenthalt nur für einen bestimmten, seiner Natur nach nur einen vorübergehenden Aufenthalt erfordernden Zweck erlaubt wird (§ 28 AuslG); die Ausübung jeder anderen (auch beruflichen) Tätigkeit ist verboten;

- Aufenthaltsbefugnis, wenn einem Ausländer aus u.a. völkerrechtlichen oder dringenden humanitären Gründen die Einreise und der Aufenthalt im Bundesgebiet erlaubt werden soll (§ 30 AuslG); Nebenbestimmungen verbieten auch hier i.d.R. die Ausübung einer beruflichen Tätigkeit;

- (befristete) Aufenthaltserlaubnis, wenn einem Ausländer der Aufenthalt ohne Bindung an einen bestimmten Aufenthaltszweck erlaubt wird (§ 15 AuslG); sie kann nach frühestens fünf Jahren in eine unbefristete Aufenthaltserlaubnis umgewandelt werden und enthält zumeist Nebenbestimmungen zur Aufenthaltsregion sowie der Arbeitstätigkeit;

- Aufenthaltsberechtigung, wenn der Ausländer u.a. seit mindestens acht Jahren im Besitz der Aufenthaltserlaubnis ist. Diese ist zeitlich und räumlich unbeschränkt und kann nicht mit Bedingungen und Auflagen verbunden werden (§ 27 AuslG); dies bedeutet praktisch eine Gleichstellung mit deutschen Staatsbürgern.

Zusätzlich benötigen Nicht-EU-Ausländer zur Arbeitsaufnahme eine von der Bundesanstalt für Arbeit erteilte Arbeitserlaubnis (§ 19 AFG). Die „allgemeine" Arbeitserlaubnis wird für bestimmte Tätigkeiten in bestimmten Betrieben in Abhängigkeit von der Lage und Entwicklung auf dem Arbeitsmarkt mit und ohne Einschränkungen erteilt, falls sich die Ausländer mindestens seit einem Jahr in Deutschland rechtmäßig aufhalten (§ 1 AEVO) und weder deutsche noch denen gleichgestellte ausländische Arbeitskräfte für den (angestrebten) Arbeitsplatz zur Verfügung stehen. Die „besondere" Arbeitserlaubnis wird unabhängig von der Arbeitsmarktlage und dem Betrieb, allerdings nur für bestimmte Ausländer erteilt. Darunter fallen Ehegatten deutscher Staatsbürger, anerkannte Asylbewerber und Ausländer, die sich seit sechs Jahren ununterbrochen mit Aufenthaltserlaubnis oder Aufenthaltsbefugnis in Deutschland aufhalten (§ 2 AEVO)[4]. Insgesamt wurden 1995 gut 1,3 Mill. Arbeitserlaubnisse erteilt, davon waren etwa 920 000 allgemeine und 400 000 besondere Erlaubnisse, was

---

2 Einen umfassenden Überblick über die Regelungen des bis 1990 geltenden und des seit 1991 in Kraft befindlichen Ausländergesetzes bietet D.B. Rein, Rechtliche Rahmenbedingungen in der Bundesrepublik Deutschland für die grenzüberschreitende Migration. In: C. Höhn und D.B. Rein (Hrsg.), S. 83ff.

3 Vgl. zum folgenden Industrie- und Handelskammer zu Berlin und BAO Berlin-Marketing Service GmbH (Hrsg.), Aufenthalt und Erwerbstätigkeit von ausländischen Staatsbürgern und Unternehmen in Deutschland. Berlin o.J.

4 Vgl. Bundesanstalt für Arbeit (Hrsg.) [I], S. 100.

einem Anstieg gegenüber 1994 um 12,7 vH entspricht. Für eine erstmalige Beschäftigung wurden 440 000 (Zunahme um 11,7 vH), für eine erneute 370 000 (10,4 vH) und für eine Fortsetzung 510 000 (15,3 vH) Erlaubnisse erteilt. Die starke Zunahme ist ausschließlich auf allgemeine Arbeitserlaubnisse zurückzuführen und wurde vor allem durch mehr Anforderungen von Saison- und Werkvertragsarbeitnehmern (aus Ländern außerhalb der EU) hervorgerufen[5].

Für potentiell selbständige Ausländer ist die Aufenthaltsberechtigung von entscheidender Bedeutung, da mit ihr keine Auflagen und Bedingungen verbunden sind und sie – wie erwähnt – de jure eine Gleichstellung mit deutschen Staatsangehörigen bedeutet. Dagegen wird die Ausübung einer selbständigen Tätigkeiten bei der Erteilung einer befristeten Aufenthaltserlaubnis in den meisten Fällen untersagt, und bei einer unbefristeten Aufenthaltsgenehmigung liegen die Auflagen im Ermessen der Ausländerbehörde. Über die Hälfte der Ausländer in Deutschland lebt hier seit mindestens 8 Jahren (53,7 vH)[6] und erfüllt somit die rechtlichen Voraussetzungen für eine Aufenthaltsberechtigung. Weiterhin gibt es eine Anzahl bilateraler Vereinbarungen mit anderen Staaten, die es Ausländern ermöglichen, für eine begrenzte Zeit einer bestimmten Tätigkeit in Deutschland nachzugehen; darauf wird im nächsten Abschnitt näher eingegangen.

2. Befristete Beschäftigungsverhältnisse aufgrund bilateraler Vereinbarungen

Zwischen der Bundesrepublik Deutschland und vor allem ost- und mittelosteuropäischen Staaten gibt es eine Anzahl bilateraler Vereinbarungen[7], die es Ausländern ermöglichen, für eine begrenzte Zeit einer bestimmten Tätigkeit in Deutschland nachzugehen; dabei handelt es sich um spezielle Regelungen für sog. Werkvertragsarbeitnehmer, Saisonarbeiter und Gastarbeitnehmer, die i.a. nur kurze Erwerbsphasen vorsehen und die Arbeitsmarktlage berücksichtigen. Die Vereinbarungen sollen dazu beitragen, zum einen den Wanderungsdruck zu reduzieren, zum anderen die Wanderungsströme zu steuern. Sowohl das Zuwanderungsland als auch das Herkunftsland sowie die ausländischen Arbeitskräfte können durch sie Nutzen ziehen.

Gastarbeitnehmer sind ausländische Arbeitskräfte, die zur Erweiterung ihrer beruflichen oder sprachlichen Kenntnisse eine zeitlich befristete Arbeitserlaubnis erhalten. Die Vereinbarungen kommen somit mittelbar dem Herkunftsland zugute. Die Anzahl der Arbeitnehmer ist in den Vereinbarungen sehr niedrig festgesetzt (1995 insgesamt knapp 10 000), daher ist eine Überprüfung des Arbeitsmarktes bei der Erteilung der

---

5 Vgl. Bundesanstalt für Arbeit (Hrsg.) [II], Arbeitsmarkt 1995. „Amtliche Nachrichten der Bundesanstalt für Arbeit", Jg. 44 (1996), Sondernummer, S. 105f.

6 Vgl. Presse- und Informationsamt der Bundesregierung (Hrsg.) [I], Ausländer in Deutschland – Aufenthaltsdauer der in Deutschland lebenden Ausländer. (Sozialpolitische Umschau, Nr. 40/1995.) Bonn 1995, S. 30.

7 Die Aussagen beziehen sich nicht auf Werkvertragsarbeitnehmer aus EU-Staaten, da diese innerhalb der EU keine Arbeitserlaubnis benötigen. Die in diesem Zusammenhang auftauchende Problematik, daß Arbeitnehmer aus EU-Niedriglohnländern mittels Werkverträgen auf deutschen Baustellen tätig sind, aber nicht nach deutschen Tarifen entlohnt werden, wird durch das Arbeitnehmer-Entsendegesetz geregelt.

Tabelle 6

Gastarbeitnehmer in Deutschland

1993 und 1994

Herkunftsland[1]	Jahres-kontingent, absolut	Inanspruchnahme			
		1993		1994	
		absolut	Ausschöpfung in vH	absolut	Ausschöpfung in vH
Albanien	1 000	247	25	133	13
Bulgarien	1 000	176	18	323	32
Tschechische Republik	1 400	1 557	111	1 209	86
Ungarn	2 000	1 370	69	1 450	73
Lettland	100	57	57	16	16
Litauen	200	2	1	89	45
Polen	1 000	943	94	1 002	100
Rumänien	500	562	112	531	106
Russische Föderation	2 000	0	0	65	3
Slowakei	700	837	105	711	102
Insgesamt	9 900	5 771	58	5 529	56

Eigene Berechnungen nach Angaben der Bundesanstalt für Arbeit. – [1]Es bestehen weitere Vereinbarungen mit der Schweiz (jährliches Kontingent 500) und ab 1995 mit Estland (200).

RWI ESSEN

Arbeitserlaubnis nicht vorgesehen. Die Auswahl der Arbeitskräfte erfolgt durch das Herkunftsland, die des Arbeitsplatzes durch das Aufnahmeland. Die entsprechenden Herkunftsländer sowie die dazugehörigen Kontingente sind für 1993 und 1994 in Tabelle 6 aufgeführt. Die Kontingente wurden lediglich zu gut der Hälfte ausgeschöpft, von einzelnen Ländern jedoch überschritten. Schwierig ist eine Überprüfung der Weiterqualifikation der ausländischen Arbeitnehmer. Eine vertraglich detaillierte Festlegung oder eine Erhöhung der Ausbildungsanforderungen würde die Unternehmen indes daran hindern, derartige Arbeitsplätze zur Verfügung zu stellen[8].

Saisonarbeitnehmer haben ihren Wohnsitz im Ausland und gehen ihrer Tätigkeit in Deutschland höchstens drei Monate im Jahr nach[9]. Nach einer Anforderung durch Arbeitgeber erfolgt die Vermittlung unter Berücksichtigung bevorrechtigter Arbeitnehmer nach Absprache mit dem Herkunftsland durch die Bundesanstalt für Arbeit (§ 19 Abs. 1 Satz 3 AFG). Seit September 1993 ist die Beschäftigung auf saisontypische Tätigkeiten eingeschränkt, wodurch z.B. die Ausübung einer Tätigkeit im

8 Vgl. H. Werner [I], Befristete Zuwanderung von ausländischen Arbeitnehmern – Dargestellt unter besonderer Berücksichtigung der Ost-West-Wanderungen. „Mitteilungen aus der Arbeitsmarkt- und Berufsforschung", Stuttgart, Jg. 29 (1996), S. 44.

9 Schausteller seit Anfang 1994 nicht länger als neun Monate.

Tabelle 7

Saisonarbeitnehmer in Deutschland 1993 bis 1995						
Herkunftsland	1993		1994		1995	
	absolut	Anteil in vH	absolut	Anteil in vH	absolut	Anteil in vH
Polen	143 861	79	136 659	88	170 576	88
Tschechien	12 027	7	3 465	2	3 722	2
Slowakei	7 781	4	3 939	3	5 442	3
Ungarn	5 346	3	2 458	2	2 841	1
Rumänien	3 853	2	2 272	1	3 879	2
Slowenien	1 114	1	601	0	600	0
Kroatien	6 948	4	5 753	4	5 574	3
Bulgarien	71	0	70	0	131	0
Anforderungen insgesamt	181 037	100	155 217	100	192 766	100
Inanspruchnahme	164 377	91	140 656	91	176 590	92

Eigene Berechnungen nach Angaben der Bundesanstalt für Arbeit.

Baugewerbe ausgeschlossen wurde[10]. Vereinbarungen über Saisonarbeitnehmer bestehen mit Polen, der Slowakei, Tschechien, Kroatien, Slowenien, Rumänien, Ungarn und Bulgarien (nur Hotel- und Gaststättenpersonal). Die Zahl der jährlichen Anforderungen schwankt z.T. erheblich, 1995 lag sie bei gut 190 000 (vgl. Tabelle 7); die tatsächliche Zahl liegt wegen Stornierungen der Anforderungen etwa 10 vH niedriger. Das bedeutendste Herkunftsland ist Polen (88 vH der Anforderungen). Obwohl Saisonarbeitnehmer zu gleichen Lohn- und Arbeitsverhältnissen wie deutsche Arbeitnehmer beschäftigt werden müssen – was in der Praxis aber kaum überprüft werden kann –, ist eine Entlohnung auch unterhalb der Tariflöhne vor allem für Arbeitnehmer aus osteuropäischen Ländern attraktiv[11]. Dies verschärft trotz der vorherigen Prüfung der Arbeitsmarktlage die Konkurrenzsituation zu einheimischen Arbeitskräften; zudem besteht die Gefahr einer fortgesetzten – dann illegalen – Beschäftigung.

Im Rahmen von Werkverträgen wird es ausländischen Arbeitgebern – meist im Bausektor – erlaubt, festgelegte Leistungen innerhalb eines größeren Projekts in Deutschland zu erbringen und dafür eigene (ausländische) Arbeitnehmer einzusetzen.

10 Ab dem 1. Januar 1997 wird die Beschäftigung ausländischer Saisonarbeitnehmer auf sechs und ab dem 1. Januar 1998 auf fünf Monate begrenzt. Für Gemüse-, Obst- und Tabakanbaubetriebe wird die Einschränkung auf fünf Monate erst im Jahr 2000 voll wirksam, sofern sie bereits 1995 und 1996 nachweislich Saisonarbeitnehmer länger als sechs Monate beschäftigt haben. Die einzelnen Saisonarbeitnehmer erhalten auch weiterhin nur eine Arbeitserlaubnis bis zu insgesamt drei Monaten jährlich. Vgl. Presse- und Informationsamt der Bundesregierung (Hrsg.) [II], Beschäftigung ausländischer Saisonarbeitnehmer wird beschränkt – Verordnung zur Änderung des Arbeitserlaubnisrechts erlassen. (Sozialpolitische Umschau, Nr. 40/1996.) Bonn 1996.

11 Vgl. Bundesanstalt für Arbeit (Hrsg.) [I], S. 100.

Tabelle 8

Werkvertragsarbeitnehmer in Deutschland

1992 bis 1995

Herkunftsland	1992		1993		1994		1995	
	absolut	Anteil in vH	absolut	Anteil in vH	absolut	Anteil in vH	absolut	Anteil in vH
Bosnien	117	0,1	1 235	1,7	1 176	2,8	990	1,8
Bulgarien	1 891	2,0	3 829	5,3	2 387	5,8	1 660	3,0
Kroatien	447	0,5	4 690	6,4	5 281	12,8	5 010	9,0
Lettland	x	x	181	0,2	248	0,6	370	0,7
Makedonien	x	x	708	1,0	671	1,6	480[a]	0,9
Österreich	733	0,8	867	1,2	x	x	x	x
Polen	51 011	54,3	21 424	29,5	13 496	32,6	22 560	40,3
Rest-Jugoslawien	8 881	9,5	3 031	4,2	32	0,0	1 650[a]	3,0
Rumänien	7 341	7,8	13 895	19,1	2 425	5,9	4150[a]	7,4
Schweiz	63	0,0	335	0,5	574	1,4	x	x
Slowenien	482	0,5	1 792	2,5	1 350	3,3	1 920	3,4
Slowakei	10 550	11,2	994	1,4	1 405	3,4	1 570	2,8
Tschechien			4 565	6,3	1 656	4,0	2 890	5,2
Türkei	662	0,7	1 461	2,0	1 571	3,8	5 800	10,4
Ungarn	12 186	13,0	13 563	18,6	9 055	21,9	6 870	12,3
Rest[1]	68	0,0	164	0,2	56	0,1	x	x
Insgesamt	93 912	100	72 734	100	41 386	100	55 920	100

Eigene Berechnungen nach Angaben der Bundesanstalt für Arbeit. – [1]Finnland, Norwegen, Portugal, Schweden, Spanien, Vereinigte Staaten. – [a]Die Vereinbarungen waren 1995 gesperrt. RWI ESSEN

Die Zahl der Werkverträge ist kontingentiert und wird an die jeweilige Arbeitsmarktlage angepaßt. 1992 wurde mit 93 912 Werkvertragsarbeitnehmern der bisherige Höchststand in Deutschland registriert (vgl. Tabelle 8); der Rückgang seither ist hauptsächlich auf die ab dem 1. Oktober 1993 eingeführte Quotierung im Baugewerbe und die ab 1993 geltende Bearbeitungsgebühr zwischen 1 200 DM und 2 000 DM je Arbeitnehmer zurückzuführen. Insgesamt wurden 63,7 vH (35 630) des Gesamtkontingents 1995 (55 920) im Bausektor eingesetzt. Polen stellen mit über einem Drittel nach wie vor die größte Gruppe, gefolgt von Ungarn.

Die zur Zeit angespannte Arbeitsmarktlage wird durch die Werkverträge noch verschärft: Zwar müssen Werkvertragsarbeitnehmer nach geltendem Tarif entlohnt werden; dies ist wie erwähnt in der Praxis jedoch kaum zu überprüfen[12]. Ferner richten sich die Beiträge zur Sozialversicherung nach dem Herkunftsland, in dem sie i.d.R.

12 Vgl. C. Kuptsch, Kommentar zu vorstehendem Beitrag: Ein Vergleich mit einer ILO-Studie zu Gastarbeitnehmer- und Werkvertragsabkommen. In: T. Faist u.a. (Hrsg.), Neue Migrationsprozesse: politisch-institutionelle Regulierung und Wechselbeziehungen zum Arbeitsmarkt. (Arbeitspapier des Zentrums für Sozialpolitik, Nr. 6/1996.) Bremen 1996, S. 107f.

niedriger als in Deutschland sind, so daß sich schon daher ein Kostenvorteil für die Beschäftigung ausländischer Arbeitskräfte ergibt. Folglich sind Unternehmen, die keine Werkvertragsarbeitnehmer einsetzen bzw. einsetzen können, benachteiligt; dies gilt hauptsächlich für Klein- und Mittelbetriebe. Außerdem besteht die Gefahr der illegalen Beschäftigung der ausländischen Arbeitnehmer während und vor allem nach dem Ende des Vertrages. Zugleich können die Verträge genutzt werden, um illegale Arbeitnehmerüberlassungen zu verschleiern.

Zu berücksichtigen ist indes, daß die Vereinbarungen über Werkverträge mit mittel- und osteuropäischen Staaten in erster Linie politisch motiviert sind: Zum einen sollen durch sie – wie erwähnt – der Zuwanderungsdruck vermindert und die Zuwanderungen gesteuert werden. Zum anderen können durch sie ausländische Unternehmen westliches Know-How erwerben und ebenso wie ihre Beschäftigten in besonderem Maße Deviseneinnahmen realisieren[13].

Die zeitlich befristete Erwerbstätigkeit von Ausländern hat, wie der Verlauf ihrer Inanspruchnahme zeigt, erst im Zuge der politischen Umwälzungen in Ost- und Südosteuropa an Bedeutung gewonnen. Die Ausländerbeschäftigung wird jedoch in erster Linie von Zuwanderern bestimmt.

3. Ausländische Beschäftigung

Seit Anfang der sechziger Jahre ist die Zahl der ausländischen Erwerbspersonen stark gestiegen (vgl. Schaubild 8), ähnlich wie die der ausländischen Wohnbevölkerung[14]. 1960 überstieg erstmals seit 1945 die Zahl der offenen Stellen die der Arbeitslosen[15]. Durch den Bau der Berliner Mauer 1961 wurde der Zustrom von Flüchtlingen und Übersiedlern gestoppt, wodurch das Arbeitskräfteangebot in der Bundesrepublik weiter sank. Die wirtschaftliche Dynamik und der Abbau der tariflichen Wochen- und Jahresarbeitszeit steigerten die Arbeitskräftenachfrage zusätzlich, die in der Folgezeit mittels bilateraler Vereinbarungen durch ausländische Arbeitskräfte gedeckt wurde. Ziel war es wie erwähnt, junge Ausländer im erwerbsfähigen Alter anzuwerben, die nach einer gewissen Zeit mit den erworbenen Kenntnissen und Fähigkeiten sowie Ersparnissen wieder in ihre Heimat zurückkehren sollten (Rotationsprinzip). Größtenteils waren es ungelernte oder nur wenig qualifizierte Arbeitskräfte, so daß Männer häufig Tätigkeiten ausübten, die mit schweren körperlichen Anstrengungen verbunden waren, und Frauen vielfach Fließbandarbeiten verrichteten[16].

---

13 Vgl. S. Sandbrink, Die Beschäftigung von osteuropäischen Werkvertrags-Arbeitnehmern in der BRD: Vorstellung des Forschungsprojekts. In: T. Faist u.a. (Hrsg.), S. 95f.

14 Vgl. C. Cornelsen, Erwerbstätigkeit der ausländischen Bevölkerung. „Wirtschaft und Statistik", Jg. 1996, S. 148.

15 Vgl. R. Münz und R. Ulrich, Internationale Wanderungen von und nach Deutschland, 1945–1994 – Demographische, politische und gesellschaftliche Aspekte räumlicher Mobilität. „Allgemeines Statistisches Archiv", Göttingen, Band 80 (1996), S. 15.

16 Vgl. Rheinisch-Westfälisches Institut für Wirtschaftsforschung und Institut für Politikwissenschaft der Universität Münster (Hrsg.), S. 22.

Schaubild 8

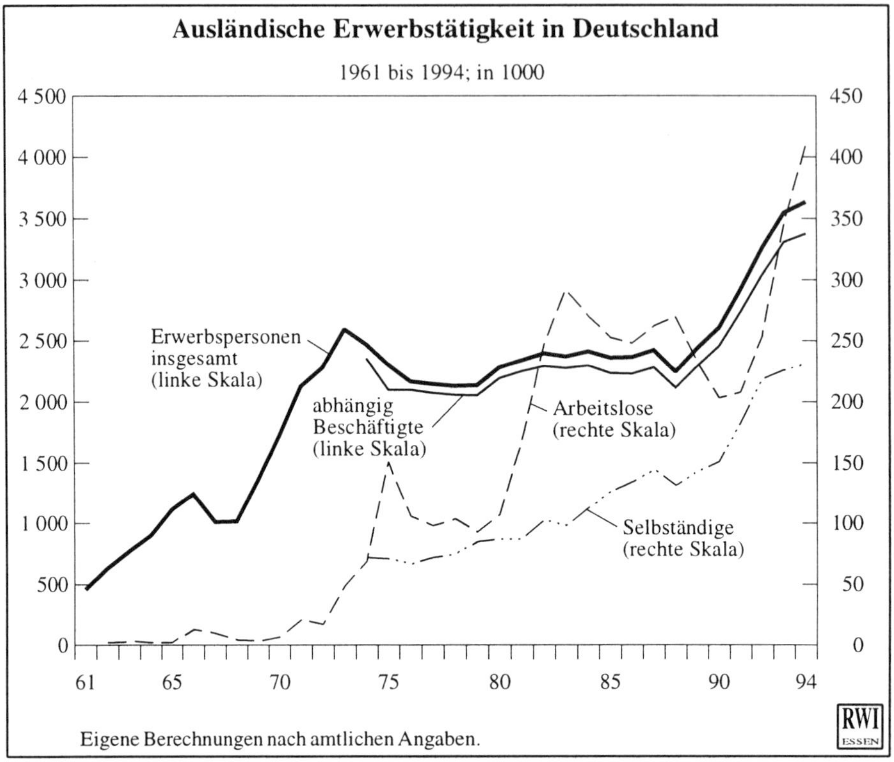

Eigene Berechnungen nach amtlichen Angaben.

Während der Rezession 1966/67 sank erstmals die Zahl der ausländischen Erwerbspersonen, da sich die Anpassung an die veränderte Wirtschafts- und Arbeitsmarktlage größtenteils durch die Rückwanderung ausländischer, zumeist arbeitsloser Arbeitnehmer vollzog, was sich ebenfalls im negativen Außenwanderungssaldo 1967 widerspiegelt (vgl. Tabelle 2); 1967 nahm die Zahl der ausländischen Erwerbspersonen um 200 000 ab und verharrte kurzfristig auf dem Niveau von 1 Mill. Personen. Obwohl der Anteil der ausländischen Arbeitnehmer an allen Beschäftigten nur 5,6 vH betrug, waren sie mit etwa 28 vH an der konjunkturellen Minderbeschäftigung beteiligt.

Die Ausländer nahmen also zunächst die ihnen zugedachte konjunkturelle „Pufferfunktion" auf dem Arbeitsmarkt ein, da im wesentlichen ausländische Arbeitskräfte in ihre Heimat zurückkehrten, die sich erst relativ kurze Zeit in Deutschland aufhielten[17]. Nicht zuletzt aufgrund dieser Ausgleichsfunktion wurden auch in den Folgejahren vermehrt ausländische Arbeitnehmer zur Befriedigung der starken Arbeitskräftenachfrage herangezogen. Ihre Zahl stieg zwischen 1968 und 1973 um 1,5 Mill. und erreichte 1973 mit knapp 2,6 Mill. ihren vorläufigen Höhepunkt. Somit erhöhte sich zwischen

17 Vgl. U. Herbert, Saisonarbeiter – Zwangsarbeiter – Gastarbeiter. Zur historischen Dimension einer aktuellen Debatte. In: Forschungsinstitut der Friedrich-Ebert-Stiftung (Hrsg.), S. 69.

dem Zeitpunkt des ersten Anwerbeabkommens (1955) und 1973 der Anteil der ausländischen Arbeitnehmer an allen beschäftigten Arbeitnehmern von 0,4 vH auf 11,9 vH[18].

Angesichts der angespannten Situation auf dem Arbeitsmarkt als Folge der durch die erste Ölpreiskrise ausgelösten Rezession erließ die Bundesregierung am 23. November 1973 einen Anwerbestopp[19]. Von 1973 bis 1976 ging die Zahl der ausländischen Erwerbspersonen um gut 16 vH zurück. Gleichwohl nahmen sie nicht mehr ausschließlich eine konjunkturelle „Pufferfunktion" ein, da ihr Anteil an allen Beschäftigten 1973 mit 11,9 vH im Vergleich zur Rezession 1966/67 (5,6 vH) doppelt so hoch war, der Rückgang allerdings um 10 vH-Punkte geringer als 1966/67 ausfiel. Gründe für die geringere Rückkehrbereitschaft sind zum einen verbesserte berufliche Qualifikationen und deutsche Sprachkenntnisse, aufgrund derer die Arbeitgeber nicht mehr gewillt waren, auf die ausländischen Arbeitskräfte zu verzichten, bzw. aufgrund derer sie weniger konjunkturempfindliche Arbeitsplätze besetzten[20]. Zum anderen verminderte der Anwerbestopp selbst die Rückkehrbereitschaft, da viele Ausländer befürchteten, eine erneute Einreise sei künftig nicht mehr möglich. Darauf deutet gleichfalls der starke Anstieg der Arbeitslosigkeit hin: Von 1973 bis 1974 erhöhte sich deren Arbeitslosenquote von 0,8 auf 2,9 vH. Sie lag damit erstmals über der der Deutschen und hatte fortan immer einen deutlich höheren Wert.

Bis 1984 stieg die Zahl der ausländischen Erwerbspersonen langsam wieder auf 2,4 Mill. an und blieb dann bis Ende der achtziger Jahre fast konstant. 1984 wurden mit der „Rückkehrhilfe" für arbeitslose Ausländer und der Möglichkeit zur Erstattung der Arbeitnehmerbeiträge zur gesetzlichen Rentenversicherung finanzielle Anreize zur Rückkehr in das Heimatland geschaffen[21]. Ihre quantitativen Auswirkungen waren jedoch weitaus geringer als erwartet, weil hauptsächlich bereits getroffene Entscheidungen in diesem Zeitraum nachgeholt oder vorgezogen wurden[22]. Folglich planten die ab 1984 ansässigen Ausländer einen längeren, größtenteils auch dauerhaften Aufenthalt in Deutschland.

Seit Ende der achtziger Jahre ist im Zuge der politischen Umwälzungen in Ost- und Südosteuropa wieder ein verstärkter Anstieg der Zahl der ausländischen Erwerbspersonen zu beobachten. Zwischen 1989 und 1994 stieg sie um etwa 1,2 Mill. bzw. 50 vH

18 Vgl. Beauftragte der Bundesregierung für die Belange der Ausländer (Hrsg.) [I], Bericht über die Lage der Ausländer in der Bundesrepublik Deutschland 1993. Bonn 1994, S. 25.

19 Eine vergleichbare Begrenzung erfolgte in etwa zu diesem Zeitpunkt auch in anderen europäischen Staaten: Schweiz (1970), Schweden (1972), Frankreich (1974). Vgl. R. Münz und R. Ulrich, S. 18.

20 Vgl. F. Dietz, Entwicklung und Struktur der ausländischen Arbeitnehmer in der Bundesrepublik Deutschland – Ein Vergleich zwischen Deutschen und Ausländern. In: E. Hönekopp (Hrsg.), Aspekte der Ausländerbeschäftigung in der Bundesrepublik Deutschland. (Beiträge zur Arbeitsmarkt- und Berufsforschung, Nr. 114.) Nürnberg 1987, S. 79.

21 Vgl. H. Werner [II], Integration ausländischer Arbeitnehmer in den Arbeitsmarkt – Deutschland, Frankreich, Niederlande, Schweden. In: H. Werner und W. Seifert (Hrsg.), Die Integration ausländischer Arbeitnehmer in den Arbeitsmarkt. (Beiträge zur Arbeitsmarkt- und Berufsforschung, Nr. 178.) Nürnberg 1994, S. 124.

22 Vgl. E. Hönekopp, Rückkehrförderung und Rückkehr ausländischer Arbeitnehmer – Ergebnisse des Rückkehrförderungsgesetzes, der Rückkehrhilfe-Statistik und der IAB-Rückkehrerbefragung. In: E. Hönekopp (Hrsg.), S. 332.

auf gut 3,6 Mill.[23]. Ihr Anteil an allen Erwerbspersonen liegt damit bei 9 vH, also um 0,4 vH-Punkte über dem Bevölkerungsanteil. Allerdings befindet sich der Anteil immer noch erheblich unter dem des Höchststandes von 1973 (11,9 vH); gleichwohl übertrifft die absolute Zahl der Erwerbspersonen ab 1990 die damalige Höchstmarke.

Sowohl Änderungen der Rahmenbedingungen als auch individuelle Einflußfaktoren führten zu einem starken Anstieg der Zahl ausländischer Selbständiger: Sie erhöhte sich (ohne mithelfende Familienangehörige) von knapp 40 000 Anfang der siebziger Jahre auf 239 000 (1995)[24]; von 1974 bis 1995 stieg deren Selbständigenquote (Anteil der Selbständigen an den Erwerbstätigen) somit von etwa 2,5 vH auf etwa 8 vH. Maßgeblich sind einerseits rechtliche Erleichterungen sowie der verbesserte Aufenthaltsstatus aufgrund der längeren individuellen Aufenthaltsdauer – knapp die Hälfte der ausländischen Bevölkerung lebte Ende 1993 länger als zehn Jahre in Deutschland. Andererseits wird die Entscheidung zur Selbständigkeit durch den Wunsch zur beruflichen Unabhängigkeit, die Aussicht auf ein höheres Einkommen, ein höheres soziales Ansehen, aber auch durch das für Ausländer größere Risiko der Arbeitslosigkeit beeinflußt[25].

Der Schwerpunkt ausländischer Selbständigkeit liegt im Bereich Sonstige Dienstleistungen, insbesondere im Gastgewerbe. Des weiteren sind sie häufig im Einzelhandel und in handwerksähnlichen Betrieben zu finden[26]. Da diese Bereiche durch geringe Verdienstmöglichkeiten gekennzeichnet sind, wird die Vermutung, daß die Selbständigkeit häufig die Folge mangelnder abhängiger Beschäftigungsmöglichkeiten ist, erhärtet.

Legt man das Verhältnis zwischen ausländischen Selbständigen und den von ihnen geschaffenen Arbeitsplätzen sowie deren Verteilung auf die entsprechenden Erwerbsgruppen von 1992 zugrunde, so dürften von ihnen 1995 etwa 70 000 mithelfende Familienangehörige und 500 000 anderweitige Arbeitskräfte beschäftigt worden sein. Damit umfaßte dieser Bereich insgesamt 800 000 Arbeitskräfte, was rein rechnerisch einem Viertel des ausländischen Arbeitsangebots in Westdeutschland entspricht. Ausländische Selbständige haben sich aus ihrer ökonomischen Nische, die sie anfänglich durch die Gründung von Einzelhandelsgeschäften eingenommen hatten, weitgehend gelöst[27]. Jedoch wird ihnen die Möglichkeit zur Ausbildung im eigenen Betrieb dadurch erschwert, daß in Deutschland nur Personen ausbilden dürfen, die selbst das deutsche Ausbildungssystem durchlaufen haben und ein Ausbilderzertifikat besitzen.

---

23 Werden zusätzlich die Zuwanderungen von Aussiedlern berücksichtigt, so wäre die Zahl der Erwerbspersonen bei einer unterstellten Erwerbsbeteiligung der Aussiedler von 50 vH zwischen 1987 bis 1991 um weitere 600 000 gestiegen; vgl. G. Barabas u.a., S. 138.

24 Vgl. Presse- und Informationsamt der Bundesregierung (Hrsg.) [III], Erwerbstätige mit ausländischem Paß in Deutschland. (Sozialpolitische Umschau, Nr. 40/1996.) Bonn 1996, S. 28.

25 Vgl. Zentrum für Türkeistudien (Hrsg.), Nur der Wandel hat Bestand – Ausländische Selbständige in Deutschland. Essen 1995, S. 15.

26 Vgl. H.D. von Loeffelholz, A. Gieseck und H. Buch, S. 85ff.

27 Vgl. H.D. von Loeffelholz, A. Gieseck und H. Buch, S. 88ff.

Dies trifft z.B. auf türkische Selbständige, deren Anteil an allen ausländischen Selbständigen 14 vH beträgt, nur zu einem sehr geringen Teil zu[28].

4. Zukünftige Erwerbsbevölkerung

4.1. Bevölkerung

Die zukünftige Entwicklung der Erwerbsbevölkerung wird in erster Linie vom Bevölkerungsverlauf bestimmt. In Anlehnung an die Prämissen und Ergebnisse der achten koordinierten Bevölkerungsvorausberechnung des Statistischen Bundesamts[29] von Ende 1992 wird im folgenden zunächst eine aktualisierte Bevölkerungsvorausschätzung für 1995 bis 2030 präsentiert[30]; dabei werden drei Zuwanderungsszenarien unterschieden: Zum ersten wird von einer Immigration gänzlich abgesehen („Szenario I"), was eine absolute Untergrenze der zukünftigen Bevölkerung darstellt, zum zweiten wird wegen des begrenzten Potentials an Aussiedlern von einem Rückgang der gegenwärtigen Zuwanderungssalden von im Durchschnitt jährlich 350 000 (deutschen und ausländischen) Personen bis 2010 auf 150 000 ab 2011 ausgegangen („Szenario II") und zum dritten wird ein Rückgang auf 300 000 ab 2000 angenommen („Szenario III")[31]. Geht man von den aktuellen politischen Setzungen und Absichten hinsichtlich der Immigranten, d.h. insbesondere von Aussiedlern und Asylbewerbern, aus, so erscheint Szenario II als das wahrscheinlichere[32], während Szenario III als eine Obergrenze angesehen werden kann. In jedem Fall sollte die Abhängigkeit der Vorausbe-

---

28 Vgl. T. Faist, Ein- und Ausgliederung von Immigranten in Arbeitsmärkten: Junge Türken in Deutschland und mexikanische Amerikaner in den USA. In: W. Seifert (Hrsg.), Wie Migranten leben – Lebensbedingungen und soziale Lage der ausländischen Bevölkerung in der Bundesrepublik. (Wissenschaftszentrum Berlin für Sozialforschung Abt. Sozialstruktur und Sozialberichterstattung, FS III 95-401.) Berlin 1995, S. 37.

29 Vgl. B. Sommer, Entwicklung der Bevölkerung bis 2040. Ergebnis der achten koordinierten Bevölkerungsvorausberechnung. „Wirtschaft und Statistik", Jg. 1994, S. 497ff. Zu einem Vergleich von Ergebnissen alternativer Modellrechnungen bis 2030 vgl. die Synopse bei Enquete-Kommission „Demographischer Wandel" des Deutschen Bundestags (Hrsg.), Zwischenbericht der „Enquete-Kommission Demographischer Wandel. Herausforderungen unserer älter werdenden Gesellschaft an den einzelnen und an die Politik". Bonn 1994, S. 102.

30 Zum verwendeten Bevölkerungsmodell vgl. G. Köpp, Finanzierungsprobleme der Rentenversicherung. (Sozioökonomische Forschungen, Band 33.) Bern u.a. 1995, S. 25ff.

31 Die sog. Zuwanderungsvarianten des Statistischen Bundesamts unterscheiden sich von den hier unterstellten Szenarien, daß bei Ausländern „ausgehend von den bis 1992 bekannten Wanderungsbewegungen eine Abnahme der jährlichen Wanderungssalden auf 100 000 (Variante 1), 200 000 (Variante 2) bzw. 300 000 (Variante 3) bis zum Jahr 2000 angenommen wurde, und diese Werte dann bis zum Ende des Vorausberechnungszeitraums [2040, d.V.] beibehalten wurden"; in bezug auf die Aussiedler wurde „davon ausgegangen, daß die derzeitige Größenordnung [220 000 Personen p.a., d.V.] auch in den folgenden Jahren erreicht wird und erst zum Ende des Jahrzehnts absinken wird. Ab dem Jahr 2011 wird für die deutsche Bevölkerung ein ausgeglichener Wanderungssaldo angenommen"; B. Sommer, S. 498. Im Vergleich zu den erwähnten Szenarien gehen die Varianten des Statistischen Bundesamts von Zuwanderungen aus, die z.B. bei der Variante 2 gegenüber dem am ehesten vergleichbaren Szenario II bis 2020 um jährlich etwa 100 000 Personen höher ist.

32 Das nach dem Kriegsfolgenbereinigungsgesetz vom 21. Dezember 1992 (BGBl. I S. 2094) festgelegte Maximum an Aufnahmebescheiden für Aussiedler von 220 000 p.a. orientierte sich an den Zuzügen der Jahre 1991 (222 000 Personen) und 1992 (220 000); in den beiden Jahren zuvor waren noch 397 000 (1990) bzw. 377 000 Aussiedler (1989) zugezogen; vgl. Tabelle 2.

Tabelle 9

Bevölkerung in Deutschland unter dem Einfluß unterschiedlicher Zuwanderungsszenarien[1]

1995 bis 2030; in Mill.

Jahr	Szenario I		Szenario II		Szenario III	
	insgesamt	nachrichtlich: Ausländer[2]	insgesamt	nachrichtlich: Ausländer[2]	insgesamt	nachrichtlich: Ausländer[2]
1995	81,5	7,1	81,5	7,1	81,5	7,1
2000	80,8	7,4	82,5	7,8	82,5	8,3
2005	78,9	7,3	81,9	8,3	82,2	9,3
2010	77,7	7,3	81,7	8,8	82,6	10,3
2015	75,5	7,0	80,4	9,2	82,1	11,1
2020	73,1	6,8	78,9	9,5	81,3	11,9
2025	70,3	6,4	76,9	9,5	80,2	12,5
2030	67,0	5,9	74,5	9,6	78,6	13,0

Eigene Berechnungen. – [1]Zu den Szenarien vgl. Text. – [2]Nach Bundesministerium des Innern (Hrsg.), Modellrechnungen zur Bevölkerungsentwicklung in der Bundesrepublik Deutschland bis zum Jahr 2040. Bonn 1996, S. 27.

RWI ESSEN

rechnungen von den Setzungen beachtet werden; auch wenn das eine oder andere Szenario aus heutiger Sicht als mehr oder weniger realistisch erscheint, ist nicht ausgeschlossen, daß sich die Wanderungsbewegungen in einem zunehmend integrierten europäischen Währungs- und Wirtschaftsraum auf der einen Seite und aufgrund politischer Instabilitäten etwa in den Transformationsländern Ost- und Südosteuropas auf der anderen auch außerhalb des skizzierten Rahmens darstellen können.

Hinsichtlich der neben der Immigration relevanten Determinanten der Bevölkerungsentwicklung, nämlich der Geburtenhäufigkeit und der Sterblichkeit, d.h. der Lebenserwartung (Neugeborener), wird davon ausgegangen, daß die Geburtenhäufigkeit in Westdeutschland auf dem derzeitigen Niveau von 1,4 verharrt, während sie sich in Ostdeutschland von einer sehr niedrigen Basis von 0,79 aus (1994) im folgenden Jahrzehnt an die in Westdeutschland anpaßt. Für die Lebenserwartung (Neugeborener) wurde eine Zunahme bis 2000 um über 1,5 Jahre unterstellt, danach von Konstanz ausgegangen (Westdeutschland); in Ostdeutschland erreicht die noch um 3,2 Jahre (1992; Männer) bzw. 2,4 Jahre (Frauen) niedrigere Lebenserwartung erst 2030 das westdeutsche Niveau[33].

Unter den genannten Voraussetzungen geht die Bevölkerung in Deutschland in Szenario I („ohne Zuwanderungen") von 81,5 Mill. Personen (1995) auf 67 Mill. (2030) zurück (18 vH; vgl. Tabelle 9). Weniger kraß ist die demographische Kontraktion im Szenario II („Zuwanderung 150 000 Personen p.a.") mit 8,6 vH auf 74,5 Mill.

---

33 Vgl. auch die ähnlichen Prämissen in B. Sommer, S. 497.

Schaubild 9

Bevölkerungspyramide für die deutsche Bevölkerung bei unterschiedlichen Annahmen[1]

1995 und 2030

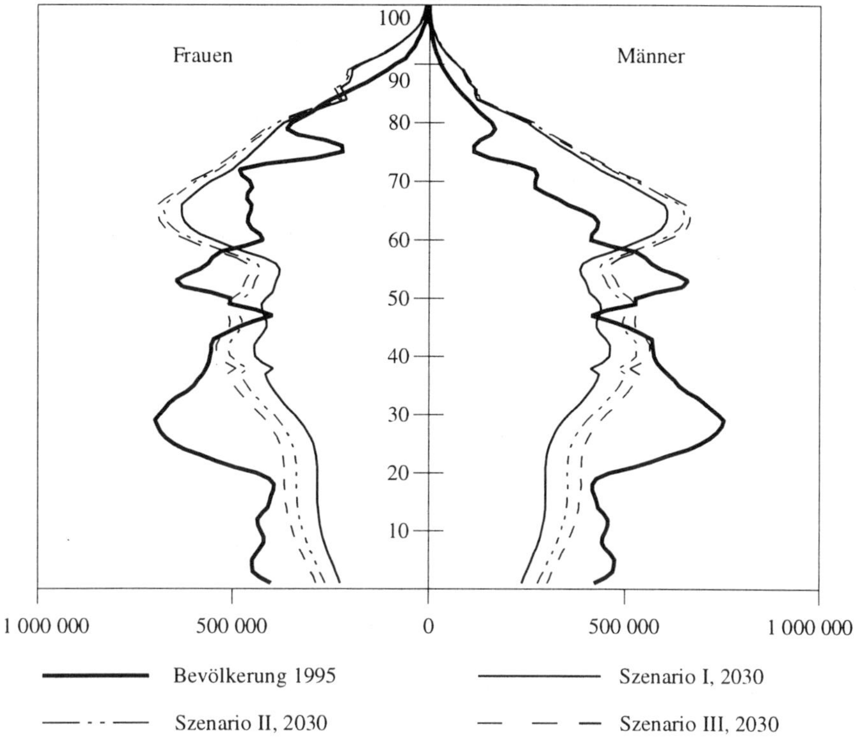

Eigene Berechnungen. – [1]Zu den Szenarien vgl. Text.

Einwohner; doch selbst in Szenario III („Zuwanderung 300 000 Personen p.a.") geht die Bevölkerungszahl noch zurück – auf 78,6 Mill. Personen bzw. um 3,6 vH[34]. Nach amtlichen Projektionen nimmt die (nach dem geltenden Staatsbürgerrecht definierte) ausländische Bevölkerung in Deutschland ohne Zuwanderung bis 2030 auf knapp 5,9 Mill. Personen ab und steigt z.B. bei Zuwanderungen von ca. 100 000 (200 000) Personen p.a. auf 9,6 (13) Mill. Personen (vgl. Tabelle 9); dies entspricht einem weitgehend konstanten Ausländeranteil bzw. einer auf fast 13 (17) vH steigenden Quote[35].

34 Demgegenüber kommt das Statistische Bundesamt in seinen Vorausberechnungen – vor allem wegen höherer Ausgangsniveaus bei den unterstellten Zuwanderungen – zu Bevölkerungsständen für 2030 von 73,7 Mill. Einwohnern (Variante 1), von 77,4 Mill. (Variante 2) und 81,1 Mill. (Variante 3).

35 Vgl. Bundesministerium des Innern (Hrsg.), S. 23ff.

Allen Szenarien ist gemeinsam, daß die deutsche Bevölkerung in den jungen und mittleren Altersgruppen nicht nur absolut, sondern auch relativ zurückgeht, während die ältere Bevölkerung an Gewicht gewinnt (vgl. Schaubild 9). Dies wird durch die Zuwanderungen (mit der hier vorgegebenen Altersstruktur) nicht verhindert, sondern lediglich verlangsamt. Somit können die Zuwanderungen nur teilweise den Rückgang der Bevölkerung in den jungen und mittleren Altersklassen kompensieren.

4.2. Annahmen zum Erwerbsverhalten

Ausgangspunkt der Abschätzung des zukünftigen Arbeitskräfteangebots sind die dargestellten Bevölkerungsprojektionen. Im Mittelpunkt des Interesses steht der langfristige Einfluß von Zuwanderungen auf die Erwerbsbevölkerung. Die Schätzung erfolgt ausschließlich aufgrund des Erwerbsverhaltens in den alten Bundesländern. Zwar dürfte auf kurze Sicht eine Trennung zwischen dem Erwerbsverhalten in den alten und neuen Bundesländern die Realität besser abbilden; da es sich hier um eine mittel- bzw. langfristige Betrachtung handelt, erscheint diese Differenzierung aber wenig bedeutsam. Weiterhin wird auf eine Berücksichtigung von Unterschieden in der Erwerbsbeteiligung der deutschen und ausländischen Bevölkerung verzichtet, zumal auf längere Sicht eine Angleichung des Verhaltens unterstellt werden kann[36].

Die Berechnung des Arbeitskräfteangebots wird in zwei Schritten durchgeführt: Im ersten wird der demographische Effekt der Zuwanderungen auf die Erwerbsbevölkerung isoliert betrachtet. Aus diesem Grund wird ein unverändertes Erwerbsverhalten unterstellt, und die Erwerbspersonen werden mittels der Erwerbsquoten (Anteil der Erwerbspersonen an der Wohnbevölkerung) von 1994 aus der Bevölkerung abgeleitet.

Im zweiten Schritt wird von einem sich zeitlich nach Geschlecht und Altersklassen ändernden Erwerbsverhalten ausgegangen. Diese Änderungen ergeben sich aus folgenden Überlegungen: In den letzten zwei Dekaden ist die Erwerbsbeteiligung der jüngeren Jahrgänge (unter 25 Jahre) hauptsächlich wegen der verstärkten Bildungsbeteiligung rückläufig[37]: Von 1972 bis 1994 fielen die Erwerbsquoten der 15 bis 20 und 20 bis 25jährigen Männer von 60,4 vH auf 36,5 vH bzw. von 83,6 vH auf 76,7 vH. Kurzfristig ist mit einer Fortsetzung des Rückgangs zu rechnen, mittel- und langfristig scheint jedoch wegen der sich ändernden Bildungsstrukturen und gesetzlichen Rahmenbedingungen (z.B. geringere Anrechnung von Ausbildungszeiten in der Rentenversicherung, verkürzte Ausbildungsphase) ein Ende des Rückgangs und sogar eine

36 Ein Großteil der Zuwanderungen besteht aus Aussiedlern. Sie gelten zwar als Deutsche i.S.d. Grundgesetzes, aber aufgrund ihrer sozioökonomischen Merkmale müßten sie hinsichtlich des Arbeitsmarktes indes eher zur Gruppe der Ausländer gezählt werden. Dies ist allerdings nur begrenzt möglich, da sie nur bis zur Aufnahme einer Erwerbstätigkeit, höchstens jedoch fünf Jahre gesondert erfaßt werden. Darüber hinaus werden spezielle Integrationsprogramme für sie angeboten, und zudem ist unklar, inwieweit Ausländer zukünftig von der Möglichkeit der Einbürgerung Gebrauch machen werden.

37 Vgl. B. Knauth, Frauenerwerbsbeteiligung in den Staaten der Europäischen Gemeinschaft. In: K. Schwarz (Hrsg.), Frauenerwerbstätigkeit – Demographische, soziologische, ökonomische und familienpolitische Aspekte. (Materialien zur Bevölkerungswissenschaft, Heft 77.) Wiesbaden 1992, S. 266.

Tabelle 10

Erwerbsquoten nach Altersgruppen

1994 bis 2030; Anteil in vH

Altersgruppe	1994	2000	2010	2020	2030
			Männer		
15 bis 20	36,5	32,0	40,0	40,0	40,0
20 bis 25	76,7	77,1	79,5	82,0	82,0
25 bis 30	86,1	83,9	81,1	78,2	75,4
30 bis 35	95,7	94,6	93,5	92,4	91,3
35 bis 40	97,1	96,7	96,0	95,3	94,6
40 bis 45	97,4	96,8	96,3	95,8	95,3
45 bis 50	96,1	95,9	95,5	95,1	94,7
50 bis 55	92,4	92,6	92,3	91,9	91,6
55 bis 60	79,8	76,8	73,6	70,4	67,0
60 bis 65	33,4	41,9	56,2	67,0	67,0
65 und mehr	4,7	5,3	6,4	7,4	8,4
			Frauen		
15 bis 20	30,5	33,0	37,2	40,0	40,0
20 bis 25	70,9	70,9	71,0	71,0	71,0
25 bis 30	73,0	75,2	78,8	82,5	86,1
30 bis 35	69,3	72,6	78,0	83,5	88,9
35 bis 40	70,7	73,9	79,3	84,7	90,1
40 bis 45	73,7	76,5	81,2	85,9	90,6
45 bis 50	70,4	73,3	78,0	82,8	87,5
50 bis 55	62,7	65,6	70,4	75,2	80,0
55 bis 60	47,1	50,7	56,7	62,6	67,0
60 bis 65	12,0	14,6	18,8	23,1	27,3
65 und mehr	1,7	2,0	2,5	3,0	3,5

Eigene Berechnungen nach Angaben des Statistischen Bundesamtes. RWI ESSEN

steigende Erwerbsbeteiligung nicht ausgeschlossen. Daher wird unterstellt, daß sich der Rückgang bis zum Jahr 2000 fortsetzt. Danach steigen die Erwerbsquoten bis 2020 wieder auf 40 vH an (vgl. Tabelle 10) – eine weitere Steigerung erscheint aufgrund der zunehmenden Qualifikationsanforderungen unrealistisch. Bei Frauen dieser Altersklassen wird davon ausgegangen, daß sie an der steigenden Frauenerwerbsbeteiligung – zwischen 1972 und 1994 stieg sie von 30,8 vH auf 39,4 vH – partizipieren. Daher werden zunächst steigende Erwerbsquoten unterstellt, die sich für die Altersklasse der 15 bis 20jährigen denen der Männer angleichen.

Die Erwerbsquoten bei Männern in den mittleren Altersstufen (zwischen 25 und 60 Jahren) gingen von 1974 bis 1994 zwischen 6,4 (55 bis 60jährige) und 0,7 vH-Punkte (45 bis 50jährige) zurück. Sie werden mittels des Trends bis zum Ende des Prognosezeitraums fortgeschrieben. Darin kommt u.a. die zunehmende Beteiligung der Männer an der Familienphase zum Ausdruck[38], was bei jüngeren Jahrgängen durch eine erhöhte Bildungsbeteiligung und bei älteren Altersstufen durch einen vermehrten vorzeitigen Eintritt in den Ruhestand verstärkt wird.

Im Zeitraum 1974 bis 1994 ging die Erwerbsbeteiligung der älteren Männer (60 bis 65 Jahre alt) größtenteils aufgrund der Möglichkeit des vorzeitigen Renteneintritts um knapp die Hälfte auf 33,4 vH zurück. Ihr zukünftiges Erwerbsverhalten wird maßgeblich von den gesetzlichen Rahmenbedingungen, insbesondere den Änderungen der Altersgrenzen in der gesetzlichen Rentenversicherung beeinflußt. Am 1. August 1996 wurde die Altersrente wegen Arbeitslosigkeit (alte Form) durch die Altersrente wegen Arbeitslosigkeit oder Altersteilzeit ersetzt. Damit wird die Altersgrenze dieser Rentenart von 1997 bis 1999 stufenweise von derzeit 60 Jahre auf 63 Jahre angehoben[39]. Zwischen 2000 und Ende 2001 wird die Altersgrenze für langjährig Versicherte schrittweise auf 65 Jahre erhöht, eine vorzeitige Inanspruchnahme dieser Rentenarten ist danach nur noch mit einem Abschlag von 0,3 vH pro Monat der vorzeitigen Inanspruchnahme möglich[40]. Inwieweit diese Möglichkeit in Anspruch genommen wird, hängt vom Einzelfall ab, jedoch stellt der Abschlag eine starke Restriktion dar, so daß mittel- und langfristig von einer steigenden Erwerbsbeteiligung ausgegangen werden kann. Allerdings besteht mit der Altersrente für Schwerbehinderte, Berufs- oder Erwerbsunfähige auch weiterhin die Möglichkeit des vorzeitigen Renteneintritts ohne Abschläge. Daher wird unterstellt, daß sich die Erwerbsquote der 60 bis 65jährigen der Quote der 55 bis 60jährigen angleicht.

Die Frauenerwerbsquote (39,4 vH) liegt immer noch wesentlich unter der der Männer (58,7 vH). Sie hängt neben dem Familienstand überwiegend von der Anzahl der Kinder ab[41]; so reduzierte sich z.B. die Erwerbsquote für die Gruppe der 25 bis 29jährigen Frauen von 88,4 vH bereits bei einem Kind auf 54,3 vH (1990)[42]. Schon wegen der anhaltend niedrigen Geburtenrate ist mit einer steigenden Frauenerwerbsbeteiligung zu rechnen. Des weiteren wird angenommen, daß die Anzahl der Kinder bei einem verbesserten Angebot an Kindergartenplätzen und einer Ausweitung der Teilzeitbeschäftigung als Einflußfaktor für die Erwerbsbeteiligung an Bedeutung verliert, wie

---

38 Vgl. B. Hof, Szenarien künftiger Zuwanderungen und ihre Auswirkungen auf Bevölkerungsstruktur, Arbeitsmarkt und soziale Sicherung. „Allgemeines Statistisches Archiv", Band 80 (1/1996), S. 135.

39 Vgl. G. Albrecht und H.-W. Müller, Die neue Altersrente wegen Arbeitslosigkeit oder nach Altersteilzeit. „Deutsche Rentenversicherung", Frankfurt a.M., Jg. 1996, S. 142ff.

40 Vgl. Presse- und Informationsamt der Bundesregierung (Hrsg.) [IV], Programm der Bundesregierung für mehr Wachstum und Beschäftigung – Deutscher Bundestag weist Einsprüche des Bundesrates zurück und verabschiedet: Wachstums- und Beschäftigungsförderungsgesetz, Arbeitsrechtliches Beschäftigungsförderungsgesetz, Beitragsentlastungsgesetz. (Sozialpolitische Umschau, Nr. 36/1996.) Bonn 1996, S. 5.

41 Vgl. Deutsches Institut für Wirtschaftsforschung (Hrsg.), Angebot an Arbeitskräften in Deutschland auf längere Sicht. (Bearb.: E. Kirner und E. Schulz.) „DIW-Wochenbericht", Berlin, Jg. 57 (1990), S. 683.

42 Vgl. B. Knauth, S. 275.

dies in Dänemark der Fall ist, das die höchste Frauenerwerbsquote innerhalb der EU aufweist. Für die Berechnung wird unterstellt, daß die Entwicklung in Deutschland nachvollzogen wird, so daß sich die Erwerbsquoten der 25 bis 65jährigen den derzeitigen Quoten der dänischen Frauen angleichen.

4.3. Zukünftiges Arbeitskräfteangebot

Aus der Kombination der Bevölkerungsprojektionen mit den unterschiedlichen Annahmen zum Erwerbsverhalten ergeben sich sechs Szenarien für das künftige Arbeitskräfteangebot: Die Szenarien I, II und III ohne Zuwanderungen, mit abnehmendem sowie konstant hohem Zuwanderungssaldo bei unverändertem Erwerbsverhalten und die Szenarien AI, AII und AIII entsprechend mit verändertem Erwerbsverhalten.

Von 1994 bis 2030 sinkt in Szenario I die Zahl der Erwerbspersonen kontinuierlich um insgesamt 11 Mill. auf gut 28 Mill., was bei einer schrumpfenden Bevölkerung ohne Zuwanderungen von der Tendenz her auch zu erwarten ist. Dies bedeutet einen relativen Rückgang des Arbeitskräfteangebots von gut einem Viertel sowohl bei Männern als auch Frauen, der um gut 10 vH-Punkte über dem relativen Bevölkerungsrückgang (15 vH) liegt. Durch die Zuwanderungen in den Szenarien II und III kann der Rückgang des Arbeitskräfteangebots bei Männern und Frauen auf 17 bzw. 12 vH begrenzt werden, was absolut einem Rückgang von insgesamt 7 bzw. 5 Mill. auf gut 32 bzw. 34 Mill. Personen entspricht (vgl. Schaubild 10). Der Rückgang geht mit einem Alterungsprozeß der Erwerbspersonen einher: Der Anteil der Männer unter 30 Jahren fällt um 7 vH-Punkte, während die Anteile der 30 bis 55jährigen und der über 55jährigen um knapp 2 bzw. 5 vH-Punkte steigen. Bei erwerbstätigen Frauen fällt der Alterungsprozeß etwas gemäßigter aus: Der Anteil der unter 30jährigen nimmt um 5 vH-Punkte ab, während er in den älteren Altersgruppen um knapp 2 bzw. 3 vH-Punkte zunimmt (vgl. Tabelle 11). Sowohl bei Männern als auch Frauen steigt das Durchschnittsalter der Erwerbspersonen um 1,1 bis 1,5 Jahre. Im Gegensatz zum Rückgang der Bevölkerung können die Zuwanderungen den Alterungsprozeß nur sehr verhalten verlangsamen, was überwiegend auf die unterstellte Altersstruktur der Zuwanderer zurückzuführen ist.

Auch bei sich änderndem Erwerbsverhalten sinkt zwar die Zahl der Erwerbspersonen ohne Zuwanderungen (Szenario AI) zwischen 1994 und 2030, allerdings nur auf knapp 32 Mill. Personen (vgl. Tabelle 12). Der Rückgang fällt somit – wie in den beiden anderen Szenarien mit verändertem Erwerbsverhalten – im Vergleich zu den entsprechenden Szenarien mit konstanten Erwerbsquoten um etwa 10 vH-Punkte verhaltener aus. Die Zuwanderungen der Szenarien AII und AIII vermindern die Abnahme der Zahl der Erwerbspersonen erheblich: Bis 2020 bleibt die Anzahl weitestgehend konstant, im Vergleich zur Ausgangslage sind sogar leichte Steigerungen zu beobachten. In der letzten Dekade des Betrachtungszeitraums verringert sich die Zahl der Erwerbspersonen im Vergleich zur Ausgangssituation in Szenario AII um 10 vH, in Szenario AIII lediglich um 4 vH. Auffallend ist die nach dem Geschlecht sehr unterschiedliche Entwicklung des Arbeitskräfteangebots (vgl. Schaubild 10): Während die Anzahl der männlichen Erwerbspersonen ohne Zuwanderungen bis 2010 bzw. mit Zuwanderungen bis 2020 in etwa auf dem Ausgangsniveau bleibt und danach um 25 vH (Szena-

Schaubild 10

Erwerbspersonen in Deutschland bei unterschiedlichen Annahmen[1]

1996 bis 2030; in Mill.

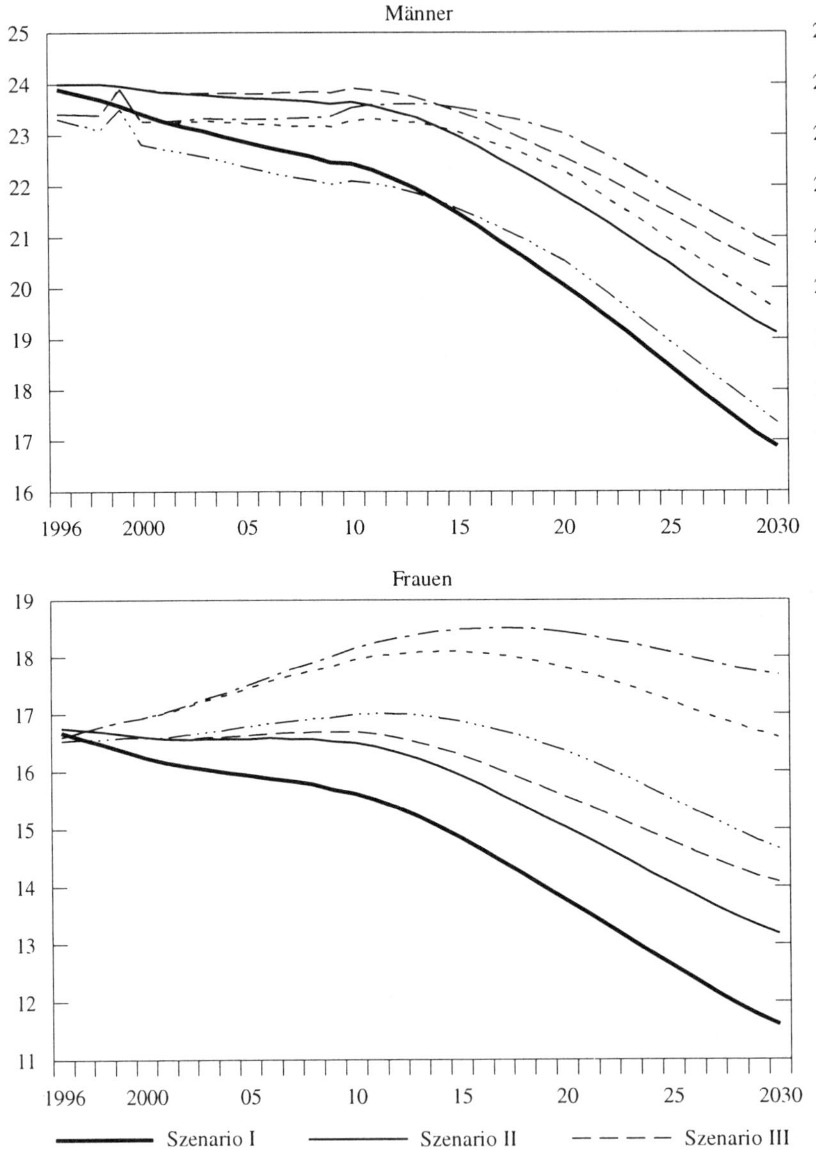

Eigene Berechnungen. – [1]Zu den Szenarien der Bevölkerungsentwicklung und den Annahmen zum Erwerbsverhalten vgl. Text.

RWI ESSEN

Tabelle 11

Altersstruktur der Erwerbspersonen bei konstanten Erwerbsquoten[1]

1994 und 2030; Anteil in vH

Altersklasse	1994	2030 Szenario I	2030 Szenario II	2030 Szenario III
		Frauen		
15 bis 20	3,4	3,8	3,9	3,9
20 bis 25	10,0	8,8	9,0	9,3
25 bis 30	14,1	9,8	10,0	10,2
30 bis 35	14,3	11,0	11,1	11,2
35 bis 40	13,0	12,6	12,7	12,7
40 bis 45	12,8	14,0	14,0	13,9
45 bis 50	10,0	15,5	15,4	15,3
50 bis 55	12,2	10,8	10,7	10,6
55 bis 60	8,2	8,9	8,6	8,5
60 bis 65	1,4	3,1	2,9	2,8
65 und mehr	0,7	1,7	1,6	1,5
nachrichtlich:				
Durchschnittsalter	36,9	38,3	38,1	38,0
in 1 000	15 966	11 601	13 179	14 077
		Männer		
15 bis 20	3,6	3,3	3,4	3,5
20 bis 25	8,9	6,9	7,1	7,3
25 bis 30	12,9	8,3	8,6	8,8
30 bis 35	14,3	10,9	11,1	11,3
35 bis 40	12,7	12,5	12,6	12,6
40 bis 45	12,1	13,3	13,3	13,3
45 bis 50	10,0	15,0	15,0	15,0
50 bis 55	12,3	11,2	11,1	11,0
55 bis 60	9,6	10,3	10,0	9,8
60 bis 65	2,8	5,8	5,5	5,3
65 und mehr	0,8	2,5	2,3	2,2
nachrichtlich:				
Durchschnittsalter	38,2	39,8	39,5	39,3
in 1 000	23 037	16 866	19 107	20 361
		Insgesamt		
15 bis 20	3,6	3,5	3,6	3,7
20 bis 25	9,5	7,7	7,9	8,1
25 bis 30	13,4	8,9	9,1	9,4
30 bis 35	14,2	11,0	11,1	11,3
35 bis 40	12,8	12,5	12,6	12,6
40 bis 45	12,4	13,6	13,6	13,5
45 bis 50	10,1	15,2	15,2	15,1
50 bis 55	12,1	11,1	10,9	10,8
55 bis 60	8,8	9,7	9,4	9,3
60 bis 65	2,2	4,7	4,4	4,3
65 und mehr	0,8	2,2	2,0	1,9
in 1 000	39 003	28 467	32 286	34 438

Eigene Berechnungen. – [1]Zu den Szenarien vgl. Text. RWI ESSEN

Tabelle 12

Altersstruktur der Erwerbspersonen bei sich änderndem Erwerbsverhalten[1]

1994 und 2030; Anteil in vH

Altersklasse	1994	2030		
		Szenario AI	Szenario AII	Szenario AIII
		Frauen		
15 bis 20	3,4	4,0	4,2	4,3
20 bis 25	10,0	7,0	7,2	7,4
25 bis 30	14,1	9,1	9,4	9,6
30 bis 35	14,3	11,2	11,4	11,5
35 bis 40	13,0	12,8	12,9	12,9
40 bis 45	12,8	13,7	13,7	13,6
45 bis 50	10,0	12,7	12,7	12,6
50 bis 55	12,2	10,9	10,8	10,7
55 bis 60	8,2	10,2	10,0	9,8
60 bis 65	1,4	5,6	5,3	5,1
65 und mehr	0,7	2,8	2,6	2,5
nachrichtlich:				
Durchschnittsalter	36,9	40,2	40,0	39,9
in 1 000	15 966	14 647	16 586	17 683
		Männer		
15 bis 20	3,6	4,2	4,4	4,5
20 bis 25	8,9	7,2	7,4	7,7
25 bis 30	12,9	7,1	7,3	7,5
30 bis 35	14,3	10,2	10,4	10,5
35 bis 40	12,7	11,8	12,0	12,0
40 bis 45	12,1	12,6	12,7	12,7
45 bis 50	10,0	12,0	12,0	12,0
50 bis 55	12,3	10,8	10,7	10,7
55 bis 60	9,6	8,4	8,2	8,1
60 bis 65	2,8	11,4	10,8	10,4
65 und mehr	0,8	4,4	4,1	3,9
nachrichtlich:				
Durchschnittsalter	38,2	41,2	40,9	40,7
in 1 000	23 037	17 341	19 564	20 803
		Insgesamt		
15 bis 20	3,6	4,1	4,3	4,4
20 bis 25	9,5	7,1	7,3	7,6
25 bis 30	13,4	8,0	8,3	8,5
30 bis 35	14,2	10,6	10,8	11,0
35 bis 40	12,8	12,2	12,4	12,4
40 bis 45	12,4	13,1	13,2	13,1
45 bis 50	10,1	12,3	12,3	12,3
50 bis 55	12,1	10,9	10,8	10,7
55 bis 60	8,8	9,3	9,0	8,9
60 bis 65	2,2	8,7	8,3	8,0
65 und mehr	0,8	3,6	3,4	3,2
in 1 000	39 003	31 988	36 150	38 486

Eigene Berechnungen. – [1]Zu den Szenarien vgl. Text.

RWI ESSEN

rio AI), 15 vH (Szenario AII) bzw. 10 vH (Szenario AIII) gegenüber 1994 zurückgeht, nimmt die Zahl der weiblichen Erwerbspersonen noch zu und sinkt lediglich ohne Zuwanderungen wieder unter die Zahl von 1994.

Im Vergleich zu den Szenarien mit konstanten Erwerbsquoten fällt der Alterungsprozeß bei den Szenarien mit sich änderndem Erwerbsverhalten stärker aus: Von 1994 bis 2030 nimmt der Anteil der unter 30jährigen um 6 bis 7 vH-Punkte ab, der der Personen im Alter zwischen 30 und 55 um 2 vH-Punkte, während der Anteil der 55jährigen und älter um 9 bis 10 vH-Punkte steigt. Das Durchschnittsalter der weiblichen Erwerbspersonen steigt bis 2030 um 3 Jahre, bei den männlichen nur um 2,5 Jahre. Wie schon bei den Szenarien mit konstanten Erwerbsquoten nehmen die Zuwanderungen aufgrund der unterstellten Struktur kaum Einfluß auf den Alterungsprozeß.

Die Ergebnisse sind nicht dazu geeignet, kurzfristige oder auf einen bestimmten Zeitpunkt bezogene Aussagen über das Arbeitskräfteangebot in Deutschland zu machen. Jedoch bleibt festzuhalten, daß die Zahl der Erwerbspersonen langfristig wegen der demographischen Entwicklung erheblich abnehmen wird; diese Entwicklung wird durch Zuwanderungen oder ein geändertes Erwerbsverhalten verlangsamt, aber nicht umgekehrt.

In Deutschland betrug der durchschnittliche Bestand an Arbeitslosen 1994 3,7 Mill. Ferner wurden etwa 1,6 Mill. Menschen zur stillen Reserve (i.e.S.) gerechnet[43]. Unterstellt man vorsichtig, daß bei einem in erster Linie von Produktivitätssteigerungen getragenen, längerfristigen Wachstumspfad der deutschen Wirtschaft von 2 bis 2 ½ vH p.a.[44] die Arbeitskräftenachfrage aufgrund eines unveränderten Arbeitsvolumens und moderater Lohnpolitik während des Betrachtungszeitraums weitgehend konstant bleibt (35 Mill.)[45], und geht man ferner davon aus, daß der Rückgang des Arbeitskräfteangebots zu zwei Dritteln zum Abbau der Arbeitslosigkeit und zu einem Drittel zur Verminderung der stillen Reserve führt, so wäre rein rechnerisch der Arbeitsmarkt ohne Zuwanderungen bei konstantem Erwerbsverhalten spätestens 2015 bzw. bei verändertem Erwerbsverhalten spätestens 2024 ausgeglichen. Optimistische-

43 Zur stillen Reserve (i.e.S.) werden beschäftigungslose Menschen gezählt, die Arbeit suchen, aber nicht als Arbeitslose registriert sind, oder die bei besserem Arbeitsmarkt auf diesem präsent wären. Wird diese Personengruppe um die Personen im Vorruhestand und in AFG-Vollzeit-Bildungsmaßnahmen ergänzt, spricht man von der stillen Reserve (i.w.S.). Vgl. hierzu und zu den Datenangaben Bundesanstalt für Arbeit (Hrsg.) [II], S. 20 und S. 24.

44 Vgl. auch die ähnlichen Wachstumsperspektiven für die Vereinigten Staaten bei R.D. Reischauer (Ed.), Setting National Priorities. Budget Choices for the Next Century. Washington, D.C., 1997, S. 24ff.

45 Mißt man die Arbeitskräftenachfrage vereinfacht anhand der Zahl der Erwerbstätigen, so ergibt sich für das frühere Bundesgebiet mit wenigen Ausnahmen sogar eine leicht ansteigende Tendenz; zwischen 1970 und 1994 stieg sie von 26,7 auf 28,3 Mill., was z.T. auf die Zunahme der Teilzeitarbeitsplätze zurückzuführen ist. Vgl. Statistisches Bundesamt (Hrsg.) [III], Statistisches Jahrbuch für die Bundesrepublik Deutschland 1996. Wiesbaden 1996, S. 104f.

re Ansätze kommen schon erheblich früher zu einem Ausgleich[46]. Wie auch immer: Ohne Zuwanderungen kann die Arbeitskräftenachfrage spätestens 2015 bzw. 2024 rein rechnerisch nicht mehr durch das inländische Angebot gedeckt werden. Aber selbst bei verändertem Erwerbsverhalten und hohen Zuwanderungen (Szenario AIII) würde die Arbeitslosenquote[47] während des Betrachtungszeitraums von 9,6 auf 7,0 vH fallen, bei verhaltenen Zuwanderungen (Szenario AII) sogar auf ein außergewöhnlich niedriges Niveau von 2,5 vH.

5. Integration in den Arbeitsmarkt

Durch den Zugang zum Arbeitsmarkt wird die materielle Situation der Zuwanderer bestimmt, aber auch Einfluß auf die arbeitsmarktpolitischen Bedingungen für die ansässigen Arbeitskräfte ausgeübt. Eine erfolgreiche Integration in den Arbeitsmarkt ist indes nicht nur für Immigranten, sondern auch für die Gesellschaft insgesamt von Belang, da dies bedeutet, daß die Humanressourcen (zugewanderte Arbeitskräfte) entsprechend ihrer Qualifikation beschäftigt und so ihre Produktionspotentiale genutzt werden[48]. Inwieweit die Integration in den deutschen Arbeitsmarkt gelungen ist und ob daraus zukünftige Auswirkungen auf die einheimischen Arbeitskräfte abgeleitet werden können, wird im folgenden untersucht.

5.1. Methodik

Zunächst muß definiert werden, was unter Integration verstanden wird und anhand welcher Kriterien diese gemessen werden soll. Unter Integration kann generell sowohl ein Zustand als auch ein Prozeß verstanden werden. Der Prozeß gilt als erfolgreich abgeschlossen, wenn in der Teilnahme an gesellschaftlichen Bereichen zwischen Ausländern und vergleichbaren deutschen Gruppen kein wesentlicher Unterschied mehr besteht[49]. In bezug auf den Arbeitsmarkt bedeutet dies, daß sich die Erwerbsstrukturen vergleichbarer Gruppen von Ausländern und Deutschen angleichen. Voraussetzung hierfür ist, daß Chancengleichheit beim Zugang in Beschäftigungsverhältnisse besteht und keine Diskriminierung hinsichtlich der Arbeitsbedingungen stattfindet; weiterhin dürfen (potentiellen) ausländischen Selbständigen keine speziellen Hindernisse bei der Existenzgründung in den Weg gelegt werden[50].

Um den Zustand der Integration und zukünftige Tendenzen zu beschreiben, müssen zum einen zahlreiche Arbeitsmarktindikatoren, zum anderen Vergleichsgruppen zwi-

46 Nach Prognosen des IAB und der Prognos AG ist ohne Zuwanderungen ab dem Jahr 2010 mit einem ausgeglichenen Arbeitsmarkt zu rechnen, wobei zwischen 1994 und 2010 eine Zunahme der Zahl der Erwerbstätigen im früheren Bundesgebiet um insgesamt 8,0 vH (2,7 Mill.) unterstellt wurde. Vgl. H.-W. Bach (Hrsg.) [I], Arbeitslosigkeit – eine Schande für eine sozial verfaßte Gesellschaft. „Soziale Sicherheit", Köln, Jg. 45 (1996), S. 178ff.

47 Bezogen auf alle zivilen Erwerbstätigen.

48 Vgl. H. Werner [II], S. 95.

49 Vgl. H. Werner [II], S. 95.

50 Vgl. Rheinisch-Westfälisches Institut für Wirtschaftsforschung und Institut für Politikwissenschaft der Universität Münster (Hrsg.), S. 27.

schen Ausländern und Deutschen bestimmt werden. Die verwendeten Indikatoren lassen sich aufgrund ihres Inhalts und der Erhebungsform in strukturelle und sozioökonomische Indikatoren trennen. Bei ersteren werden amtliche Angaben zur Erwerbsbeteiligung und sektoralen Verteilung der sozialversicherungspflichtig Beschäftigten ausgewertet. Zur Darstellung der Beschäftigungs- und Einkommenssituation sowie dem Risiko von Arbeitslosigkeit werden Auswertungen des sozioökonomischen Panels (SOEP) verwendet, die um amtliche Angaben ergänzt werden.

Weitaus schwieriger als die Bestimmung der Indikatoren gestaltet sich die Abgrenzung der Vergleichsgruppen. Sie müssen nach Möglichkeit identische Merkmale hinsichtlich des Arbeitsmarktes wie die Ausländer aufweisen. Dazu zählen insbesondere Alter, Geschlecht, Qualifikation, Beruf und Wirtschaftszweig. Da die Ausländer fast ausschließlich in Westdeutschland ansässig sind, wird bei der Bildung der Vergleichsgruppen der Personenkreis – soweit es die Datenlage ermöglicht – auf Deutsche aus den alten Bundesländern eingeschränkt. Die Ausländer der ersten Generation wurden meist als Gastarbeiter angeworben, denen in der Regel eine sozialversicherungspflichtige Beschäftigung angeboten wurde. Ihnen werden als Referenzgruppe die westdeutschen sozialversicherungspflichtig Beschäftigten gegenübergestellt. Ausländer der zweiten und dritten Generation sind entweder in Deutschland geboren oder in jungen Jahren zu ihren Familien nachgezogen. Sie haben ihre schulische Ausbildung in Deutschland absolviert bzw. fortgesetzt und abgeschlossen[51], folglich haben sie bei entsprechendem Aufenthaltsstatus denselben Zugang zum Arbeitsmarkt wie deutsche Jugendliche. Diese scharfe Abgrenzung kann wegen der Datenbasis in der Praxis nur schwer oder gar nicht durchgeführt werden, so daß bei der Untersuchung nur eine grobe Unterteilung anhand des Alters – Ausländer der zweiten Generation sind jünger als 25 Jahre – vorgenommen wird. Als Referenzgruppe werden westdeutsche Erwerbspersonen bis 25 Jahre herangezogen.

5.2. Strukturelle Indikatoren

Die ausländische Erwerbsbeteiligung wurde wie geschildert durch die jeweilige Zuwanderungspolitik bestimmt. Aufgrund dessen befanden sich bis Mitte der siebziger Jahre fast ausschließlich ausländische Erwerbspersonen in Deutschland. Die Jahre 1972/73 müssen als ein Wendepunkt angesehen werden: Bis dahin waren mit Ausnahme der Rezessionsphase 1966/67 nur Zuwächse der Zahl der ausländischen Erwerbstätigen zu beobachten, seitdem folgen die Veränderungen phasenverschoben der wirtschaftlichen Entwicklung. Die Erwerbsquoten der Ausländer lagen 1972 sowohl bei den Männern (76,3 vH) als auch den Frauen (49,2 vH) erheblich über denen der Deutschen (57,2 vH bzw. 30,1 vH). Seither sanken sie bedingt durch die Familienzusammenführung und die steigende Zahl ausländischen Kinder spürbar: Die Erwerbsquote der ausländischen Männer näherte sich der der Deutschen an und lag 1994 in den alten Bundesländern mit 61,9 vH nur noch 3,5 vH-Punkte darüber. Bei den Frauen hat sich das Verhältnis u.a. aufgrund der verstärkten Erwerbsbeteiligung deutscher Frauen

51 Vgl. B. Santel, Die Lebenslage junger Migranten: Zur Problematik der „Dritten Generation“. In: Forschungsinstitut der Friedrich-Ebert-Stiftung (Hrsg.), Die dritte Generation. (Gesprächskreis Arbeit und Soziales, Nr. 55.) Bonn 1995, S. 9.

sogar umgekehrt (1994: Ausländer 38,9 vH, Deutsche 39,4 vH). Zukünftig kann von annähernd gleichen Erwerbsquoten bei Deutschen und Ausländern ausgegangen werden, so daß hinsichtlich der Erwerbsbeteiligung von einer erfolgreichen Integration gesprochen werden kann.

Aufgrund der erwerbsorientierten Zuwanderung dominierten bis Mitte der siebziger Jahre die jüngeren Jahrgänge den Altersaufbau der ausländischen (sozialversicherungspflichtig) Beschäftigten: 1974 waren 87 vH der Männer und 91 vH der Frauen jünger als 45 Jahre. Die weitgehende Stabilisierung der Zahl der ausländischen Erwerbstätigen seit 1974 führte zu einer Annäherung der Altersstruktur an die der Deutschen: 1994 waren in Deutschland 69 vH der männlichen bzw. 76 vH der weiblichen ausländischen Arbeitnehmer jünger als 45 Jahre, während dies auf 64 vH bzw. 68 vH der deutschen Beschäftigten zutraf. Auffällig ist weiterhin der relativ hohe Anteil junger ausländischer Arbeitnehmer; die Ausländer im Alter von 15 bis unter 25 Jahre hatten 1994 einen Anteil von 18 vH an allen ausländischen Beschäftigten gegenüber 13 vH der entsprechenden deutschen Gruppe. Noch deutlicher wird dieser Unterschied bei den ausländischen Frauen dieser Altersklasse mit einem Anteil von 21 vH gegenüber 14 vH bei den deutschen Frauen[52].

Die geschlechtsspezifische Unterteilung der sozialversicherungspflichtig Beschäftigten wies seit jeher Unterschiede zwischen Deutschen und Ausländern auf: Der Anteil der Frauen an allen deutschen Sozialversicherungspflichtigen (37,5 vH) war 1960 mehr als doppelt so groß wie bei den Ausländern (15,5 vH). Bis 1974 erfolgte eine Annäherung der Werte, danach nahm die Disparität bis 1986 wieder zu[53]. Erst seit 1988 steigt der Frauenanteil der Ausländer wieder leicht an, er lag 1994 (34 vH) immer noch knapp 10 vH-Punkte unter dem der deutschen Frauen. Auffallend ist zudem der niedrige Anteil teilzeitarbeitender ausländischer (18,3 vH) im Vergleich zu deutschen Frauen (25,7 vH)[54].

Die sektorale Verteilung der ausländischen Arbeitnehmer ist zu einem großen Teil auf die Anwerbephase in den sechziger und frühen siebziger Jahren zurückzuführen, die sich vornehmlich am sekundären Sektor orientierte. In den für die Ausländer aufgrund ihrer Beschäftigungszahlen vier bedeutendsten Wirtschaftsgruppen sind seit 1974 folgende Tendenzen zu beobachten (vgl. Schaubild 11):

- Im Verarbeitenden Gewerbe zeichnet sich ein stark rückläufiger Trend der Zahl ausländischer Arbeitnehmer ab.
- Die Zahl der im Baugewerbe beschäftigten Ausländer ging bis 1990 ebenfalls stark zurück und nimmt seitdem wieder leicht zu.
- In den Sektoren Handel und Dienstleistungen ist ein deutlich steigender Trend zu beobachten.

---

52 Vgl. C. Cornelsen, S. 150.

53 Vgl. F. Buttler und F. Dietz, Die Ausländer auf dem Arbeitsmarkt. In: C. Höhn und D. Rein (Hrsg.), S. 104.

54 Vgl. Beauftragte der Bundesregierung für die Belange der Ausländer (Hrsg.) [I], S. 27.

Schaubild 11

Ausländische sozialversicherungspflichtig Beschäftigte nach Wirtschaftsgruppen[1]

1974 bis 1995; in 1000

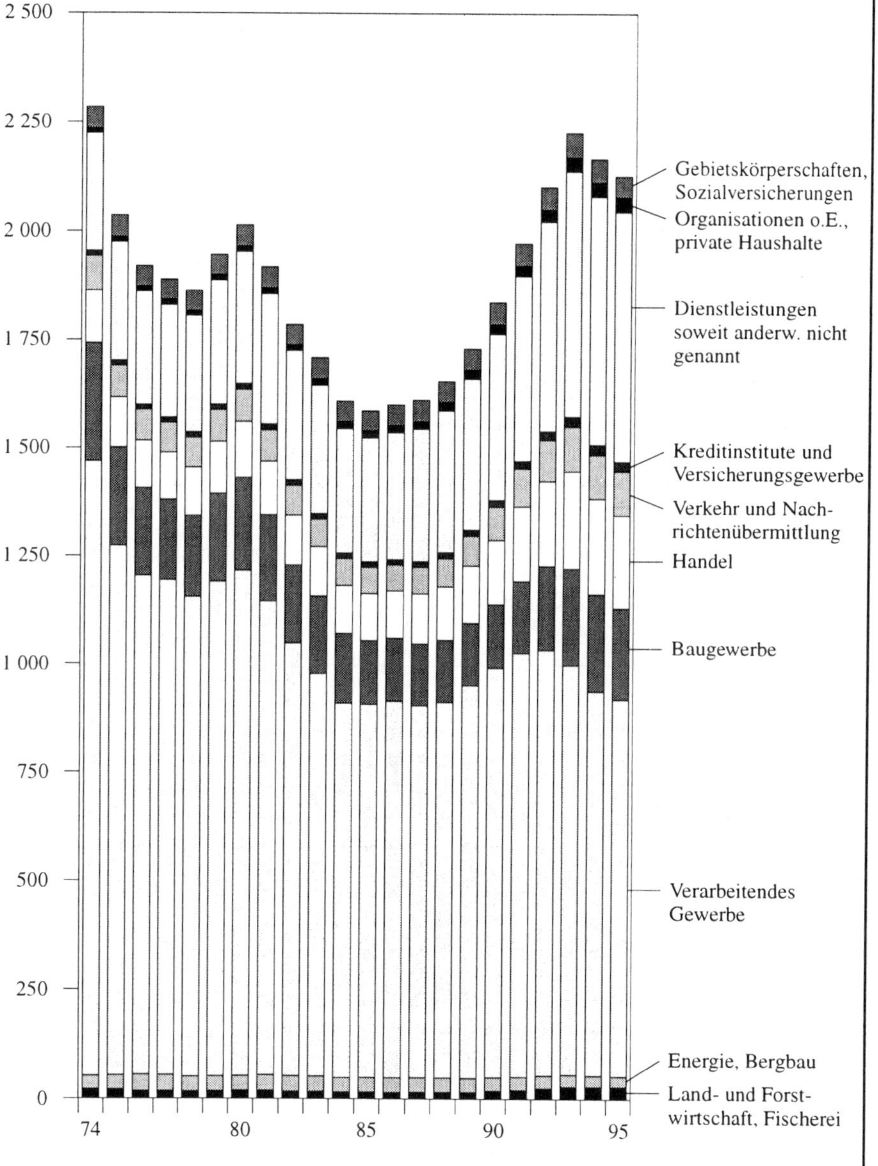

Eigene Berechnungen nach amtlichen Angaben. – [1]Jeweiliger Gebietsstand.

RWI ESSEN

Tabelle 13

Sektorale Verteilung der ausländischen Beschäftigten[1]

Ende Juni 1995

Wirtschaftsgruppe	beobachtet			Anteil in vH[2]			Potentiell[3]			Differenz in vH[4]		
	Frauen	Männer	Insgesamt	Frauen	Männer	Insgesamt	Frauen	Männer	Insgesamt	Frauen	Männer	Insgesamt
Land- und Forstwirtschaft	4 288	23 818	28 106	7,1	16,2	13,5	4 525	15 059	18 653	–5,5	36,8	33,6
Fischerei, Fischzucht	14	269	283	5,6	17,4	15,8	19	156	157	–34,5	42,1	44,6
Land-, Forstwirtschaft, Fischerei	4 302	24 087	28 389	7,1	16,2	13,6	4 544	15 215	18 810	–5,6	36,8	33,7
Energiewirtschaft	1 087	4 385	5 472	2,3	2,1	2,2	3 696	24 701	25 781	–240,0	–463,3	–371,2
Bergbau	208	18 023	18 231	3,3	13,9	13,4	484	13 629	12 216	–132,8	24,4	33,0
Energie, Bergbau	1 295	22 408	23 703	2,4	6,7	6,1	4 180	38 330	37 998	–222,8	–71,1	–60,3
Chemische Industrie	10 536	34 951	45 487	6,8	8,8	8,2	11 627	44 474	52 843	–10,4	–27,2	–16,2
Kunststoffverarbeitung	16 384	46 532	62 916	14,7	17,3	16,5	7 642	27 286	33 078	53,4	41,4	47,4
Steine und Erden	941	20 279	21 220	3,9	12,2	11,1	1 890	17 855	17 627	–100,9	12,0	16,9
Feinkeramik	2 860	5 080	7 940	12,7	16,1	14,7	1 590	3 236	4 806	44,4	36,3	39,5
Glas	1 186	8 217	9 403	8,0	16,4	14,5	1 094	5 140	5 785	7,8	37,4	38,5
Eisen- und Stahlerzeugung	1 689	24 802	26 491	9,2	16,3	15,5	1 342	15 615	15 013	20,6	37,0	43,3
Gießerei	1 812	18 630	20 442	16,4	24,0	23,0	743	7 217	7 098	59,0	61,3	65,3
Zieherei, Stahlverformung u.ä.	5 849	38 255	44 104	11,9	16,8	15,9	3 498	23 223	24 269	40,2	39,3	45,0
Stahl- und Leichtmetallbau	2 241	33 340	35 581	4,4	10,4	9,6	3 956	35 156	35 009	–76,5	–5,4	1,6
Maschinenbau	10 346	66 385	76 731	7,2	8,8	8,6	10 744	84 007	85 323	–3,8	–26,5	–11,2
Straßenfahrzeugbau	12 387	106 841	119 228	8,9	13,5	12,8	10 242	83 923	84 603	17,3	21,5	29,0
Schiffbau	68	3 127	3 195	3,2	11,9	11,3	164	2 828	2 617	–140,8	9,6	18,1
Luftfahrzeugbau	511	3 111	3 622	5,8	5,7	5,7	673	6 343	6 264	–31,7	–103,9	–72,9
EDV-Anlagen, Büromaschinen	1 258	2 322	3 580	9,8	6,9	7,7	937	3 835	4 471	25,5	–65,2	–24,9
Elektrotechnik	46 018	61 139	107 157	15,4	9,7	11,5	20 383	69 524	85 459	55,7	–13,7	20,2
Feinmechanik und Optik	7 130	8 339	15 469	8,3	7,8	8,0	6 350	12 014	18 421	10,9	–44,1	–19,1
Uhren	598	331	929	14,9	10,2	12,8	274	356	656	54,2	–7,5	29,3
EBM-Waren	17 706	39 879	57 585	16,2	14,5	15,0	7 357	28 721	33 930	58,4	28,0	41,1
Musikinstrumente, Spielwaren	1 529	1 476	3 005	13,3	12,0	12,6	800	1 322	2 158	47,7	10,4	28,2
Schmuckwaren	859	561	1 420	7,2	7,9	7,5	890	801	1 831	–3,6	–42,7	–28,9
Säge- und Holzverarbeitung	5 834	31 863	37 697	7,1	9,3	8,9	6 113	37 858	40 094	–4,8	–18,8	–6,4
Herstell ung von Zellstoff, Papier	871	6 656	7 527	10,0	13,4	12,9	631	5 250	5 280	27,5	21,1	29,8
Papierverarbeitung, Buchbinderei	4 831	9 758	14 589	13,6	15,1	14,6	2 468	6 715	8 898	48,9	31,2	39,0
Druckerei, Vervielfältigung	4 111	13 025	17 136	5,4	9,2	7,9	5 789	15 646	20 785	–40,8	–20,1	–21,3
Leder, Schuhe	3 227	3 439	6 666	11,8	15,4	13,4	1 940	2 307	4 469	39,9	32,9	33,0
Textilverarbeitung	10 646	17 428	28 074	13,8	20,7	17,4	5 367	8 146	13 861	49,6	53,3	50,6
Bekleidungsgewerbe	10 282	4 013	14 295	9,9	12,0	10,4	7 505	3 607	12 763	27,0	10,1	10,7

noch Tabelle 13

Sektorale Verteilung der ausländischen Beschäftigten[1]

Ende Juni 1995

Wirtschaftsgruppe	beobachtet			Anteil in vH[2]			Potentiell[3]			Differenz in vH[4]		
Nahrungs- und Genußmittel	32 616	43 231	75 847	10,2	11,9	11,1	23 197	39 209	63 314	28,9	9,3	16,5
Verarbeitendes Gewerbe	214 326	653 010	867 336	10,6	11,9	11,5	145 206	591 615	690 724	32,2	9,4	20,4
Bauhauptgewerbe	3 367	158 739	162 106	3,8	16,2	15,2	6 818	100 207	94 029	−102,5	36,9	42,0
Ausbau- und Bauhilfsgewerbe	2 946	46 400	49 346	3,8	10,3	9,4	5 986	49 162	49 542	−103,2	−6,0	−0,4
Baugewerbe	6 313	205 139	211 452	3,8	14,4	13,3	12 804	149 369	143 571	−102,8	27,2	32,1
Handel	93 005	121 902	214 907	5,3	8,2	6,7	133 149	165 912	313 113	−43,2	−36,1	−45,7
Eisenbahnen	689	10 753	11 442	5,4	11,6	10,8	974	10 049	9 804	−41,3	6,5	14,3
Deutsche Bundespost	5 557	7 829	13 386	4,9	8,0	6,4	8 615	10 978	20 466	−55,0	−40,2	−52,9
Straßenverkehr	2 732	26 617	29 349	4,8	9,2	8,5	4 319	32 302	33 051	−58,1	−21,4	−12,6
Schiffahrt	364	5 466	5 830	5,6	16,0	14,3	495	3 518	3 632	−36,1	35,6	37,7
Spedition	4 599	21 030	25 629	6,4	9,7	8,9	5 435	23 884	27 333	−18,2	−13,6	−6,6
Luftfahrt und sonst Verkehr	6 770	9 182	15 952	9,2	13,8	11,4	5 355	7 004	12 874	20,9	23,7	19,3
Verkehr, Nachrichtenübermittlung	20 711	80 877	101 588	6,2	10,1	9,0	25 193	87 735	107 160	−21,6	−8,5	−5,5
Kredit- und Finanzierungsinstitute	9 862	6 262	16 124	2,6	2,1	2,4	30 022	36 200	69 571	−204,4	−478,1	−331,5
Versicherungsgewerbe	3 702	2 638	6 340	2,8	1,9	2,3	10 432	16 860	27 814	−181,8	−539,1	−338,7
Kreditinstitute, Versicherungsgewerbe	13 564	8 900	22 464	2,6	2,0	2,3	40 453	53 060	97 385	−198,2	−496,2	−333,5
Gaststätten und Beherbergung	71 163	97 803	168 966	22,4	42,0	30,7	19 827	16 484	39 632	72,1	83,1	76,5
Reinigung, Körperpflege	65 541	26 470	92 011	22,2	28,8	23,7	18 535	7 996	30 746	71,7	69,8	66,6
Wissenschaft, Kunst, Publizistik	34 431	26 795	61 226	5,4	7,1	6,0	48 806	42 619	99 297	−41,8	−59,1	−62,2
Gesundheits-, Veterinärwesen	89 774	19 719	109 493	6,9	6,8	6,9	96 787	32 827	152 956	−7,8	−66,5	−39,7
Rechts- und Wirtschaftsberatung	9 893	5 676	15 569	3,2	4,0	3,5	24 031	16 531	45 104	−142,9	−191,2	−189,7
Sonstige Dienstleistungen	53 173	76 638	129 811	6,9	9,5	8,2	57 892	89 622	151 009	−8,9	−16,9	−16,3
Dienstleistungen	323 975	253 101	577 076	8,9	13,1	10,4	265 877	206 079	518 743	17,9	18,6	10,1
Organisationen ohne Erwerbscharakter, private Haushalte	19 512	13 561	33 073	4,9	6,8	5,5	30 571	22 685	58 786	−56,7	−67,3	−77,7
Gebietskörperschaften	21 062	23 559	44 621	3,4	4,0	3,7	47 696	68 768	120 102	−126,5	−191,9	−169,2
Sozialversicherung	3 106	983	4 089	2,1	1,4	1,9	11 483	8 743	22 270	−269,7	−789,4	−444,6
Gebietskörperschaften, Sozialversicherung	24 168	24 542	48 710	3,2	3,7	3,4	59 179	77 511	142 371	−144,9	−215,8	−192,3
Ohne Angabe der Wirtschaftsgruppe	16	8	24	4,1	3,9	4,0	31	24	60	−90,7	−202,6	−150,0
Insgesamt	721 187	1 407 535	2 128 722	7,4	10,9	9,4	721 187	1 407 535	2 128 722	0,0	0,0	0,0

Eigene Berechnungen nach Angaben der Bundesanstalt für Arbeit. – [1]Sozialversicherungspflichtig Beschäftigte. – [2]Anteil der ausländischen Beschäftigten an allen Beschäftigten der jeweiligen Wirtschaftsgruppe. – [3]Ausländische Beschäftigte nach der sektoralen Verteilung der deutschen Beschäftigten. – [4]Differenz zwischen der beobachteten und potentiellen Verteilung der ausländischen Beschäftigten im Verhältnis zur beobachteten Verteilung.

RWI ESSEN

Der primäre Sektor ist nach wie vor mit einem Anteil von knapp 1 vH kaum von Bedeutung. Über die Hälfte (52 vH) der ausländischen Arbeitnehmer ging 1995 einer Beschäftigung im sekundären Bereich nach, wobei nicht nur der Anteil seit 1974 um 23 vH-Punkte, sondern auch die absolute Zahl um knapp 600 000 Personen zurückgegangen ist. Der Rückgang fand fast ausschließlich im Verarbeitenden Gewerbe statt (21 vH-Punkte), während die Zahl der Beschäftigten im Baugewerbe zwar um 60 000 abnahm, der Anteil aber mit 10 vH in etwa konstant blieb. Dagegen verdoppelte sich der Anteil der ausländischen Arbeitnehmer im tertiären Sektor seit 1974 von 24 vH auf 47 vH (1995) nahezu. Ursächlich hierfür ist eine Verdoppelung sowohl des Anteils als auch der Zahl der Beschäftigten im Handel sowie eine Erhöhung auf das Zweieinhalbfache der Werte von 1974 im Sektor Dienstleistungen. Zu letzterem dürfte insbesondere die kräftig gestiegene Zahl der ausländischen Gastwirte mit einer entsprechenden Nachfrage nach Arbeitskräften aus der eigenen Ethnie beigetragen haben[55].

Innerhalb des Verarbeitenden Gewerbes haben die ausländischen Arbeitnehmer im Vergleich zu den Deutschen deutlich höhere Anteile in den mit schwerer körperlicher Arbeit verbundenen Bereichen Kunststoffverarbeitung, Zieherei und Straßenfahrzeugbau, ausländische Arbeitnehmerinnen zusätzlich in den Bereichen Elektrotechnik, EBM-Waren sowie Nahrungs- und Genußmittel. Stark unterproportional sind sie dagegen in den Bereichen Chemie, Maschinenbau, Druckerei, Luftfahrzeugbau sowie Feinmechanik und Optik vertreten. Im tertiären Sektor sind sie trotz der starken Zuwächse in den zurückliegenden zwei Dekaden gegenüber den deutschen Beschäftigten mit Ausnahme der Bereiche Gaststätten und Beherbergung sowie Reinigung und Körperpflege unterrepräsentiert. Die Gründe hierfür dürften zum einen in einer unzureichenden Qualifikation, zum anderen in mangelnden Sprachkenntnissen und fehlender Kundenakzeptanz zu sehen sein. Außerdem üben Angehörige der „zweiten" und „dritten" Generation häufig ähnliche Berufe wie die der ersten Generation aus[56], so daß sie bisher nicht in dem Maße wie deutsche Beschäftigte am Wandel zu den Angestellten- und Dienstleistungsberufen partizipieren konnten. Maßgeblich für die starke Repräsentation in den genannten Dienstleistungsbereichen sind die für Deutsche unattraktiven, relativ langen, unregelmäßigen und ungünstigen Arbeitszeiten. Zudem wurden – wie bereits erwähnt – im Gastgewerbe in jüngster Zeit zahlreiche Unternehmen insbesondere von Ausländern mit einer entsprechenden Nachfrage nach Personal aus der eigenen Ethnie gegründet.

Quantitative Aufschlüsse über die Integration der ausländischen Arbeitnehmer ergibt der Vergleich ihrer sektoralen Verteilung mit einer potentiellen, die sich anhand der sektoralen Verteilung der deutschen Beschäftigten ergibt (vgl. Tabelle 13). Diese zeigt nur in wenigen Bereichen geringe Abweichungen der beobachteten von den potentiellen Werten: Stahl- und Leichtmetallbau, Säge- und Holzverarbeitung, Ausbau- und Bauhilfsgewerbe sowie Spedition. Zu extrem großen Differenzen kommt es hingegen in den Bereichen Kreditinstitute, Versicherungsgewerbe sowie Gebietskörperschaften

---

55 Vgl. Rheinisch-Westfälisches Institut für Wirtschaftsforschung und Institut für Politikwissenschaft der Universität Münster (Hrsg.), S. 24.

56 Vgl. D. Thränhardt [II], Keine Unterschichtung aber politische Herausforderungen. Bericht über die Lebenslage der Einwanderer aus Anwerbeländern in Nordrhein-Westfalen. In: W. Seifert (Hrsg.), S. 95.

und Sozialversicherung. Hätten die ausländischen Arbeitnehmer die sektorale Verteilung der Deutschen, so würde ihre Zahl im sekundären Sektor um 230 000 niedriger und im tertiären Sektor um 240 000 Personen höher liegen.

Insgesamt zeigen die strukturellen Indikatoren, daß bei der Integration z.T. noch erhebliche Lücken bestehen. Die Erwerbsbeteiligung der ansässigen ausländischen Bevölkerung, die Frauenerwerbsquote und die Altersstruktur haben sich weitgehend an die Werte der deutschen Vergleichsgruppen angenähert. Obwohl sich die sektorale Verteilung der ausländischen Beschäftigten seit 1974 ebenfalls der der Deutschen angeglichen hat, bestehen hier weiterhin wesentliche Unterschiede: Die Ausländer gehen mehrheitlich einer Beschäftigung im sekundären Sektor nach, und innerhalb des tertiären Sektors sind sie in manchen qualifizierten Dienstleistungsberufen (Versicherungswesen, Kreditinstitute) sowie beim Staat stark unterrepräsentiert.

5.3. Sozioökonomische Indikatoren

Die Mehrzahl der ausländischen Arbeitnehmer war in den sechziger und Anfang der siebziger Jahre – wie erwähnt – aufgrund der Anwerbepolitik hauptsächlich im sekundären Sektor beschäftigt, in dem ein großer Bedarf an un- und angelernten Arbeitskräften bestand. Auch 1984 ging noch über die Hälfte (58 vH) einer solchen Tätigkeit nach, wogegen dies lediglich auf 17 vH der Deutschen zutraf (vgl. Tabelle 14). Obwohl der Anteil der ungelernten Arbeiter unter den Ausländern seit 1984 rückläufig ist, ging 1993 weiterhin über die Hälfte (52 vH) einer Tätigkeit als un- oder angelernte Arbeiter nach; der Anteil unter den Deutschen betrug hingegen nur 13 vH. Der Anteil der ausländischen Facharbeiter und Meister (19 vH) entsprach in etwa dem der Deutschen[57]. Dagegen ging trotz einer Annäherung der Anteilswerte lediglich jeder vierte Ausländer einer Beschäftigung im Angestelltenverhältnis nach, während dies auf jeden zweiten Deutschen zutraf.

Für Ausländer der zweiten Generation stellt sich die Situation in bezug auf die berufliche Stellung besser dar, allerdings bestehen im Vergleich zur deutschen Referenzgruppe noch immer erhebliche Differenzen. Zwar lag 1993 der Anteil der Arbeiter um 15 vH-Punkte niedriger als bei den Ausländern insgesamt, jedoch noch immer um 20 vH-Punkte über dem der deutschen Vergleichsgruppe. Die Anteile der Facharbeiter und Meister lagen sowohl bei den Ausländern der zweiten Generation als auch der deutschen Referenzgruppe deutlich über denen der entsprechenden Gesamtgruppen. An den strukturellen Veränderungen, die ein Wachsen der Angestelltenquote zur Folge haben, konnten die Ausländer der zweiten Generation im stärkeren Umfang als die Ausländer insgesamt partizipieren, indes liegt ihr Anteil um 10 vH-Punkte unter dem der deutschen Vergleichsgruppe. Aufgrund der gesetzlichen Regelungen – Beamte müssen die deutsche Staatsangehörigkeit besitzen oder (seit 1994) EU-Bürger sein – ist ein großer Teil der Ausländer von einer Beschäftigung als Beamte weitestgehend ausgeschlossen.

57 Würden bei den Facharbeitern und Meistern die Beamten einbezogen, so würde sich der Vergleich ebenfalls zugunsten der Deutschen verschieben.

Tabelle 14

Deutsche und ausländische Erwerbstätige nach der Stellung im Beruf 1984 bis 1993; Anteil in vH						
	Ausländer			Deutsche		
	1984	1989	1993	1984	1989	1993
	insgesamt					
Ungelernte Arbeiter	22	17	14	5	5	3
Angelernte Arbeiter	36	36	38	12	11	10
Facharbeiter und Meister	18	22	20	17	17	19
Angestellte	14	20	24	42	46	49
Selbständige	7	5	3	14	12	9
Beamte	2	1	1	10	10	8
	darunter: Erwerbstätige unter 25 Jahren					
Ungelernte Arbeiter	31	22	13	9	6	5
Angelernte Arbeiter	27	38	24	11	10	11
Facharbeiter und Meister	23	24	26	24	28	31
Angestellte	16	16	36	45	46	48
Selbständige	2	1	1	3	4	1
Beamte	1	0	0	8	6	5

Nach Ergebnissen des SOEP, erste, sechste und zehnte Welle.

RWI ESSEN

Auffallend ist die erhebliche berufliche Mobilität der ausländischen Arbeitnehmer gemessen am Wechsel zwischen verschiedenen Stellungen im Beruf innerhalb des Zeitraums 1984 bis 1993. Z.B. gingen unter den 1984 ungelernten ausländischen Arbeitern 23 vH auch 1993 einer ungelernten Tätigkeit nach, 48 vH indes einer Tätigkeit für angelernte Arbeiter (vgl. Tabelle 15)[58]. Zwar konnte ein Teil der ausländischen Arbeitnehmer die berufliche Stellung im Betrachtungszeitraum verbessern, dieses gelang ihnen aber nicht so häufig wie den deutschen Arbeitnehmer. Ihre berufliche Besserstellung deutet darauf hin, daß Ausländer zunächst Positionen mit geringen Qualifikationsanforderungen besetzen und später (mit der Zeit) aufrücken[59]. Inwieweit der Wechsel vom ungelernten zum angelernten Arbeiter tatsächlich einer beruflichen Besserstellung entspricht, muß indes offen bleiben, da die Einstufung nicht

---

58 In der Längsschnittanalyse werden nur Personen aufgenommen, die 1984 und ebenfalls 1993 zu den Erwerbspersonen zählten. Diese Einschränkung führt insbesondere bei Ausländern der zweiten Generation zu erheblichen Ausfällen der Fallzahlen, so daß auf eine Trennung zwischen Ausländern der ersten und zweiten Generation verzichtet wird.

59 Vgl. W. Seifert [I], Neue Zuwanderergruppen auf dem deutschen Arbeitsmarkt. Eine Analyse der Arbeitsmarktchancen von Aussiedlern, ausländischen Zuwanderern und ostdeutschen Übersiedlern. „Soziale Welt", Göttingen, Jg. 47 (1996), S. 196.

Tabelle 15

Berufliche Mobilität der ausländischen und deutschen Erwerbstätigen

1984 und 1993; Anteil in vH

1984	1993					
	ungelernt	angelernt	Facharbeiter	Angestellter	Selbständiger	arbeitslos
			Ausländer			
ungelernt	23	48	14	3	1	12
angelernt	10	61	16	3	2	8
Facharbeiter	4	18	58	6	2	12
Angestellter	1	4	2	88	1	4
Selbständiger	2	17	3	20	50	8
arbeitslos	5	22	8	47	1	17
			Deutsche			
ungelernt	26	45	10	9	1	9
angelernt	6	47	22	15	2	9
Facharbeiter	1	8	64	14	9	4
Angestellter	1	2	3	85	5	4
Selbständiger	2	7	4	15	71	1
arbeitslos	3	22	12	28	15	20

Eigene Berechnungen nach Angaben des SOEP Welle 1 bis 10.

RWI ESSEN

anhand einer Definition, sondern nur mittels der subjektiven Beurteilung der Befragten erfolgte.

Ferner waren die ausländischen Arbeitnehmer öfter bereit, eine berufliche Herabstufung zu akzeptieren. Nur bei der Gruppe der angelernten Arbeitnehmer lag der Anteil der ausländischen Arbeitnehmer, die 1993 arbeitslos waren, mit 8 vH etwas geringer als der der deutschen (9 vH). Dagegen war etwa ein Fünftel der deutschen Arbeitslosen im Jahr 1984 auch 1993 arbeitslos; der Anteil für Ausländer lag hingegen mit 17 vH darunter[60]. Bemerkenswert ist zudem, daß die Hälfte der 1984 selbständigen Ausländer im Betrachtungszeitraum ihre Selbständigkeit wieder aufgegeben hat, während dies nur bei knapp 30 vH der deutschen der Fall gewesen ist. Für sie war die Selbständigkeit anscheinend nur eine vorübergehende „Flucht aus der Erwerbslosigkeit".

Als weitere Indikatoren zur Beurteilung der Integration werden das Einkommen und die Arbeitszeit herangezogen. 1993 erzielten die ausländischen Arbeitnehmer ein um 7,7 vH geringeres durchschnittliches monatliches Bruttoeinkommen als ihre deutschen Kollegen (vgl. Tabelle 16). Von 1984 bis 1993 vergrößerte sich der Einkommens-

60 Hierunter sind keinesfalls Langzeitarbeitslose zu verstehen, da eine Tätigkeit zwischen 1984 und 1993 bei der Auswertung nicht berücksichtigt wird.

Tabelle 16

Durchschnittliche Bruttoeinkommen der ausländischen und deutschen Erwerbstätigen 1984 bis 1993; in DM pro Monat						
	Ausländer			Deutsche		
	1984	1989	1993	1984	1989	1993
Insgesamt	2 592	2 962	3 418	2 771	3 273	3 705
			Stellung im Beruf			
Ungelernte Arbeiter	2 111	2 237	2 250	1 427	1 394	1 139
Angelernte Arbeiter	2 303	2 721	3 172	2 140	2 526	2 777
Facharbeiter und Meister	2 793	3 074	3 837	2 850	3 189	3 904
Angestellte	3 296	3 624	4 146	2 909	3 406	4 132
Selbständige	3 240	3 600	3 375	2 775	3 795	3 270
			Sektor			
Industrie	2 455	2 993	3 458	3 090	3 597	3 812
Baugewerbe	3 092	3 063	3 537	2 977	3 503	3 516
Distributiver Sektor	2 754	2 601	2 604	2 420	2 793	2 964
Sonstiger tertiärer Sektor	2 836	3 016	3 266	2 938	3 442	3 574

Nach Angaben des SOEP, erste, sechste und zehnte Welle.

RWI ESSEN

unterschied sogar um 1 vH-Punkt[61]. Dabei ist zu berücksichtigen, daß in vielen Fällen die Jahre der Betriebszugehörigkeit eine wesentliche Determinante der Einkommenshöhe sind. Da Ausländer aufgrund ihrer Aufenthaltsdauer sowie ihrer größeren beruflichen Mobilität vielfach eine geringere Betriebszugehörigkeit aufweisen, resultiert daraus u.a. häufig ihr vergleichsweise niedriges Einkommen.

Das Durchschnittseinkommen un- und angelernter ausländischer Arbeiter liegt indes über dem der Deutschen. Dies ist im wesentlichen auf den großen Anteil teilzeitbeschäftigter deutscher Frauen in dieser Personengruppe zurückzuführen[62]. Dagegen erzielen deutsche Facharbeiter und Meister ein deutlich höheres und Angestellte in etwa das gleiche durchschnittliche Bruttoeinkommen wie die ausländischen Arbeit-

61 Nach Berechnungen auf Basis des Mikrozensus erzielten 1985 deutsche Männer ein um 9 vH höheres durchschnittliches Einkommen als ausländische Arbeitnehmer, während das der ausländischen Frauen in etwa dem der deutschen entsprach. Der bedeutsamste Faktor für den Einkommensunterschied bei Männern war die Ausbildungsdifferenz, wogegen der Einkommensverlust ausländischer Frauen wegen ihrer geringeren Bildungsdauer durch ihre längere Arbeitszeit kompensiert wurde. Vgl. dazu A. Diekmann, H. Engelhardt und P. Hartmann, Einkommensungleichheit in der Bundesrepublik Deutschland: Diskriminierung von Frauen und Ausländern? „Mitteilungen aus der Arbeitsmarkt- und Berufsforschung", Jg. 26 (1993), S. 386ff.

62 Vgl. W. Seifert [II], Berufliche und ökonomische Mobilität ausländischer Arbeitnehmer – Längsschnittanalysen mit dem Sozio-Ökonomischen Panel. In: H. Werner und W. Seifert (Hrsg.), S. 35.

Tabelle 17

Tatsächliche wöchentliche Arbeitszeit der deutschen und ausländischen Erwerbstätigen 1984 bis 1993; in Stunden						
	Ausländer			Deutsche		
	1984	1989	1993	1984	1989	1993
Insgesamt	39,9	39,4	39,3	40,9	40,4	39,5
Männer	41,9	41,4	41,4	44,4	44,2	43,8
Frauen	35,4	34,9	35,6	35,4	34,8	33,9
Zweite Generation	40,2	39,0	39,1	40,3	39,8	39,8
Stellung im Beruf						
Ungelernte Arbeiter	38,9	35,7	32,5	35,4	31,2	26,0
Angelernte Arbeiter	40,5	39,8	38,4	39,3	37,7	37,6
Facharbeiter und Meister	41,3	40,7	41,4	42,2	41,9	42,0
Angestellte	40,4	39,1	40,4	40,5	40,0	38,7
Selbständige	47,2	65,5	60,4	56,1	53,7	46,5
Sektor						
Industrie	40,1	39,6	39,1	42,6	41,5	39,1
Baugewerbe	38,8	41,4	43,4	42,3	43,6	40,9
Distributiver Sektor	40,9	40,0	39,2	41,7	40,2	37,9
Sonstiger tertiärer Sektor	44,1	40,3	38,0	41,1	39,9	39,4

Nach Ergebnissen des SOEP, erste, sechste und zehnte Welle. RWI ESSEN

nehmer. Da im Vergleich zu den Ausländern der Anteil dieser Personengruppen unter den deutschen Erwerbstätigen erheblich größer ist und diese deutlich höhere Einkommen als Arbeiter erzielen, erklärt sich das insgesamt höhere durchschnittliche Einkommen der Deutschen gegenüber Ausländern. Ausländische Selbständige sind wegen der starken beruflichen Mobilität ausländischer Erwerbstätiger eine verhältnismäßig instabile Gruppe, zudem dürfte bei steigendem Einkommen die Zuverlässigkeit der Auskünfte sinken, so daß die vorliegenden Ergebnisse zu den Einkommen von Selbständigen hier nicht interpretiert werden. Die sektorale Differenzierung der monatlichen Durchschnittseinkommen zeigt, daß 1993 die der Deutschen mit Ausnahme des Bausektors zwischen 9 und 12 vH über denen der Ausländer lagen.

Die wöchentliche Arbeitszeit sowohl von Ausländern insgesamt als auch der zweiten Generation unterscheidet sich größtenteils auch aufgrund tariflicher Vereinbarungen kaum von der deutscher Vergleichsgruppen (vgl. Tabelle 17). Auffallend sind bei einer differenzierten Betrachtung nach der Stellung im Beruf die erheblich längeren wöchentlichen Arbeitszeiten ausländischer ungelernter Arbeiter und Selbständiger. Die kürzere Arbeitszeit ungelernter deutscher Arbeiter ist hauptsächlich Folge des

Schaubild 12

Arbeitslosenquote[1] von Ausländern und Deutschen in Westdeutschland

1960 bis 1996; in vH

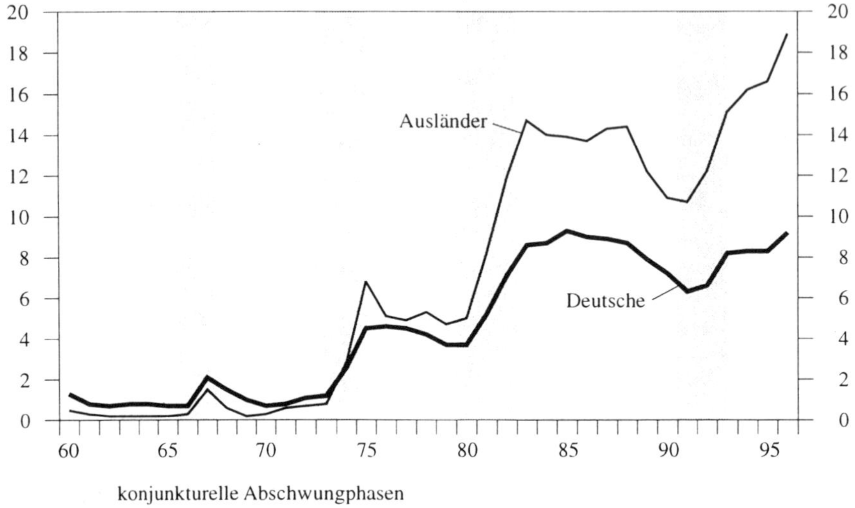

Nach Angaben der Bundesanstalt für Arbeit. – [1]Arbeitslose in vH der abhängigen zivilen (ausländischen) Erwerbspersonen, ab Januar 1990 sozialversicherungspflichtig und geringfügig Beschäftigte, Beamte, Arbeitslose.

RWI ESSEN

größeren Anteils teilzeitbeschäftigter deutscher Frauen und erklärt, wie gesagt, das wesentlich höhere monatliche Durchschnittseinkommen der Ausländer in diesem Bereich.

Die verhältnismäßig lange Arbeitszeit ausländischer Selbständiger ist ein Kennzeichen für ihre geringen Verdienstmöglichkeiten[63] und dafür, daß sie häufiger als Deutsche im arbeitszeitintensiveren Dienstleistungssektor (insbesondere im Gaststättengewerbe) ihrer Tätigkeit nachgehen.

Die Kehrseite der Erwerbstätigkeit ist die Arbeitslosigkeit. Durch wiederholte oder lang anhaltende Arbeitslosigkeit besteht die Gefahr dauerhafter Dequalifizierung oder von relativer Verarmung am Rande der Gesellschaft[64]. Daher kann Arbeitslosigkeit zu einem Integrationshindernis für ausländische Arbeitnehmer werden; sie wird folglich als weiteres Kriterium zur Beurteilung der Integration herangezogen.

In der Ausländerarbeitslosigkeit spiegelt sich die gesamtwirtschaftliche Entwicklung wider. Insgesamt gesehen war die Arbeitslosigkeit der Ausländer und Deutschen

63 Vgl. Rheinisch-Westfälisches Institut für Wirtschaftsforschung und Institut für Politikwissenschaft der Universität Münster (Hrsg.), S. 40.

64 Vgl. Beauftragte der Bundesregierung für die Belange der Ausländer (Hrsg.) [II], Bericht über die Lage der Ausländer in der Bundesrepublik Deutschland 1995. Bonn 1995, S. 37.

zwischen 1960 und 1973 mit Ausnahme der Rezessionsphase 1966/67 kaum von Bedeutung: In diesem Zeitraum waren durchschnittlich 6 500 Ausländer (Minimum 1962: 1 400) und 214 000 Deutsche (Minimum 1970: 144 000) arbeitslos[65]. Die Arbeitslosenquote der Ausländer (0,5 vH) lag immer unter der der Deutschen (1,0 vH; vgl. Schaubild 12). Allerdings verdreifachte sie sich im Krisenjahr 1967 auf 1,5 vH, wogegen sich die der Deutschen nur verdoppelte (2,1 vH).

Ab 1974 war ein Anstieg der Arbeitslosigkeit zu verzeichnen. Dabei war die Zunahme bei den Ausländern wesentlich stärker als bei den Deutschen, was indes nicht auf eine stärkere Verdrängung der Ausländer vom Arbeitsmarkt, sondern auf ihre geringere – u.a. durch den Anwerbestopp bedingte – Rückkehrbereitschaft zurückzuführen ist[66]. Seither liegt ihre Arbeitslosenquote deutlich über der der Deutschen und erreichte 1983 mit 14,7 vH (292 000) und einem Abstand von knapp 6 vH-Punkten zur deutschen einen vorläufigen Höchststand. Hauptursachen für die deutlich höhere Arbeitslosigkeit sind die fehlende berufliche Ausbildung sowie eine einseitige Verteilung auf Wirtschaftszweige mit hohem Arbeitsplatzrisiko. Untersuchungen des IAB mittels einer multivariaten Analyse zeigen, daß die Arbeitslosenquote durch die Tatsache, Ausländer zu sein, lediglich um 3,8 vH erhöht wird[67].

Nachdem die Quote bis 1988 weitgehend konstant blieb, ging sie bis 1991 auf 10,7 vH zurück; der Abstand zur deutschen verringerte sich auf 3,7 vH-Punkte (1990). Danach stieg die Zahl der ausländischen Arbeitslosen rapide und im Vergleich zu den Deutschen überdurchschnittlich: 1996 wurden sowohl relativ (19 vH) als auch absolut (480 000) die höchsten Werte seit 1983 registriert; der Anteil der Frauen unter den arbeitslosen Ausländern (34,7 vH) und Deutschen (44,5 vH) entspricht in etwa ihren Anteilen an den Erwerbstätigen. Von 1990 bis 1996 verdoppelte sich der Abstand (10 vH-Punkte) zwischen den Quoten für Ausländer und Deutsche; sie beträgt fast mehr als das Doppelte der der Deutschen. Bis 1974 nahm aber auch die Zahl der ausländischen Beschäftigten zu, seitdem ist die Ausländerbeschäftigung rückläufig, so daß insgesamt nicht von einer Verdrängung gesprochen werden kann[68]. Hauptursache für den starken Anstieg der Arbeitslosigkeit ist der Wegfall von Beschäftigungsverhältnissen im für Ausländer wichtigsten Sektor, dem Verarbeitenden Gewerbe[69]. Da sie zudem vielfach un- und angelernte Tätigkeiten ausüben und die Anzahl dieser Beschäftigungsverhältnisse zukünftig weiter zurückgehen wird[70], werden sie auch weiterhin überproportional von Arbeitslosigkeit betroffen sein.

---

65 Vgl. H.-W. Bach [II], Entwicklung und Struktur der Ausländerarbeitslosigkeit in der Bundesrepublik Deutschland seit 1960. In: E. Hönekopp (Hrsg.), S. 145.

66 Vgl. M. Miegel, Arbeitsmarktpolitik auf Irrwegen. Zur Ausländerbeschäftigung in der Bundesrepublik Deutschland. Stuttgart 1984, S. 65.

67 Vgl. S. Bender und W. Karr, Arbeitslosigkeit von ausländischen Arbeitnehmern – Ein Versuch, nationalitätenspezifische Arbeitslosenquoten zu erklären. „Mitteilungen aus der Arbeitsmarkt- und Berufsforschung", Jg. 26 (1993), S. 195.

68 Vgl. W. Seifert [III], „Alte" und „neue" Zuwanderergruppen auf dem Arbeitsmarkt, 1990–1995. In: T. Faist u.a. (Hrsg.), S. 57.

69 Allein 1994 ging die Zahl der ausländischen Beschäftigten in diesem Sektor um 65 800 zurück und fiel damit unter ihre Beschäftigtenzahl von 1989; vgl. Bundesanstalt für Arbeit (Hrsg.) [I], S. 102.

70 Vgl. W. Klauder, Probleme der Außenwanderung aus der Sicht der Arbeitsmarktprognostik. In: H. Neumann und H. Niemann (Hrsg.), Migration und soziale Probleme. (Materialien des Deutschen Instituts für Urbanistik, Nr. 17/95.) Berlin 1995, S. 45ff.

78,5 vH der ausländischen Arbeitslosen hatten 1994 keine abgeschlossene Berufsausbildung (vgl. Tabelle 18). Ihr Anteil an allen ausländischen Arbeitslosen ist damit trotz eines leichten Rückgangs in der letzten Dekade doppelt so groß wie der entsprechende Anteil der Deutschen. Bei arbeitslosen Ausländern unter 20 Jahren liegt dieser Anteil (86,8 vH) sogar fast 10 vH-Punkte höher, was die Schlußfolgerung erhärtet, daß die fehlende Berufsausbildung für Ausländer die entscheidende Einflußgröße bei der Betroffenheit von Arbeitslosigkeit ist.

Bei einer Differenzierung der Arbeitslosen nach dem Alter ist auffallend, daß im Vergleich zu den deutschen Arbeitslosen einerseits der Anteil ausländischer jugendlicher Arbeitsloser (unter 25 Jahre) relativ groß, andererseits der Anteil älterer ausländischer Arbeitsloser (55 Jahre und älter) verhältnismäßig klein ist. Aufgrund der demographischen Entwicklung und des vermehrten Strebens deutscher Jugendlicher zu höheren Ausbildungsabschlüssen traten in den achtziger Jahren immer weniger deutsche Jugendliche in den Arbeitsmarkt ein, so daß ein Überangebot an Ausbildungsplätzen entstand und ausländischen Jugendlichen vermehrt die Möglichkeit geboten wurde, in den Arbeitsmarkt einzutreten[71]. Dadurch halbierte sich zwischen 1984 und 1994 ihre Arbeitslosenquote, gleichwohl beträgt sie fast das Doppelte wie für deutsche Jugendliche. Zudem muß wegen des sich abzeichnenden Lehrstellenrückgangs und des daraus resultierenden verstärkten Wettbewerbs zukünftig wieder von einem Anstieg der Jugendarbeitslosigkeit bei Ausländern ausgegangen werden[72]. Der im Vergleich zu Deutschen niedrige Anteil Älterer an den arbeitslosen Ausländern ist im wesentlichen demographisch bedingt. Mit zunehmender Aufenthaltsdauer dürfte dieser indes steigen und sich dem der Deutschen annähern.

Die durchschnittliche Dauer der Arbeitslosigkeit hat sich sowohl bei Ausländern als auch bei Deutschen seit 1973 wesentlich verlängert. Während sie bei Ausländern 1973 mit 2,9 Monaten um gut 2 Monate kürzer war als bei Deutschen, näherte sie sich seither der Dauer der Deutschen an und lag zwischen 1983 und 1990 stets über dieser, wobei die Differenz allerdings 0,8 Monate nie überstieg[73]. 1994 hingegen lag sie bei Ausländern mit 10,5 Monaten um knapp 3 Monate unter der der Deutschen. Ebenfalls liegt der Anteil der Langzeitarbeitslosen unter den arbeitslosen Ausländern (28,2 vH) deutlich unter dem der Deutschen (34,0 vH). In beiden Gruppen ist indes der Anteil der Personen, die zwischen 12 und 24 Monaten arbeitslos sind, in den letzten zwei Jahren stark gestiegen, was darauf hindeutet, daß die Problemgruppe der Langzeitarbeitslosen bei Ausländern und Deutschen weiterhin an Gewicht gewinnen könnte. Im Vergleich zu den Deutschen sind Ausländer deutlich häufiger von Arbeitslosigkeit betroffen: Nach Auswertungen des Sozioökonomischen Panels war zwischen 1984 und 1993

---

71 Von 1986 bis 1992 stieg die Zahl der bei den Arbeitsämtern in den alten Bundesländern gemeldeten Ausbildungsstellen für 100 Lehrstellenbewerber von 80 auf 179. Vgl. Presse- und Informationsamt der Bundesregierung (Hrsg.) [V], Mitteilungen der Bundesanstalt für Arbeit. (Sozialpolitische Umschau, Nr. 39/1996.) Bonn 1996.

72 Vgl. Bundesanstalt für Arbeit (Hrsg.) [III], Ausbildungslücke wird größer. (Presseinformationen, Nr. 33/95.) Nürnberg 1995. Von 1992 bis 1995 sank die Zahl der Ausbildungsstellen für 100 Lehrstellenbewerber in den alten Bundesländern von 179 auf 107; vgl. Presse- und Informationsamt der Bundesregierung (Hrsg.) [V].

73 Vgl. Beauftragte der Bundesregierung für die Belange der Ausländer (Hrsg.) [I], S. 28.

Tabelle 18

Arbeitslose Ausländer und Deutsche nach ausgewählten Strukturmerkmalen

1984 bis 1994 (jeweils Ende September); in vH

	Ausländer			Deutsche		
	1984	1992	1994	1984	1992	1994
Männer	63,2	66,3	65,3	55,4	53,1	55,5
Frauen	36,8	36,7	34,7	44,6	46,9	44,5
Stellung im Beruf						
Angestelltenberufe	11,4	16,0	16,6	35,7	39,4	24,3
einfache Tätigkeit	5,3	8,1	8,9	11,2	14,9	16,6
gehobene Tätigkeit	6,1	7,9	7,8	24,5	24,5	24,9
Arbeiterberufe	88,6	84,0	83,4	64,3	60,6	58,5
Nichtfacharbeiter	74,2	73,3	72,2	36,8	39,2	36,2
Facharbeiter	14,4	10,7	11,2	27,5	21,4	22,3
ohne abgeschlossene Berufsausbildung	82,9	78,8	78,5	45,0	41,3	38,9
mit abgeschlossener Berufsausbildung	17,1	21,2	21,5	55,0	58,7	61,1
Alter						
unter 20	10,3	6,6	4,7	8,0	2,9	2,7
20 bis unter 25	13,9	14,4	14,1	19,6	11,2	9,5
25 bis unter 30	13,5	15,0	14,5	15,8	14,2	12,8
30 bis unter 55	56,4	52,2	54,1	43,2	49,6	51,6
55 bis unter 60	4,3	9,2	10,0	10,7	17,7	19,4
60 und älter	1,7	2,6	2,5	2,7	4,5	3,8
in Arbeitslosigkeit seit						
unter 1 Monat	9,8	17,8	13,7	9,3	13,6	10,7
1 bis unter 3 Monate	17,5	24,7	19,7	20,0	22,9	19,3
3 bis unter 6 Monate	15,0	18,2	16,4	15,9	17,0	15,4
6 bis unter 12 Monate	22,6	18,7	22,1	22,4	18,3	20,5
12 bis unter 24 Monate	20,9	11,8	18,8	18,3	13,7	19,5
24 Monate und länger	14,3	8,8	9,4	14,2	14,5	14,5

Eigene Berechnungen nach Angaben der Bundesanstalt für Arbeit.

RWI ESSEN

jeder dritte Ausländer, dagegen nur jeder vierte Deutsche einmal von Arbeitslosigkeit betroffen.

5.4. Arbeitsmarktkonsequenzen der Zuwanderung für die einheimischen Arbeitskräfte

Bezüglich der Auswirkungen von Zuwanderungen auf die einheimischen Beschäftigten stellen sich hauptsächlich zwei Fragen: Inwieweit beeinflussen sie deren Lohnniveau und wird die Konkurrenz um Arbeitsplätze verschärft bzw. werden Einheimische vom Arbeitsmarkt verdrängt oder die Reintegration bereits Arbeitsloser erschwert?[74] Für die Beantwortung beider Fragen ist entscheidend, ob die Zuwanderer Substitute oder Komplemente zu den einheimischen Beschäftigten darstellen. Im ersteren Fall kommt es durch die Erhöhung des Arbeitskräfteangebots zum Sinken der Löhne, soweit dem nicht Tarifvereinbarungen entgegenstehen, zudem steigt die Zahl der Erwerbslosen. Im zweiten Fall steigern sie die Produktivität und folglich die Entlohnung der Einheimischen[75].

Die theoretischen Zusammenhänge macht Schaubild 13 deutlich. Dabei wird unterstellt, daß die Zuwanderung aus relativ ungelernten und die heimischen Arbeitskräfte aus ungelernten und gelernten Personen bestehen, die zusammen ein Gut bzw. das Sozialprodukt herstellen. Das als lohnunelastisch angenommene Angebot an ungelernter Arbeit steigt von S auf S+I; bei gegebener Arbeitsnachfrage nach ungelernter Arbeit CF sinkt der Gleichgewichtslohn von w_0 auf w_1. Vor Immigration realisierten die ungelernten Arbeitskräfte ein Einkommen von insgesamt OGDB, die gelernten eines von BDC, das Sozialprodukt ergab sich als OGDC. Bei Immigration entstehen Einkommen für die (ungelernten) Zuwanderer (GHEK); die einheimischen Ungelernten verlieren zugunsten der ansässigen gelernten Arbeitskräfte (AKDB). Letztere können nun bei einem Sozialprodukt von OHEC insgesamt AEC auf sich vereinigen. Das Sozialprodukt steigt gegenüber der Ausgangssituation vor Immigration um KED („Harberger-Triangle"). Die Wiederherstellung der ursprünglichen Verteilungspositionen erfordert, daß die einheimischen Gewinner die Verlierer kompensieren; dann verbessert die Zuwanderung das Pareto-Optimum[76].

Ein Großteil der seit 1984 zugewanderten Personen im erwerbsfähigen Alter (16 bis 65 Jahre) besaß nach Schätzung auf Basis des SOEP mit Ausnahme der Übersiedler keinen Berufsabschluß: Für Aussiedler lag diese Quote bei 41 vH, für Asylbewerber/Flüchtlinge bei 53 vH und für Zuwanderer aus den ehemaligen Anwerbestaaten bei 61 vH[77]. Zudem hatten sie zum Zeitpunkt ihrer Einreise z.T. erhebliche Sprachprobleme, so daß sie ebenso wie die bis 1984 in den alten Bundesländern lebenden Ausländer, von denen 55 vH keinen Berufsabschluß hatten, im Vergleich zu den Westdeutschen (24 vH ohne Berufsabschluß) über wesentlich weniger Humankapital verfügen. Dies kommt auch darin zum Ausdruck, daß über die Hälfte aller Zuwanderer seit 1984, von den Aussiedlern sogar nahezu drei Viertel, in Arbeiterberufen beschäftigt sind[78], während 1993 lediglich 32 vH der Westdeutschen dort tätig waren (vgl. Tabelle 14). Weitere Gründe für die häufige Erwerbstätigkeit von Zuwanderern in Arbeiterberufen

---

74 Vgl. die umfassenden theoretischen und empirischen Untersuchungen auf der Basis der relevanten Literatur in J.P. Smith and B. Edmonston (Eds.), The New Americans: Economic, Demographic, and Fiscal Effects of Immigration. Washington, D.C., 1997, Kapitel 4 und 5.

75 Vgl. G.J. Borjas, The Impact of Immigrants on Employment Opportunities of Natives. In: OECD (Ed.) [I], S. 192f.

76 Vgl. dazu im einzelnen auch z.B. OECD (Ed.) [III], OECD Economic Surveys – United States 1997. Paris 1997, S. 126f.

77 Vgl. J. Frick und G. Wagner, Zur sozio-ökonomischen Lage von Zuwanderern in West-Deutschland. (Diskussionspapier des Deutschen Instituts für Wirtschaftsforschung, Nr. 140.) Berlin 1996, Tabelle 3; die Auswertungen auf Basis des SOEP beziehen sich nur auf Personen in privaten Haushalten.

78 Vgl. W. Seifert [I], S. 195.

Schaubild 13

Arbeitsmarkteffekte der Zuwanderung

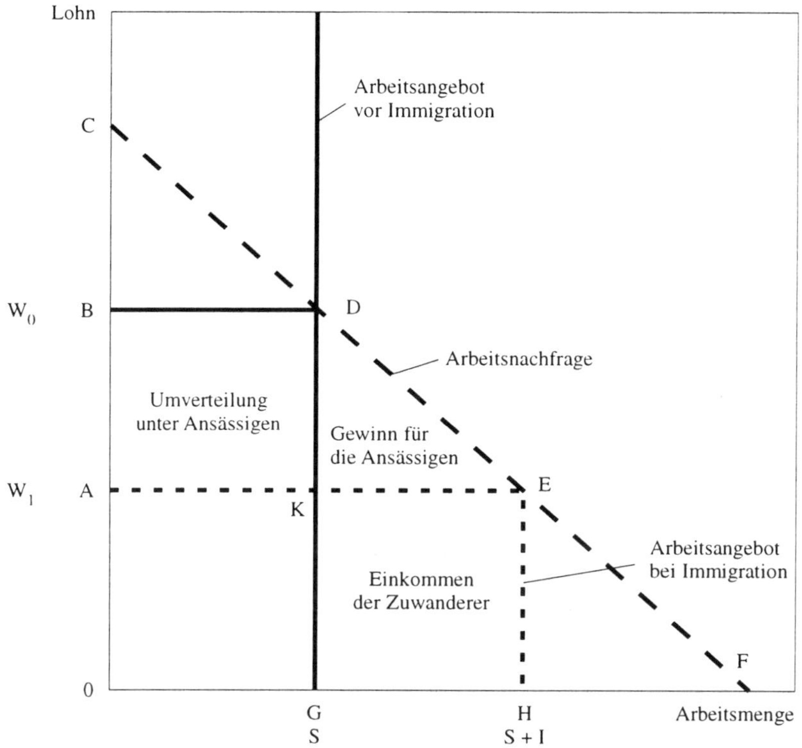

In Anlehnung an J. P. Smith and B. Edmonston.

sind die geringe Attraktivität dieser Bereiche für die einheimischen Arbeitskräfte, außerdem werden im Ausland erworbene Qualifikationen in diesen Bereichen eher anerkannt[79].

Offensichtlich sind Zuwanderer deshalb Substitute zu einheimischen Arbeitskräften mit geringen Qualifikationen, insbesondere im Bereich der Arbeiterberufe. Folglich hätten diese Zuwanderungen tendenziell negative Auswirkungen auf die Lohnentwicklung von schlecht qualifizierten Einheimischen, zudem ergeben sich daraus potentiell höhere Löhne für Einheimische mit höherem Humankapitalbestand[80]. Empirische Untersuchungen deuten zwar darauf hin, daß die Zuwanderungen nach

79 Vgl. T. Faist, S. 36.

80 Vgl. K.F. Zimmermann, Ökonomische Konsequenzen der Migration für den heimischen Arbeitsmarkt. (Münchener wirtschaftswissenschaftliche Beiträge, Nr. 93-16.) München 1993, S. 8.

Deutschland die Einkommen von Arbeitern negativ, die von Angestellten ohne Berufserfahrung positiv, die anderer Berufsbereiche indes nicht spürbar beeinflussen. Allerdings sind die beobachteten Auswirkungen kaum signifikant[81], so daß insgesamt auch aufgrund des geltenden Tarifsystems davon ausgegangen werden kann, daß Zuwanderungen keine spürbaren Auswirkungen auf das Einkommen der einheimischen Arbeitskräfte in Deutschland haben[82].

Bis 1973 wurden die Ausländer als Gastarbeiter angeworben, danach wurden die Zuwanderungen im wesentlichen durch die Familienzusammenführung geprägt, so daß die Ausländer bis dahin hauptsächlich Arbeitsplätze besetzten, für die keine einheimischen Arbeitskräfte zur Verfügung standen, mit der Folge, daß von ihnen keine nennenswerten Beschäftigungseffekte auf Einheimische ausgingen. Wegen des starken Anstiegs der Zuwanderungen gegen Ende der letzten Dekade muß die Frage nach ihren Beschäftigungseffekten indes neu gestellt werden. Zwischen 1988 und 1991 herrschten verhältnismäßig günstige konjunkturelle Rahmenbedingungen, während sie sich ab 1992 zunehmend verschlechterten. Daher wird der Betrachtungszeitraum in diese zwei Phasen unterteilt.

Zwischen 1988 und 1991 wanderten insgesamt 3,6 Mill. Personen in die alten Bundesländer zu, darunter 900 000 Übersiedler, 1,2 Mill. Aussiedler und 1,5 Mill. Ausländer. Von ihnen standen schätzungsweise 1,7 Mill. (650 000 Übersiedler, 600 000 Aussiedler, 440 000 Ausländer) dem Arbeitsmarkt zur Verfügung[83]. Da die Zahl der arbeitslosen oder sich in Maßnahmen der Bundesanstalt befindlichen Aus- und Übersiedler in diesem Zeitraum um 200 000 bzw. 35 000 Personen stieg, haben von den potentiell erwerbstätigen Übersiedlern 92 vH und von den Aussiedlern zwei Drittel einen Arbeitsplatz gefunden. Die Zahl der ausländischen Erwerbstätigen in den alten Bundesländern stieg um 350 000. Dabei dürfte es sich hauptsächlich um ausländische Zuwanderer gehandelt haben, worauf u.a. die starke Zunahme der erteilten Arbeitserlaubnisse, insbesondere der allgemeinen Arbeitserlaubnisse, um 90 vH hindeutet. Daher wird unterstellt, daß etwa zwei Drittel der potentiell erwerbstätigen ausländischen Zuwanderer bis Ende 1991 eine Beschäftigung aufgenommen haben[84]. Insgesamt haben folglich rund 1,3 Mill. Zuwanderer von 1988 bis 1991 einen Arbeitsplatz gefunden. Die Erwerbsbeteiligung[85] (48 vH) entspricht etwa der auf Basis des SOEP geschätzten Werte von 1989 bis 1990 im Jahr nach der Zuwanderung (51 vH)[86].

81 Vgl. J.P. De New and K.F. Zimmermann, Native Wage Impacts of Foreign Labor: A Random Effects Panel Analysis. (Münchener wirtschaftswissenschaftliche Beiträge, Nr. 93-19.) München 1993, S. 7ff. Untersuchungen für die Vereinigten Staaten kommen ebenfalls zu dem Ergebnis, daß Zuwanderer die Einkommen von schlecht qualifizierten Einheimischen negativ beeinflussen, die Auswirkungen von ihrer Stärke her aber vernachlässigbar sind; vgl. G.J. Borjas, S. 193ff., und J.P. Smith and B. Edmonston (Eds.).

82 Vgl. J. Velling, Immigration und Arbeitsmarkt. (Schriftenreihe des ZEW, Band 6.) Baden-Baden 1995, S. 339.

83 Da für Asylbewerber i.a. bis Ende 1990 ein fünfjähriges und bis zum 31. Juni 1991 ein einjähriges Arbeitsverbot galt, wurden diese bei der Schätzung nicht berücksichtigt; vgl. G. Barabas u.a., S. 138f.

84 Vgl. G. Barabas u.a., S. 142.

85 Ohne Berücksichtigung der Asylbewerber.

86 Vgl. W. Seifert [I], S. 191.

Die zwischen 1988 und 1991 zugewanderten Erwerbspersonen dürften in erster Linie die Nachfrage nach Arbeitskräften gedeckt haben, für die einheimische Arbeitskräfte oftmals nicht zur Verfügung standen, worauf u.a. die schnelle Eingliederung schließen läßt. Der Rückgang der Zahl der Arbeitslosen um 540 000 trotz der Zuwanderungen und die Abnahme der Zahl der Arbeitslosen je gemeldeter offener Stelle von 12 auf 5 sind weitere Indizien dafür[87], daß die strukturellen und nachfrageseitigen Effekte auf dem Arbeitsmarkt gegenüber etwaigen Verdrängungseffekten überwogen haben. Im Einzelfall kann sich die Situation durchaus anders darstellen. Zudem muß der Arbeitsmarkt in dieser Phase vor dem Hintergrund der positiven gesamtwirtschaftlichen Einflüsse der Steuerreformschritte 1986, 1988 und 1990 sowie der bis Anfang 1990 lebhaften Auslandsnachfrage und der Deutschen Vereinigung gesehen werden[88].

Von 1992 bis 1995 betrug der Wanderungsüberschuß knapp 2,1 Mill. Personen. Die größte Gruppe darunter stellten mit 1 Mill. Asylbewerber und Flüchtlinge, von denen 20 vH nach Maßgabe des Einigungsvertrages den neuen Bundesländern zugeteilt wurden. Wegen der materiellen Nachteile beim Verlassen des ihnen zugewiesenen Wohnortes kann davon ausgegangen werden, daß sie dort bleiben. Spätestens drei Monate nach ihrer Einreise erhalten sie ein grundsätzliches Zutrittsrecht zum Arbeitsmarkt, von dem nach Schätzungen des IAB etwa die Hälfte Gebrauch machen würde, wenn sie die Möglichkeit dazu hätte[89]. Allerdings findet nicht jeder u.a. wegen des Vorrangs deutscher und gleichgestellter Arbeitskräfte sofort einen dauerhaften Arbeitsplatz. Nach Schätzungen auf Basis des SOEP ist gut ein Viertel der seit 1984 zugewanderten Asylbewerber und Flüchtlinge erwerbstätig[90]. Danach sind gut 200 000 der zwischen 1992 und 1995 in die alten Bundesländer eingewanderten Asylbewerber erwerbstätig geworden, während sich die Stille Reserve bei den Ausländern ebenfalls um 200 000 Personen erhöht haben dürfte. Das große Interesse der Asylbewerber an einer Eingliederung in den Arbeitsmarkt und einer damit verbundenen Verbesserung ihrer wirtschaftlichen Situation verdeutlicht auch der relativ hohe Anteil der geringfügig Beschäftigten (20 vH). Hierin dürften sich indes auch schattenwirtschaftliche Aktivitäten, d.h. Beschäftigungen ohne Arbeitserlaubnis, widerspiegeln[91].

Des weiteren wanderten in dem betrachteten Zeitraum 890 000 Aussiedler ein. Obwohl wie bei den Asylbewerbern 20 vH von ihnen auf die neuen Bundesländer verteilt wurden, ist nur die Hälfte von ihnen dort seßhaft[92], so daß letztlich 810 000 einen Wohnsitz in den alten Bundesländern nahmen. Ihre Erwerbsquote lag seit 1991 bei etwa 53 vH, dementsprechend erhöhte sich das Erwerbspersonenpotential um 430 000 Personen. Allerdings stehen die meisten erst fünf bis sechs Monate nach ihrer Einreise dem Arbeitsmarkt zur Verfügung, da fast alle aufgrund unzureichender Deutschkennt-

87 Vgl. Bundesanstalt für Arbeit (Hrsg.) [IV], Arbeitsmarkt 1991. „Amtliche Nachrichten der Bundesanstalt für Arbeit", Jg. 40 (1992), Sondernummer.

88 Vgl. G. Barabas u.a., S. 142f.

89 Vgl. Bundesanstalt für Arbeit (Hrsg.) [II], S. 28.

90 Vgl. J. Frick und G. Wagner, Tabelle 4.

91 Vgl. J. Frick und G. Wagner, S. 17.

92 Vgl. Bundesanstalt für Arbeit (Hrsg.) [II], S. 110.

nisse, was vor allem auf den zunehmenden Zuzug von Aussiedlern aus der ehemaligen Sowjetunion zurückzuführen ist[93], an einem Sprachkurs teilnehmen (müssen)[94].

Die Zahl der arbeitslos gemeldeten Aussiedler ging von September 1992 bis September 1995 um 3 vH zurück, während in den alten Bundesländern die der arbeitslosen Deutschen um 40 vH und die der arbeitslosen Ausländer um 60 vH stieg. Dabei muß jedoch berücksichtigt werden, daß Aussiedler nur jeweils fünf Jahre in den amtlichen Statistiken gesondert geführt werden. Folglich wurde die starke Zuwanderungskohorte der Aussiedler von 1989 durch die schwächer besetzte Kohorte von 1995 ersetzt. Ein Rückzug arbeitsloser Aussiedler in die Stille Reserve ist wenig wahrscheinlich, da die Arbeitslosmeldung für sie Voraussetzung zum Bezug von Sozialhilfe ist; zudem werden durch die Registrierung als arbeitslos Arbeitsuchende diese Zeiten bei ihrer Altersrente berücksichtigt. Daher muß aufgrund der Entwicklung der Arbeitslosigkeit seit 1992 festgestellt werden, daß diese bei den Aussiedlern trotz schlechter Arbeitsmarktlage, Verkürzung der Sprachkursdauer und einschneidender Zugangsbeschränkungen zu Fortbildungs- und Umschulungsmaßnahmen weniger gestiegen ist als bei Einheimischen[95]. Geht man davon aus, daß die Hälfte der 1995 eingewanderten potentiell erwerbstätigen Aussiedler an einem Sprachkurs teilnimmt, so haben zwischen 1992 und 1995 ungefähr 370 000 Aussiedler eine Erwerbstätigkeit in den alten Bundesländern aufgenommen. 72 vH der Aussiedler sind in Arbeiterberufen tätig, 46 vH sogar in un- oder angelernten Tätigkeiten[96], so daß sie langfristig von Arbeitslosigkeit bedroht sind, da der Bedarf an Arbeitskräften dieser Qualifikationsgruppen – wie schon in der Vergangenheit – auch künftig zurückgehen wird[97].

Der Wanderungssaldo der Ausländer (ohne Asylbewerber und Flüchtlinge) lag zwischen 1992 und 1995 bei 162 000 Personen, die fast ausschließlich in den alten Bundesländern seßhaft geworden sind. Da die Erwerbsquote der hier ansässigen Ausländer in den letzten Jahren stets bei 50 vH lag, kann davon ausgegangen werden, daß sich das Arbeitskräfteangebot der Ausländer von 1992 bis 1995 durch die Zuwanderungen um 80 000 Personen erhöht hat. Der seit 1992 starke Anstieg und die weiterhin hohe Betroffenheit von Arbeitslosigkeit bei Ausländern im Vergleich zu Deutschen ist weniger auf Zuwanderungen als vielmehr auf Entlassungen wegen geringer sprachlicher und beruflicher Qualifikationen sowie den steigenden Angebotsdruck durch in Deutschland geborene und aufgewachsene Ausländer zurückzuführen.

---

93 Zwischen 1989 und 1993 kamen 55 vH der Aussiedler aus der ehemaligen Sowjetunion, wobei ihr Anteil 1993 bereits bei 95 vH lag; vgl. T. Bauer und K.F. Zimmermann, Arbeitslosigkeit und Löhne von Aus- und Übersiedlern. In: V. Steiner und L. Bellmann (Hrsg.), Mikroökonomik des Arbeitsmarktes. (Beiträge zur Arbeitsmarkt- und Berufsforschung, Nr. 192.) Nürnberg 1995, S. 92f.

94 Die Zahl der potentiell erwerbstätigen Aussiedler zwischen 1992 und 1995 entspricht in etwa der Zahl der Eintritte von Aussiedlern in Deutsch-Sprachlehrgänge (Bundesgebiet West); vgl. dazu Bundesanstalt für Arbeit (Hrsg.) [II], S. 111f.

95 Vgl. B. Koller, Fortbildungs- und Umschulungsmaßnahmen für Aussiedler. „Mitteilungen aus der Arbeitsmarkt- und Berufsforschung", Jg. 28 (1995), S. 112.

96 Vgl. W. Seifert [I], S. 195.

97 Zu Qualifikationsanforderungen an den künftigen Arbeitskräftebedarf vgl. z.B. M. Tessaring, Langfristige Tendenzen des Arbeitskräftebedarfs nach Tätigkeiten und Qualifikationen in den alten Bundesländern bis zum Jahre 2010. „Mitteilungen aus der Arbeitsmarkt- und Berufsforschung", Jg. 27 (1994), S. 5ff.

Nach wie vor haben Ausländer in einigen Teilbereichen wie der Bauwirtschaft, der Kunststoff- und Metallverarbeitung, der Nahrungs- und Genußmittelindustrie sowie dem Gaststätten- und Beherbergungsgewerbe gute Beschäftigungschancen[98]. Unterstellt man dennoch für die Zuwanderer die gleiche Arbeitslosenquote wie für die ansässigen Ausländer (16,6 vH im Jahresdurchschnitt 1995), so haben von den zwischen 1992 und 1995 zugewanderten Ausländern etwa 67 000 eine Beschäftigung aufgenommen.

Somit haben von den zwischen 1992 und 1995 Eingewanderten insgesamt 640 000 Personen eine Beschäftigung in den alten Bundesländern gefunden. Ihre Erwerbsbeteiligung von 37 vH entspricht annähernd der im SOEP geschätzten von 40 vH für die Zuwanderungen in die alten Bundesländer von 1991 bis 1995[99]. Die Abweichungen resultieren hauptsächlich aus dem um ein Jahr längeren Betrachtungszeitraum im SOEP und der Berücksichtigung von Übersiedlern (Ost-West-Wanderungen nach 1991) in der SOEP-Stichprobe.

Die Zahl der Erwerbstätigen in den alten Bundesländern sank zwischen 1992 (Frühjahr) und 1995 (Jahresende) hauptsächlich wegen der starken Zunahme der Zahl der Arbeitslosen um 1,1 Mill.[100]. Dennoch dürfte es kaum zu Verdrängungseffekten zwischen Zuwanderern und Einheimischen gekommen sein. Die Zahl der arbeitslos gemeldeten Deutschen stieg während des Zeitraums um 593 000 Personen[101], gleichzeitig wurde der Arbeitsmarkt durch 376 000 Altersrenten wegen Arbeitslosigkeit und 234 000 arbeitsmarktbedingte Renten wegen verminderter Erwerbsunfähigkeit entlastet[102]. Die Lücke, die durch letztere am Arbeitsmarkt entstanden ist, dürfte überwiegend durch Aussiedler besetzt worden sein, darauf deutet einerseits ihre nicht gestiegene Arbeitslosenzahl, andererseits ihr großer Anteil an Beschäftigungsverhältnissen in Arbeiterberufen (72 vH) hin, da überschlägig drei Viertel der Renten wegen verminderter Erwerbsfähigkeit der Rentenversicherung der Arbeiter zuzurechnen ist.

Die ausländischen Zuwanderer von 1992 bis 1995 sind fast zur Hälfte als un- oder angelernte Arbeitskräfte beschäftigt. Sie sind folglich keine direkte Konkurrenz zu ausgebildeten deutschen Arbeitnehmern, wohl aber zu in Deutschland ansässigen ausländischen Arbeitskräften. Diese dominieren in Teilen des Arbeitsmarktes, für die nicht ausreichend deutsche Arbeitskräfte zur Verfügung stehen, und füllen folglich Positionen der unteren Beschäftigungshierarchie aus[103]. Die Zunahme der Zahl der arbeitslosen Ausländer um 200 000 seit 1992 ist dennoch nicht auf die ausländischen

98 Vgl. Bundesanstalt für Arbeit (Hrsg.) [II], S. 107ff.

99 Vgl. W. Seifert [I], S. 191.

100 Vgl. Bundesanstalt für Arbeit (Hrsg.) [II], S. 31.

101 Vgl. Bundesanstalt für Arbeit (Hrsg.) [IV], Strukturanalyse 1994, Bestände sowie Zu- und Abgänge an Arbeitslosen und offenen Stellen, Nürnberg 1995, S. 42ff.

102 Vgl. Verband Deutscher Rentenversicherungsträger (Hrsg.) [I], Rentenversicherung in Zahlen 1996, Frankfurt a.M., 1996, S. 46, und Verband Deutscher Rentenversicherungsträger (Hrsg.) [II], Stellungnahme zum Entwurf eines Zweiten Gesetzes zur Änderung des Sechsten Buches Sozialgesetzbuch (Zweites SGB VI-Änderungsgesetz – 2. SGB VI-ÄndG) – BT-Drucksache 13/3697. In: Deutscher Bundestag (Hrsg.), Ausschuß für Arbeit und Sozialordnung, Ausschuß-Drucksache 13/0461, Bonn 1996, S. 9ff.

103 Vgl. W. Seifert [IV], Die Mobilität der Migranten, Berlin 1995, S. 98.

Zuwanderungen zurückzuführen[104], vielmehr stieg die Zahl der ausländischen Erwerbstätigen in dem betrachteten Zeitraum sogar um 100 000[105]. Der Anstieg der Zahl der Arbeitslosen folgt – wie erwähnt – aus dem Verlust von Arbeitsplätzen in dem für die Ausländerbeschäftigung wichtigsten Sektor, dem Verarbeitenden Gewerbe, sowie im Bausektor, wogegen die Zahl der ausländischen Erwerbstätigen im Dienstleistungssektor um fast 100 000 gestiegen ist, woran im wesentlichen die ausländischen Zuwanderer partizipiert haben dürften.

Insgesamt kann somit festgestellt werden, daß zwischen 1992 und 1995 trotz der schwierigen Arbeitsmarktlage eine größtenteils positive Eingliederung der Zuwanderungen in den Arbeitsprozeß stattgefunden hat. Dabei kam es kaum zu Verdrängungen von deutschen Arbeitnehmern, obwohl sich die Situation im Einzelfall speziell für un- und angelernte Arbeitskräfte anders darstellen mag. Die Eingliederung erfolgt nach wie vor hauptsächlich in un- und angelernten Beschäftigungsverhältnissen, weil für diese nicht genügend einheimische Arbeitskräfte zur Verfügung stehen und diese für deutsche Arbeitnehmer oftmals unattraktiv erscheinen.

Untersuchungen zeigen, daß Zuwanderung von unqualifizierten Arbeitnehmern zur Erhöhung der Arbeitslosenquote unqualifizierter, aber zur Verringerung der Arbeitslosenquote qualifizierter Arbeitnehmer führt. Am stärksten beeinflußt sie die Quote der Ausländer[106]. In zunehmendem Maße übernehmen auch Aussiedler Tätigkeiten in Arbeiterberufen und damit vielfach unter ihrem Qualifikationsniveau. Die Gründe hierfür sind neben den oftmals mangelnden Sprachkenntnissen die im Vergleich zu ihrem Herkunftsland andersartigen Wirtschafts-, Gesellschafts- und Bildungssysteme sowie das unterschiedliche technologische Niveau und die abweichenden arbeitsorganisatorischen Strukturen[107]. Wegen der stark reduzierten Eingliederungsleistungen an Aussiedler seit 1993 ist es nur noch in eingeschränktem Umfang möglich, diese Unterschiede vor Aufnahme einer Erwerbstätigkeit durch Fortbildungs- und Umschulungsmaßnahmen zu reduzieren. Daher besteht mittel- und langfristig die Gefahr, daß es bei der Eingliederung in den Arbeitsmarkt zu Verdrängungseffekten zwischen Aussiedlern und in Deutschland ansässigen Ausländern sowie zukünftigen ausländischen Zuwanderern kommt.

---

104 Vgl. Bundesanstalt für Arbeit (Hrsg.) [V], S. 42ff.

105 Vgl. Statistisches Bundesamt (Hrsg.) [IV], Stand und Entwicklung der Erwerbstätigkeit. (Fachserie 1: Bevölkerung und Erwerbstätigkeit, Reihe 4.1.1.) Stuttgart, verschiedene Jahrgänge.

106 Vgl. J. Velling, S. 335.

107 Vgl. B. Koller, Aussiedler nach dem Deutschkurs: Welche Gruppen kommen rasch in Arbeit? „Mitteilungen aus der Arbeitsmarkt- und Berufsforschung“, Jg. 26 (1993), S.218.

Drittes Kapitel

Finanzwirtschaftliche Effekte

1. Einführung

Die einzelnen Phasen der Zuwanderung haben jeweils in erheblichem Ausmaß auch die politischen Prioritäten bestimmt und damit Niveau und Struktur der Staatstätigkeit beeinflußt. Dies betraf alle Bereiche, Formen und Ebenen des staatlichen Handelns, insbesondere erstens, die Bereitstellung öffentlicher Güter in Gestalt rein kollektiver oder auch gruppenspezifischer Realtransfers in den bestehenden bzw. den jeweiligen demographischen Herausforderungen angepaßten staatlichen Aufgabenbereichen auf Bundes-, Landes- und Gemeindeebene (Allokation der volkswirtschaftlichen Ressourcen); zu denken ist an den schnellen Wiederaufbau der im Krieg weitgehend zerstörten Wohnungs- und Verkehrsinfrastruktur, was durch den Zustrom von Vertriebenen und Flüchtlingen besonders dringlich wurde, oder an die Beanspruchung z.B. des Bildungs- und Sozialwesens durch den Zustrom von Asylbewerbern und Bürgerkriegsflüchtlingen im vergangenen halben Jahrzehnt. Zweitens ergaben sich interpersonelle und intergenerationale Umverteilungseffekte bei den Einkommen z.B. zwischen ansässiger Bevölkerung und Zuwanderern bzw. zwischen den jeweiligen Jugend-, Erwerbs- und Altersbevölkerungen (Redistribution). Und drittens implizierten Zuwanderungen immer auch gesamtwirtschaftliche Wirkungen; davon sind mehr oder weniger stark auch die öffentlichen Kassen auf der Einnahmen- und der Ausgabenseite des Staatsbudgets betroffen (Stabilisierung und Wachstum).

Im folgenden interessieren insbesondere die allokativen und redistributiven Aspekte der Zuwanderungen; die stabilisierungs- und wachstumspolitischen Implikationen bleiben dem vierten Kapitel vorbehalten. Zunächst werden Tendenzaussagen zum Ausmaß der Auswirkungen der Zuwanderungen auf die Allokations- und Redistributionstätigkeit des Staates herausgearbeitet, bevor am Beispiel der jüngsten Zuwanderungswelle die unmittelbaren Effekte für die Finanzwirtschaft dargestellt und finanzwirtschaftliche Aspekte der Immigration, die sich nach der Jahrtausendwende ergeben und vor allem die Kosten der Integration von Zuwanderern in die Wirtschaft und Gesellschaft betreffen, analysiert werden.

2. Längerfristige Überlegungen und empirische Ergebnisse

Die Verteilung der Aufgaben zwischen dem, was das einzelne Wirtschaftssubjekt in den Wechselfällen des Lebens zu leisten vermag und deshalb in seiner Verantwortung verbleiben soll, und dem, was die Gemeinschaft zu übernehmen hat, ist längerfristig einem erheblichen Wandel unterworfen; ein wichtiges Beispiel dafür ist in Deutschland die Entwicklung der Sozialversicherung in den zurückliegenden 100 Jahren mit der aktuellen Installierung der Gesetzlichen Pflegeversicherung als fünfter „Säule". Im internationalen Vergleich der (hoch-) industrialisierten Ländern stellt sich die Aufgabenverteilung zwischen Privatwirtschaft und Staat ebenfalls sehr unterschiedlich dar; darauf weisen die schon seit langem erheblich differierenden Anteile der staatlichen Ausgaben im allgemeinen und der Sozialleistungen im besonderen am jeweiligen Sozialprodukt (Staats- bzw. Sozialleistungsquote[1]) und die ihrer Finanzierung dienenden Staatseinnahmen (Steuern und Abgaben) hin. So sind die angelsächsisch geprägten Länder (Großbritannien, Vereinigte Staaten, Kanada und Japan) durch einen spürbar geringeren Einfluß des Staates auf die Wirtschaftstätigkeit gekennzeichnet[2] als etwa Deutschland, Frankreich und Italien. Die Intensität der Aufgabenerfüllung mag deshalb sehr unterschiedlich sein, sie ist gleichwohl in mehr oder weniger starkem Ausmaß auch von der Demographie abhängig[3] – seien die Entwicklungen natürlichen Ursprungs, wie Veränderung der Geburten-, der Sterberaten, der Lebenserwartung, oder räumlich bedingt, wie durch Immigration.

2.1. Jugend- und Altersbevölkerung unter dem Einfluß von Immigration

Der bevölkerungsspezifische Einfluß von Zuwanderungen auf die Staatstätigkeit bzw. auf Niveau und Struktur des staatlichen Leistungsangebots und der -nachfrage erfolgt bei gegebenen institutionellen Rahmenbedingungen und Anspruchsgrundlagen[4] zunächst vor allem über die Veränderung des Verhältnisses von Jugend- und Altersbevölkerung (volkswirtschaftlich „inaktive" Bevölkerung) zur Erwerbsbevölkerung („aktive" Bevölkerung). Auf diese „Jugend"- bzw. „Altenquotienten" wirken sich Zuwande-

1 Hier genügt ein Blick auf die Staats- und Sozialleistungsquoten im internationalen Vergleich z.B. in Bundesministerium der Finanzen (Hrsg.), Finanzbericht 1996. Bonn 1995, S. 302, bzw. Bundesministerium für Arbeit und Sozialordnung (Hrsg.) [I], Statistisches Taschenbuch 1995. Bonn 1995, Tabelle 9.18 und 9.18A.

2 Allerdings ist Japan durch eine relativ hohe Regulierungsdichte und eine enge Kooperation zwischen Regierung und Unternehmen gekennzeichnet. Vgl. J.E. Garten, A Cold Peace. America, Japan, Germany, and the Struggle for Supremacy. New York und Toronto 1993, S. 96ff.

3 Allgemein dazu vgl. H.D. von Loeffelholz [III], Bevölkerungsentwicklung, Wirtschaftswachstum und staatliche Leistungen. Erfahrungen und Perspektiven für die Bundesrepublik. „RWI-Mitteilungen", Jg. 39 (1988), S. 215ff.

4 Im allgemeinen bedeutet dies, daß die Zuwanderer – wie die ansässige Bevölkerung – Anspruch auf alle Leistungen des Staates haben und diese auch in Anspruch nehmen. Insoweit erhöhen die Immigranten unmittelbar den Umfang der ausgezahlten monetären (Sozial-) Leistungen und die Auslastung der Realtransfers. In der Realität sind z.B. in Deutschland freilich hinsichtlich der Ansprüche auf Leistungen der öffentlichen Hand und ihrer Inanspruchnahme Unterschiede zwischen deutschen oder deutschstämmigen Zuwanderern und ausländischen Immigranten zu machen. Ähnliches gilt in bezug auf die ausländischen Zuwanderer in den Vereinigten Staaten. Zur Inanspruchnahme öffentlicher Leistungen durch Immigranten vgl. Abschnitt 2.1 und 2.2.

rungen – soweit es sich um „freiwillige" Immigration handelt – wegen der „günstigeren" Altersstruktur („Selbstselektion" der Zuwanderer[5]) c.p. ebenso aus wie die erwähnten natürlichen Bevölkerungsbewegungen[6].

Da sich im Zeitablauf die normativen Vorstellungen zumindest in der deutschen Gesellschaft darüber gewandelt haben, wer „aktiv" und wer „inaktiv" im Sinne von (potentiell) erwerbstätig bzw. nicht (mehr) erwerbstätig sein sollte, sind die Altersgrenzen nicht als gegeben zu betrachten; während man sie noch in den fünfziger und sechziger Jahren eher bei 15 bzw. bei 65 Jahren gesehen hatte, dürfte man sie heute angesichts einer zunehmenden Verweildauer im Bildungs- und Ausbildungssystem und einer entsprechend verlängerten Ausbildungsphase auf der einen Seite[7] und einer durchschnittlich kürzeren Erwerbsphase und eines deshalb – vor allem zur Entlastung des zunehmend ungleichgewichtigen Arbeitsmarktes seit Anfang der siebziger Jahre – immer weiter vorgezogenen Renteneintrittsalters auf der anderen[8] eher bei 20 bzw. 60 Jahren ansetzen[9]. Dies bedeutet indessen, daß auch bei Vernachlässigung von rein demographischen Entwicklungen die „Jugend- und Altenquotienten" zunehmen. Im folgenden werden zur Abgrenzung der Generationen aus statistischen Gründen grundsätzlich 15 bzw. 65 Jahre verwendet.

2.1.1. Veränderung der Jugend- und Altenquotienten

Der Jugendquotient hat sich zwischen 1950 und 1960 wegen der starken Zuwanderung von (erwachsenen) deutschen Immigranten aus der DDR bzw. aus den ehemaligen deutschen Ostgebieten von fast 35 je 100 Personen im erwerbsfähigen Alter auf knapp 32 verringert; bis 1972 hat er sich aufgrund des „Babybooms" der sechziger Jahren auf

---

5 Vgl. H.M. Enzensberger, Die Große Wanderung. 33 Markierungen. 6. Auflage. Frankfurt a.M. 1992, zitiert mit Blick darauf den amerikanischen Ökonomen R. Mayo-Smith, Emigration and Immigration. A Study of Social Science. New York, 1892: „Es sind die Energischen, besser Ausgebildeten, Ehrgeizigen, die ihr Erfolgschancen im Land ihrer Wahl suchen..."; (S. 36).

6 Die Quotienten werden durch die Gegenüberstellung der unter bzw. über einem bestimmten Alter befindlichen Population und der „dazwischen" liegenden Personen gebildet; als Altersgrenzen können 15 oder 20 Jahre, vielleicht auch 25, bzw. 65, 60 oder 55 Jahre gewählt werden.

7 Hinweise auf verlängerte Ausbildungsphasen ergeben sich z.B. dadurch, daß zwischen 1976 und 1994 etwa das Durchschnittsalter der Schulabgänger mit allgemeiner Hochschulreife im früheren Bundesgebiet von 19,6 auf 20,0 Jahre gestiegen ist, das der Abgänger mit Fachhochschulreife sogar auf 21,3 Jahre. Darüber hinaus hat die Studiendauer an deutschen Hochschulen (von der Erstimmatrikulation bis zum Abschluß des Prüfungsverfahrens) zwischen 1977 und 1992 um 1,2 auf 6,8 Jahre zugenommen. Das Alter bei Ablegung der Prüfung betrug 28,3 Jahre (1992); vgl. Bundesministerium für Bildung, Wissenschaft, Forschung und Technologie (Hrsg.) [I], Grund- und Strukturdaten 1995/96. Bonn 1995, S. 92f. und S. 276.

8 Das durchschnittliche Rentenzugangsalter nahm bei den Renten wegen Alters im Bereich der gesetzlichen Rentenversicherung der alten Bundesrepublik (ohne Knappschaft) bei Frauen zwischen 1960 und 1994 um 0,4 auf 63,5 Jahre und bei den Männern um 2,4 auf 62,8 Jahre ab. Bei der Rente wegen verminderter Erwerbsfähigkeit betrug die Verringerung 4,2 (Frauen) und 2 Jahre (Männer). Vgl. Verband Deutscher Rentenversicherungsträger (Hrsg.) [I], S. 61. Nachrichtlich sei hinzugefügt, daß auch wegen gestiegener Lebenserwartung die durchschnittliche Rentenbezugsdauer von 10,6 Jahre (1960; Frauen) auf 17,6 Jahre (1994) bzw. von 9,6 auf 14 Jahre (Männer) zugenommen hat. Vgl. Verband Deutscher Rentenversicherungsträger (Hrsg.) [I], S. 62.

9 Vgl. auch B. Sommer, S. 497ff., insbesondere S. 501.

Schaubild 14

Jugend- und Altersquotienten in Deutschland

1950 bis 1992; je 100 Personen im Alter zwischen 15 und 65 Jahren

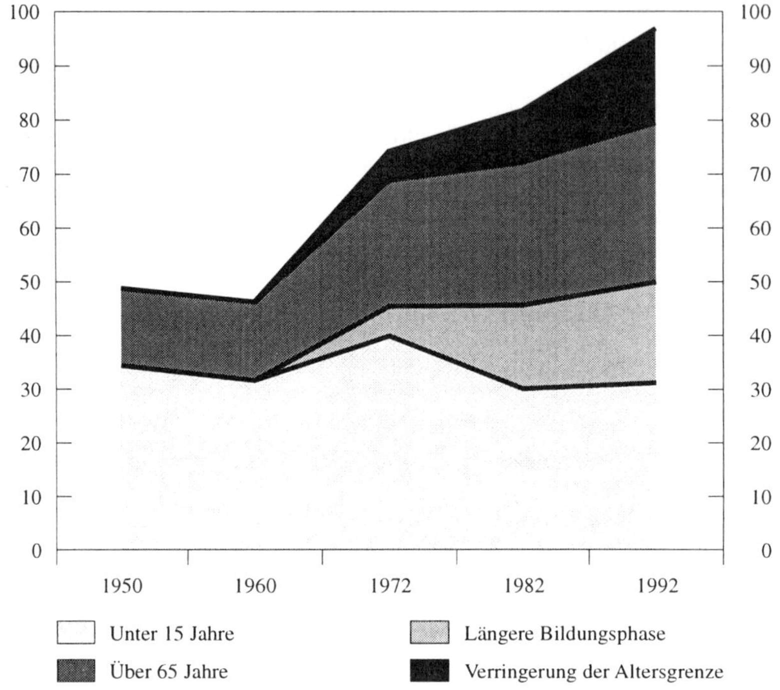

Eigene Berechnungen nach amtlichen Angaben.

fast 40 erhöht (vgl. Schaubild 14), um anschließend unter das Ausgangsniveau zurückzufallen (31). Gleichwohl ist die Beanspruchung der Erwerbsbevölkerung durch die Jugendbevölkerung und damit der Bedarf an Umverteilung von privaten und öffentlichen Mitteln nicht zurückgegangen – im Gegenteil: sie ist bis 1992 um die Hälfte auf fast 50 gestiegen, weil sich die Jugendlichen und Heranwachsenden zunehmend länger im Bildungssystem aufhielten[10].

Ein ähnliches Niveau erreichten mit 47,2 Personen die Altersbevölkerung (30,1) und die durch die Verringerung der Altersgrenzen nicht mehr im Erwerbsprozeß befindli-

10 Zur (groben) Abschätzung dieses Effekts wurde für die Stichjahre 1972, 1982 und 1992 jeweils ein Viertel, die Hälfte bzw. drei Viertel der nächsthöheren Altersgruppe der 15 bis unter 25 Jahre alten Personen herangezogen. Inwieweit damit eine Unter- oder Überschätzung verbunden ist, kann mangels umfassender empirisch-statistischer Grundlagen hier nicht abschließend beurteilt werden.

chen Personen im Alter zwischen 55 und 65 Jahren (17,1)[11]. 1950 betrug der Altersquotient erst 14, 1960 erst 15, 1972 aber schon 24 und 1982 reichlich 27[12]. Ebenso wie ein gutes Drittel der „Jugendlast" mit der Verlängerung der Bildungsphase nicht-demographischen Entwicklungen zu schulden ist, kann ein Drittel der zunehmenden „Alterslast" auf die politische Entscheidung einer Verringerung der Altersgrenzen in den sozialen Sicherungssystemen und der damit einhergehenden Verkürzung der Erwerbsphase zurückgeführt werden[13]. Anders ausgedrückt: ein Drittel der zunehmenden Beanspruchung der Erwerbsbevölkerung durch die Unterhaltung der jüngeren und älteren Mitbürger resultiert aus bildungs- und sozialpolitischen Entscheidungen in den vergangenen dreißig Jahren; allerdings sollte hierbei berücksichtigt werden, daß ein Verzicht auf eine längere Verweildauer im Bildungssystem und auf eine Senkung der Altersgrenzen im Rentenbereich u.U. die Ungleichgewichte am Arbeitsmarkt noch vergrößert hätte und insoweit die Erwerbsbevölkerung auch durch den Unterhalt ihrer dann arbeitslosen Mitglieder in Anspruch genommen worden wäre.

2.1.2. Einfluß der Zuwanderungen auf die Jugend- und Altenquotienten

Die Quotienten veränderten sich aufgrund der Immigration nicht unerheblich (vgl. Schaubild 15). Der Einfluß war indes in den ersten beiden Dekaden des Betrachtungszeitraum, als überwiegend deutsche Zuwanderer (Flüchtlinge, Vertriebene, Aussiedler und Übersiedler) in die Bundesrepublik kamen, geringer als seit Ende der sechziger Jahren bzw. dem Beginn der siebziger Jahren, als vor allem Ausländer zuwanderten. Der Hauptgrund dafür ist die sehr unterschiedliche Altersstruktur der immigrierenden Populationen: Deutsche Zuwanderer, insbesondere Vertriebene, wiesen eine ähnliche Struktur auf wie die ansässige Bevölkerung[14], während die Altersverteilung innerhalb der ausländischen Immigranten – wie erwähnt – durch erheblich höhere Anteile von jüngeren (Erwerbs-) Personen gekennzeichnet war[15]. Letzteres kommt

---

11 Analog zur Abschätzung des „Bildungseffekts" wurde zur Ermittlung des „Ruhestandseffekts" jeweils ein Viertel, die Hälfte bzw. drei Viertel der nächstniedrigen Altersgruppe der 55 bis unter 65 Jahre alten Personen („rentennahe" Jahrgänge) herangezogen.

12 Der starke Zuwachs ist neben der erhöhten Lebenserwartung, die im früheren Bundesgebiet seit 1960/62 bei Männern um 6,3 auf 73,1 Jahre (1991/93) und bei Frauen um 7,1 auf 79,5 Jahre stieg (vgl. Statistisches Bundesamt (Hrsg.) [III]), vor allem dadurch zu erklären, daß in dieser Phase insbesondere die geburtenstarken Jahrgänge um die Jahrhundertwende bis 1913 – dem Jahr vor Beginn des Ersten Weltkriegs im August 1914 – die Altersgrenze von 65 Jahren überschritten haben.

13 Allerdings hat sich dies bisher statistisch nur in einer Senkung des Rentenzugangsalters, (noch) nicht auch in einer generellen Verkürzung der durchschnittlichen Beitrags- oder Versicherungszeiten der Zugangsrenten in der gesetzlichen Rentenversicherung bemerkbar gemacht. Vielmehr stiegen diese beispielsweise bei Männern in der Arbeiterrentenversicherung zwischen 1960 und 1991 um 5,2 auf 31,6 Jahre (Beitragszeiten) bzw. um 2,6 auf 36,4 Jahre (Versicherungszeiten). Vgl. Verband Deutscher Rentenversicherungsträger (Hrsg.) [III], Rentenversicherung in Zeitreihen 1992. Frankfurt a.M. 1993, S. 68.

14 Dies gilt im übrigen nicht nur in bezug auf die Altersstruktur der Vertriebenen, sondern auch auf andere sozio-demographische und -ökonomische Merkmale.

15 Es verwundert nicht, daß sich bei politisch erzwungenen oder motivierten Zuwanderungen, wie denen aufgrund des Verlustes der deutschen Ostgebiete bzw. der deutschen Teilung, die Altersstruktur zwischen aufnehmender und immigrierender Bevölkerung kaum spürbar unterscheidet, während bei vornehmlich wirtschaftlich begründetem Zuzug vor allem jüngere Erwerbspersonen kommen. Vgl. auch die Erfahrungen in den Vereinigten Staaten und Kanada in Economic Council of Canada (Ed.), S. 5ff.

Schaubild 15

Jugend- und Altersquotienten in Deutschland mit und ohne Zuwanderung

1950 bis 1992; je 100 Personen im Alter zwischen 15 und 65 Jahren

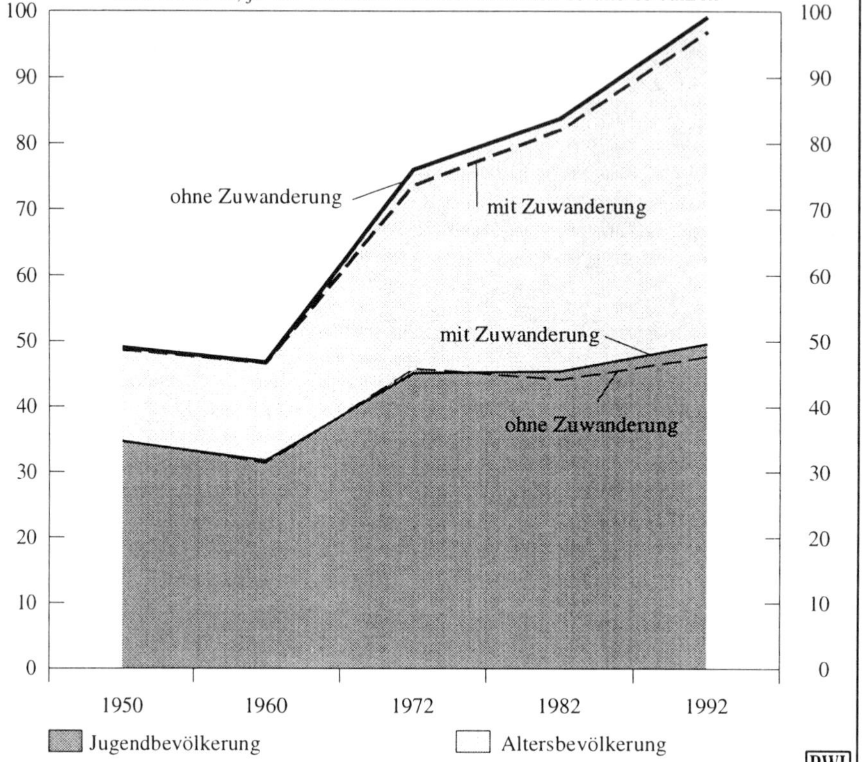

Eigene Berechnungen nach amtlichen Angaben.

zum einen dadurch zum Ausdruck, daß ohne Zuwanderung der Jugendquotient 1992 um 2 Personen niedriger (47,6) gelegen hätte, zum anderen dadurch, daß die entsprechende Altenrelation mit 51,6 um 4,4 höher ausgefallen wäre. Im Saldo ergab sich bis Anfang der neunziger Jahre eine Entlastung der Erwerbsbevölkerung um 2,4 jüngere und ältere Personen je 100 Personen der Erwerbsbevölkerung.

Mit Blick auf diese demographisch bedingte Entlastung der ökonomisch „aktiven" Bevölkerung zunächst durch zugewanderte Personen im mittleren und höheren Alter und auf die anschließende Entlastung durch jüngere Zuwanderer liegt die Frage nahe, inwieweit es dadurch zu einer Intensivierung oder auch Verringerung der interpersonellen Redistribution von Einkommen durch den Staat bei einem freilich insgesamt via Immigration gestiegenem Volkseinkommen gekommen ist. Die Frage stellt sich vor allem deshalb, weil – allgemein ausgedrückt – diese Kosten im Durchschnitt für

Schaubild 16

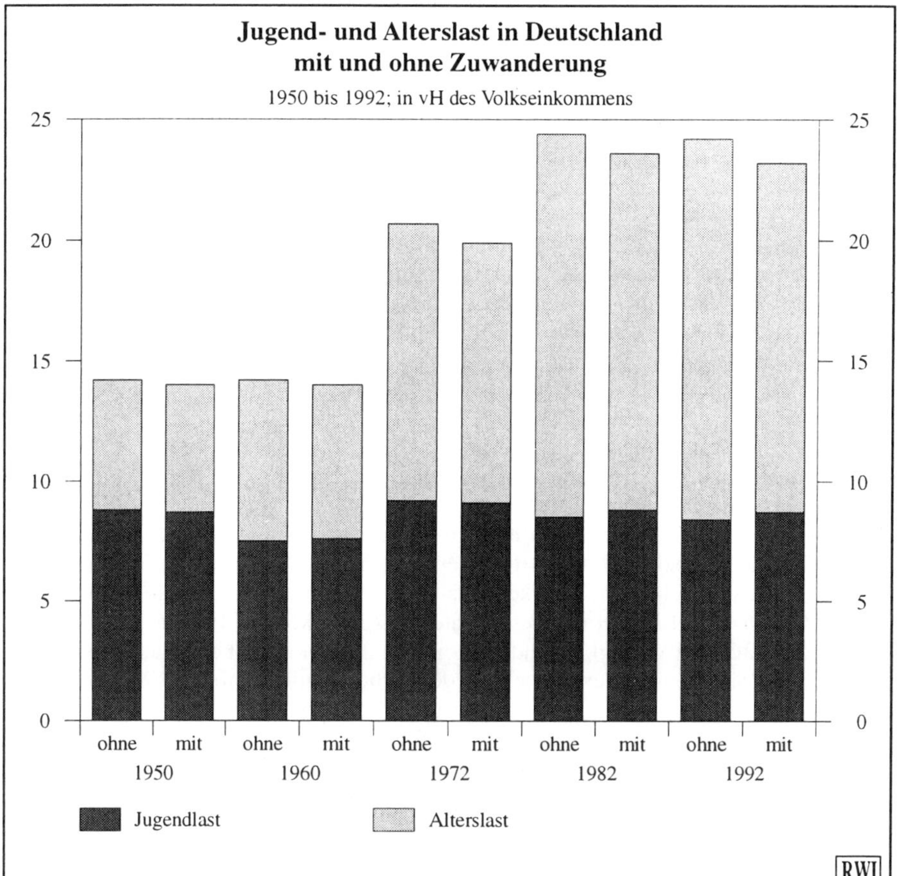

Eigene Berechnungen nach amtlichen Angaben.

Mitglieder der Jugendbevölkerung einerseits und für solche der Altersbevölkerung andererseits durchaus unterschiedlich ausfallen.

Nimmt man als Anhaltspunkte die Angaben der amtlichen Sozialstatistik zu den Ausgaben in den staatlichen Funktionen „Kinder und Jugendliche" einschließlich der öffentlichen Aufwendungen für den Vorschul- und Schulbereich bzw. für „Alter und Hinterbliebene" – jeweils in Relation zum nachgewiesenen Volkseinkommen –, rechnet die öffentlichen Ausgaben in Pro-Kopf-Werte für die Jugend- und Altersbevölkerung (mit Zuwanderung) um und ermittelt die Gesamtaufwendungen „ohne Zuwanderung" im Verhältnis zum (entsprechend niedrigeren[16]) Volkseinkommen, ergibt sich im Vergleich bei Immigration eine Entlastung der ansässigen Erwerbsbevölkerung in Höhe von 1 vH des Einkommens (vgl. Schaubild 16); z.B. für 1992 bedeutete dies eine

16 Hierbei sind konstante economies of scale unterstellt.

Größenordnung von reichlich 20 Mrd. DM, was das Ergebnis von 0,2 vH immigrationsbedingter Belastung durch den (relativ) höheren Aufwand für die Jugendbevölkerung und von 1,2 vH Entlastung durch eine vergleichsweise geringere Alterspopulation ist. So gesehen kam es aufgrund der Zuwanderungen der letzten 50 Jahre zu einer (relativen) Verringerung der interpersonellen Umverteilung zwischen Erwerbsbevölkerung sowie Jugend- und Altersbevölkerung durch den Staat; den jeweiligen allokativen und stabilisierungsspezifischen Erfordernissen konnte somit mehr Raum gegeben werden.

Von diesen (rein) demo-ökonomischen Effekten sind die gesamtwirtschaftlichen Wirkungen auf den Staatshaushalt zu unterscheiden, die sich schon kurzfristig bei den Gebietskörperschaften und den Sozialversicherungen durch Zuwanderungen ergeben. Exemplarisch wird im folgenden die Immigration seit 1988 untersucht.

2.1.3. Kurz- und mittelfristige Wirkungen auf den Staatshaushalt

Am Beispiel der jüngsten Zuwanderungswelle von 1988 bis 1995 mit reichlich 5,4 Mill. ausländischen und deutschen Immigranten[17], unter denen sich etwa zur Hälfte Erwerbspersonen befanden (2,7 Mill.), die ihrerseits – vorsichtig geschätzt – im Betrachtungszeitraum zu zwei Dritteln eine (sozialversicherungspflichtige) Beschäftigung gefunden haben (1,9 Mill., darunter 1,3 Mill. 1988 bis 1991)[18], kann gezeigt werden, inwieweit sich diese Bevölkerungs- und Arbeitsmarktentwicklung kurzfristig auf Ausgaben und Einnahmen des Staates ausgewirkt hat. Hierbei sind oft nur Einzelinformationen verfügbar, und es können meist nur grobe Schätzungen unter bestimmten Prämissen vorgenommen werden, schon weil die Informationsbasis nicht genügend nach ansässigen oder zuwandernden Ausländern und Deutschen differenziert ist oder kaum Informationen über die effektive Einnahmen- und Ausgabeninzidenz bei den Betrachtungseinheiten (Personen, private Haushalte) in einem bestimmten Zeitraum (Jahr, Jahrfünft usw.) vorliegen. So erscheinen die präsentierten Ergebnisse – wie bei derartigen Partialanalysen immer – als lückenhaft und unsystematisch; diese Vorbehalte müssen freilich mehr oder weniger alle interpersonellen Inzidenzanalysen gegen sich gelten lassen.

Bund, Länder und Gemeinden leisteten einerseits Starthilfen, wie Eingliederungshilfe für Aussiedler, und laufende Transfers, wie Kindergeld, Erziehungsgeld, Wohngeld oder Sozialhilfe, können aber andererseits mit zusätzlichen Einnahmen bei Einkommens- und Verbrauchssteuern rechnen. Etwa 1 Mrd. DM p.a. betragen derzeit rechnerisch[19] die steuerlichen Zusatzeinnahmen bei 100 000 zusätzlichen, zu Durchschnitts-

---

17 Einschließlich 0,9 Mill. Übersiedler aus den neuen Bundesländern, die nach Westdeutschland umzogen.

18 Weitere Erwerbspersonen dürften informelle Tätigkeiten in (sozialversicherungsfreien) „590-DM-Jobs" gefunden haben. Vgl. U. Engelen-Kefer u.a., S. 183ff. Nach neueren Angaben des Hauptverband des Deutschen Einzelhandels gibt es allein in diesem Tarifbereich seit Jahren rund 215 000 geringfügige Beschäftigungen. Vgl. o.V., 580-DM-Stellen diskriminieren Frauen nicht. „Handelsblatt", Ausgabe vom 15./16. Dezember 1995, S. 3.

19 Hier handelt es sich um eine grobe Durchschnittsberechnung pro Steuerfall bzw. privaten Haushalt ohne Berücksichtigung von gesamtwirtschaftlichen Multiplikator- und Akzeleratoreffekten. Vgl. zu letzteren das vierte Kapitel.

löhnen beschäftigten Arbeitnehmern, darunter jeweils etwa die Hälfte direkte und indirekte Steuern. Damit leisten die Zuwanderer nicht nur Finanzierungsbeiträge zu den von ihnen bezogenen Transfers[20], sondern beteiligen sich auch an der Finanzierung der von ihnen in Anspruch genommenen Infrastruktureinrichtungen etwa im Wohnungs-, Ausbildungs-, Verkehrs- und Gesundheitsbereich. Sie entlasten darüber hinaus die einheimische Bevölkerung von solchen staatlichen Kosten, die vom Zuzug und Aufenthalt der Zuwanderer weitgehend unabhängig sind[21]. Zu diesen „social overhead cost" zählen etwa die Aufwendungen für die Verteidigung, für Auswärtige Angelegenheiten und für den staatlichen Schuldendienst sowie – ganz aktuell – die Mittel für die deutsche Vereinigung. Mit anderen Worten: ohne Zuwanderung müßten die Einheimischen c.p. entsprechend mehr an Steuern und Abgaben für die genannten Bereiche aufbringen, die staatlichen Defizite und der staatliche Schuldenstand wären (noch) höher, oder es könnte nur ein geringeres Leistungsniveau bei den anderen als den angesprochenen staatlichen Aufgaben realisiert werden.

Auch die Haushalte der Sozialversicherungsträger wurden von der Migration in kurzer Frist beeinflußt, sobald die Migranten, wie im Falle der Aussiedler, z.B. Eingliederungsgeld nach dem Arbeitsförderungsgesetz erhielten oder als Arbeitnehmer tätig wurden und sozialversicherungspflichtige Entgelte bezogen, was – wie erwähnt – in einem Drittel aller Fälle zutraf (1,9 Mill. Beschäftigte). So bedeuteten 1995 z.B. 100 000 mehr sozialversicherungspflichtig Beschäftigte zusätzliche Beitragseinnahmen in Höhe von knapp 1,9 Mrd. DM (gesetzliche Rentenversicherung 0,9 Mrd. DM, gesetzliche Krankenversicherung 0,6 Mrd. DM, gesetzliche Pflegeversicherung 70 Mill. DM, Arbeitslosenversicherung 0,3 Mrd. DM)[22]. Freilich wurden mit den jeweiligen Sozialbeiträgen auch Ansprüche auf Leistungen etwa bei Arbeitslosigkeit, im Krankheits- und Pflegefall oder später bei Erreichen der Altersgrenze (Rentenanwartschaften) erworben.

Ein Schlaglicht auf das Verhältnis zwischen Rentenbeiträgen und Rentenzahlungen wirft ein Vergleich, nach dem Ausländer im Jahre 1989 einen Anteil von 12,8 Mrd. DM (7,8 vH) am Beitragsvolumen von 164 Mrd. DM (Arbeitgeber- und Arbeitnehmeranteil) und 3,7 Mrd. DM (1,9 vH) am Rentenvolumen von 193 Mrd. DM (incl. Krankenversicherung der Rentner) hatten[23]. Damit zahlte diese Gruppe etwa ihrem Bevölke-

---

20 Befinden sich unter den genannten 100 000 Beschäftigten z.B. 50 000 Kindergeld-Berechtigte mit zusammen 100 000 Kindern und 250 DM durchschnittlichem Auszahlungsbetrag je Kind und Monat, betragen die Kosten 300 Mill. DM p.a.; erhalten darunter 20 000 Familien Wohngeld mit einem Durchschnittsbetrag von 200 DM pro Monat, kommen 50 Mill. DM hinzu.

21 Vgl. W. Lamberts, S. 88ff.

22 Basis dieser Berechnungen sind die Angaben in Verband Deutscher Rentenversicherungsträger (Hrsg.) [I], S. 4.

23 Vgl. U. Rehfeld, Ausländische Arbeitnehmer und Rentner in der gesetzlichen Rentenversicherung. „Deutsche Rentenversicherung", Jg. 1991, S. 491. Dabei müssen die quantitativen Auswirkungen des Rückkehrförderungsgesetzes berücksichtigt werden. Danach wurden 135 000 Anträge auf Erstattung der Arbeitnehmerbeiträge zur gesetzlichen Rentenversicherung gestellt, von denen 120 000 bewilligt wurden. Von den Versicherungsträgern wurden rund 2,5 Mrd. DM an die Antragsteller ausgezahlt, so daß die Erstattungssumme pro Antragsteller rund 20 800 DM betrug (vgl. E. Hönekopp, S. 296f.). Unterstellt man einen durchschnittlichen Beitragssatz zur Rentenversicherung von 18 vH und ein durchschnittliches Bruttojahresentgelt der Ausländer, das 10 vH unter dem aller Versicherten lag, so entspricht der Auszahlungsbetrag je Antragsteller einer Monatsrente von 340 DM. Hätten alle

rungs- und Arbeitnehmeranteil (1990: 8 vH) entsprechend in die Sozialkassen, während sie daraus weit unterproportional Rentenzahlungen erhielt[24]. Der beträchtliche Unterschied resultiert zum einen aus den unterschiedlichen Ausländeranteilen in der Anwerbephase und am aktuellen Rand und zum anderen aus den im Vergleich zu den Deutschen um die Hälfte bis zwei Drittel[25] kürzeren Versicherungszeiten. Ausländische Arbeitnehmer traten in den fünfziger und sechziger Jahren in höherem Lebensalter als ihre deutschen Kollegen in den hiesigen Erwerbsprozeß ein. Die im Durchschnitt relativ geringe „Verweildauer" verwundert weiter nicht, wenn man berücksichtigt, daß den zwischen 1962 und 1989 insgesamt vorgenommenen 15,8 Mill. Zuzügen von Ausländern immerhin 12,1 Mill. Fortzüge gegenüberstehen. Die Emigranten nehmen indes Rentenanwartschaften mit; bis Anfang 1991 führten diese in nur knapp 6 vH der Fälle (690 000) zu Rentenzahlungen an Ausländer in ihren Heimatländern[26]. Diese Zahl hat bis Ende 1996 mit dem altersbedingten Ausscheiden der ersten Generation von ausländischen Arbeitnehmern aus dem Erwerbsprozeß auf 900 000 – darunter 530 000 Renten an Ausländer im EU-Ausland und 370 000 an Nicht-EU-Ausländer – zugenommen, der genannte Anteil ist indes annähernd konstant geblieben[27].

Zusammengenommen dürften die in den letzten sieben Jahren nach (West-) Deutschland zugewanderten Personen auf dem Wege über ihre Beteiligung an der inländischen Einkommensentstehung und -verwendung im Jahr 1995 vorsichtig gerechnet etwa 35 Mrd. DM an Steuern (15 Mrd. DM, jeweils die Hälfte direkte und indirekte Steuern) und Sozialversicherungsbeiträgen (20 Mrd. DM) aufgebracht haben[28]; zwei Drittel darunter entfallen auf deutsche Immigranten, ein Drittel auf ausländische. Gegenzurechnen sind die Aufwendungen des Staates für die Zuwanderer etwa in Gestalt von Starthilfen, von Eingliederungshilfe und Arbeitslosengeld, von Kindergeld und Wohngeld, von Sozialhilfe sowie von Altersrenten, um hier die wichtigsten Transferbereiche zu nennen. An Aussiedler sind 1995 reichlich 1 Mrd. DM Eingliederungshilfe geflos-

---

Antragsteller Anspruch auf eine entsprechende Rente, so wären 1995 zusätzliche Rentenzahlungen von 500 Mill. DM angefallen.

24 Zur gesetzlichen Krankenversicherung stellte der amtliche Bericht zur Ausländerbeschäftigung seinerzeit fest, daß in längerfristiger Betrachtung Beiträge von und Leistungen an Ausländer „nahezu ausgeglichen" sind, und daß „Ausländer die Krankenversicherung stärker in Anspruch nehmen als Deutsche"; (Mitteilungen der Beauftragten der Bundesregierung für die Integration der ausländischen Arbeitnehmer und ihrer Familienangehörigen. Bonn 1986, S. 27). Ob diese Feststellungen auch heute noch gültig sind, kann mangels aktuellerer Informationen nicht geprüft werden.

25 Vgl. U. Rehfeld, S. 486f. Abgeschwächt wird diese Determinante der Rentenanwartschaften durch die günstigeren Entgeltpositionen von ausländischen Arbeitnehmerinnen (S. 483ff.).

26 Vgl. U. Rehfeld, S. 489 (Tabelle 10, Spalte 9). Unter den genannten Fällen befinden sich 135 000 Rentenzahlungen an Italiener (20 vH) und 91 000 (13 vH) an Österreicher.

27 Vgl. Verband Deutscher Rentenversicherungsträger (Hrsg.) [IV], Mehr als 21 Millionen Renten Ende 1996 gezahlt. VDR Info. Nr. 3/97 vom 4. August 1997, S. 13. Hinzu kommen 500 000 Renten an ausländische Rentner mit dauerndem Aufenthalt im Inland.

28 Bei dieser Überschlagsrechnung wurden 1,3 Mill. sozialversicherungspflichtig und realistischerweise mit etwa einem Viertel unter den Durchschnittslöhnen liegenden Entgelten beschäftigte Zuwanderer der jüngsten Immigrationswelle von 1988 bis 1995 unterstellt; bei 1,8 Mill. sozialversicherungspflichtig beschäftigten Zuwanderern mit Durchschnittslöhnen betrüge der Gesamtbetrag 1995 reichlich 50 Mrd. DM.

Tabelle 19

Mehreinnahmen und -ausgaben des Staates durch deutsche und ausländische Zuwanderungen 1988 bis 1995

1995; in Mill. DM

Mehreinnahmen	Deutsche	Ausländer	Mehrausgaben	Deutsche	Ausländer
Steuern	10	5	Transfers	10,5	6,5
davon:					
direkte Steuern	5	2,5	darunter:		
indirekte Steuern	5	2,5	Eingliederungshilfen für Aussiedler	1	–
Sozialbeiträge	15	5	Arbeitslosigkeit von Aussiedlern	2	–
davon:			Leistungen an Ausländer (ohne Asylbewerber)	–	1
Rentenversicherung	7	3	... an Asylbewerber	–	5,5
Krankenversicherung (einschl. Pflegeversicherung)	5	1,5	Renten an Aussiedler	7	–
Arbeitslosenversicherung	3	0,5	Kinder- und Wohngeld	0,5	0,1
insgesamt	25	10	Staatsverbrauch	2	1
			insgesamt	12,5	7,5

Eigene Berechnungen und Schätzungen nach amtlichen Angaben. RWI ESSEN

sen, hinzu kommen knapp 2 Mrd. DM an Transfers bei Arbeitslosigkeit[29] und 7 Mrd. DM für Rentenzahlungen; an Ausländer ohne Asylbewerber dürften 1 Mrd. DM gezahlt worden sein, Asylbewerber erhielten 5,5 Mrd. DM in Form von laufendem Lebensunterhalt (einschl. der Ausgaben für die Unterbringung) nach dem Asylbewerberleistungsgesetz[30] (vgl. Tabelle 19). Hinzuzurechnen sind noch schätzungsweise 3 Mrd. DM Mehraufwendungen für den Staatsverbrauch bei den gruppenspezifischen öffentlichen Realtransfers[31]. Zusammen beliefen sich die genannten

29 Hier wurden ca. 130 000 arbeitslose Aussiedler – knapp 40 000 mehr als im Jahresdurchschnitt 1994 lt. Bundesanstalt für Arbeit (Hrsg.) [I], S. 108 – mit Bezug von Arbeitslosengeld oder -hilfe unterstellt; das sind 6 vH aller zwischen 1988 und 1995 immigrierten Aussiedler. In bezug auf die Ende 1992 beschäftigten Aussiedler sind es ein Drittel; vgl. A. Gieseck, U. Heilemann and H.D. von Loeffelholz [II], S. 695. Nach P. Heinacher und P. Thelen, Die meisten Aussiedler werden problemlos integriert. „Handelsblatt", Ausgabe vom 7. März 1996, S. 6, „wendet der Bund in diesem Jahr voraussichtlich 3,3 Mrd. DM für die Eingliederung der Aussiedler auf".

30 Im Jahr 1994 betrugen die Aufwendungen 5,4 Mrd. DM; vgl. Presse- und Informationsamt der Bundesregierung (Hrsg.) [VI], 52 Mrd. Mark Sozialhilfeausgaben im Jahr 1995. (Sozialpolitische Umschau, Nr. 37/1996.) Bonn 1996, S. 4.

31 Die Erhöhung des Staatsverbrauchs wurde nach Maßgabe des zuwanderungsbedingten Anstiegs der (westdeutschen) Bevölkerung (7 vH) unter Abzug eines Anteils von einem Drittel zur Berücksichtigung der (unveränderten) social overhead cost angesetzt. Von einer immigrationsbedingten Erhöhung der staatlichen Investitionen wurde im Betrachtungszeitraum abgesehen.

Aufwendungen 1995 auf etwa 20 Mrd. DM, so daß ein „Überschuß" für die staatlichen Finanzen in Höhe von insgesamt etwa 15 Mrd. DM verblieb; auf die deutschen Zuwanderer entfielen davon 12,5 Mrd. DM, auf die ausländischen 2,5 Mrd. DM[32]. Staatliche Mehreinnahmen bzw. Minderausgaben aufgrund von gesamtwirtschaftlichen Wirkungen der Zuwanderung können – anderes als in den Jahren von 1988 bis 1991 – vernachlässigt werden[33].

Es wird deutlich, daß die Beiträge der Zuwanderer zu den staatlichen Einnahmen, die Beanspruchung der Geld- und Realleistungen des Staates und die entsprechenden Salden je nach dem rechtlichen Status der Migranten als Deutsche (Aussiedler, Übersiedler) oder Nicht-Deutsche (Asylbewerber oder sonstige Ausländer) unterschiedlich ausfallen; dies gilt mutatis mutandis auch in bezug auf jeweilige Alters- und Familienstruktur oder auf die Erwerbsbeteiligung[34]. Gleichwohl gilt: je schneller die Zuwanderer in den Erwerbsprozeß sowie in Wirtschaft und Gesellschaft integriert werden können, um so günstiger stellt sich das Ergebnis für die öffentlichen Budgets dar[35]. So sind z. B. für die seit 1988 eingereisten 1,7 Mill. Asylbewerber (Anträge) bzw. für die schätzungsweise 1994 und 1995 noch in Deutschland befindlichen reichlich 1 Mill. Personen aus den öffentlichen Kassen – wie erwähnt – 1995 ca. 5,5 Mrd. DM

---

32 Für 1992 wurde der fiskalische „Gewinn" auf die gleiche Größenordnung (14 Mrd. DM) beziffert. Vgl. A. Gieseck, U. Heilemann and H.D. von Loeffelholz [II], S. 701. Allerdings sollte man berücksichtigen, daß sich die Struktur der Leistungsseite insofern wesentlich geändert hat, als die Leistungen an Übersiedler und die an Asylberwerber anteilmäßig abgenommen und die an Aussiedler – insbesondere Leistungen zur Alterssicherung – zugenommen haben.

33 Vgl. viertes Kapitel, Abschnitt 1.2.

34 Vgl. auch D. Vogel, Zuwanderung und Sozialstaat. Fiskalische Effekte der Zuwanderung, ihre Messung und Interpretation. Frankfurt a.M. 1996, S. 55ff., R. Ulrich, The Impact of Foreigners on the Public Purse. In: S. Spencer (Ed.), Immigration as an Economic Asset. Stoke-on-Trent 1994, S. 65ff., R. Ulrich, Der Einfluß der Zuwanderung auf die staatlichen Einnahmen und Ausgaben in Deutschland. „Acta Demographica", Heidelberg, vol. 12 (1992), S. 189ff., und T. Straubhaar and R. Weber, On the Economics of Immigration: Some Empirical Evidence for Switzerland. „Internationale Review of Applied Economics", Oxford, vol. 8 (1994), no. 2, S. 107ff.

35 Zu den volkswirtschaftlichen und politischen Kosten der Nichtintegration von ausländischen Immigranten in das Bildungs- und Ausbildungssystem und den Arbeitsmarkt in der Bundesrepublik vgl. Rheinisch-Westfälisches Institut für Wirtschaftsforschung und Institut für Politikwissenschaft der Universität Münster (Hrsg.), S. 62ff. Nach dieser Analyse verursachen die bildungs- und arbeitsmarktspezifischen Integrationsdefizite volkswirtschaftliche Kosten, die bei zurückhaltender Berechnung auf 50 bis 80 Mrd. DM für Westdeutschland und auf 10 bis 20 Mrd. DM für Nordrhein-Westfalen veranschlagt werden können. Dies bedeutet bundesweit entgangene Steuern und Sozialbeiträge in Höhe von 20 bis 35 Mrd. bzw. 4 bis 10 Mrd. DM. Dem Landeshaushalt entgehen dadurch mindestens 1,5 Mrd. DM, den kommunalen Haushalten in Nordrhein-Westfalen 500 Mill. DM. Die mit der Integration insbesondere in das Bildungssystem und den Arbeitsmarkt verbundenen öffentlichen Aufwendungen und die an die nun stärker integrierten Ausländer zusätzlich fließenden staatlichen Geld- und Realleistungen könnten etwa zwei Drittel der zusätzlichen Einnahmen der öffentlichen Hände erreichen (13 bis 23 Mrd. DM in Westdeutschland und 2,5 bis 7 Mrd. DM in Nordrhein-Westfalen), so daß ein fiskalischer „Integrationsgewinn" bzw. – anders gewendet – ein fiskalischer Verlust bei Nichtintegration von Ausländern in Höhe von 7 bis 12 Mrd. DM (alte Bundesländer) bzw. etwa 1,5 bis 3 Mrd. DM (Nordrhein-Westfalen, darunter etwa die Hälfte für den Landeshaushalt und die kommunalen Budgets) verbliebe.

Tabelle 20

Zuwanderungsbedingte Mehreinahmen und -ausgaben nach Haushaltsebenen[1]

1995; in Mrd. DM

	Einnahmen	Ausgaben	Saldo
Bund	7,5	1	6,5
Länder	5,5	6,5	–1
Gemeinden	2	1	1
Sozialversicherung	20	11	9
davon:			
Rentenversicherung	10	7	3
Krankenversicherung (einschl. Pflegeversicherung)	6,5	1	5,5
Arbeitslosenversicherung	3,5	4	–0,5

Eigene Berechnungen auf der Basis der Tabelle 19. – [1]Zuordnung nach der gegebenen Steuer- und Abgabenverteilung bzw. dem vorrangigen Kostenträger. RWI ESSEN

aufgewendet worden[36]. Inwieweit diesen Aufwendungen staatliche Steuer- und Beitragseinnahmen gegenüberstanden[37], ist schwierig abzuschätzen, da kaum aktuelle Informationen über die Erwerbsbeteiligung vorliegen. Aber schon wenn etwa 300 000 Personen eine um ein Drittel unter dem Durchschnitt entlohnte sozialversicherungspflichtige Beschäftigung ausüben[38], wäre der Saldo zwischen Aufwendungen für die genannte Bevölkerungsgruppe und den entsprechenden Einnahmen der öffentlichen Hand ausgeglichen.

Die Haushaltswirkungen waren nicht nur einzelne Immigrantenkohorten und Jahre unterschiedlich, sondern auch für die einzelnen Gebietskörperschaften und Sozialversicherungsträger (vgl. Tabelle 20). So stellte sich der Saldo zwischen (zusätzlichen) staatlichen Einnahmen und Ausgaben aufgrund der unterschiedlichen Aufgaben- und Steuer- bzw. Beitragsverteilung für den Bund und – mit Inkrafttreten des Asylbewerberleistungsgesetzes 1994, mit dem die Kosten des Unterhalts der Asylbewerber von

36 Es wurde davon ausgegangen, daß 1995 im Jahresdurchschnitt 1 Mill. Personen zu unterhalten waren. Die Sozialminister der Bundesländer gingen noch 1991 davon aus, daß für einen Asylbewerber – alle Leistungen eingerechnet – monatlich etwa 1 000 bis 1 200 DM aufgewendet werden müssen. Vgl. P. Heinacher, Wir stehen mit dem Rücken zur Wand. „Handelsblatt“, Ausgabe vom 25./26. Oktober 1991, S.13. Inzwischen dürften die Durchschnittsbeträge nicht zuletzt nach dem Inkrafttreten des sog. Asylbewerberleistungsgesetzes dadurch auf die Hälfte reduziert worden sein, daß der Lebensunterhalt nicht mehr vorrangig durch Geld-, sondern durch Sachleistungen sichergestellt wird, die gegenüber den Sozialhilfeleistungen deutlich abgesenkt sind und einen Mindestunterhalt darstellen. Vgl. Bundesministerium für Arbeit und Sozialordnung (Hrsg.) [II], Übersicht über das Sozialrecht. 3. Auflage. Stand 1. Juli 1994. Bonn 1994, S. 649ff.

37 Diesen Aufwendungen standen bis Mitte 1991 wegen des Arbeitsverbots für Asylbewerber fast nur Einnahmen aus den allgemeinen und speziellen Verbrauchssteuern gegenüber (ca. 750 Mill. DM).

38 Wie erwähnt dürften weitere Erwerbspersonen informelle Tätigkeiten in „590-DM-Jobs“ gefunden haben.

den Gemeinden i.a. auf die Länder verlagert wurden[39] – auch für die Gemeinden sowie für die Sozialversicherungen insgesamt günstiger dar als für die Länder und – im Bereich der Sozialversicherung – als für die Arbeitslosenversicherung; z.B. vereinnahmt der Bund zusätzliche Steuern, hat aber als Hauptanbieter von kollektiven Staatsleistungen, deren Kosten – wie erwähnt – vom Zuzug und vom Aufenthalt von Zuwanderern weitgehend unabhängig sind, nicht entsprechende zusätzliche Aufwendungen. Auch für die Sozialversicherungsträger gilt zumindest kurzfristig vergleichbares.

Umgekehrt verhielt es sich vor dem Inkrafttreten des Asylbewerberleistungsgesetzes (bis 1993) bei den Gemeinden, die als Instanz der täglichen Daseinsvorsorge gerade auch von Zuwanderern besonders in Anspruch genommen wurden, die aber kaum zusätzliche steuerliche Einnahmen aus der Beteiligung der Immigranten an der Einkommensentstehung und -verwendung „vor Ort" buchen konnten. Dies gilt insbesondere für hochverdichtete Regionen und Ballungsgebiete mit günstiger Wirtschaftsstruktur, in denen sich die Zuwanderer nicht zuletzt wegen der dort relativ guten Arbeitsmarktchancen bevorzugt niederließen[40]. Sie trugen dort nicht zuletzt mit zur Anspannung auf den regionalen Wohnungsmärkten bei; dieser Effekt sollte indes nicht überbewertet werden. Die Ursachen für die Anspannung vor allem bis 1994 sind vielfältig; ein Grund war etwa die erhöhte Wohnungsnachfrage der heimischen Bevölkerung aufgrund von Einkommenssteigerungen in den achtziger Jahren – so stieg die durchschnittliche Wohnfläche pro Person von 25 m^2 Mitte der siebziger Jahre auf 33 m^2 (1993) –, ein anderer die in dieser Zeit – nicht zuletzt wegen seit 1974 (bis 1987) anhaltenden Bevölkerungsrückgangs – sehr verhaltene Neubautätigkeit; letztere war insgesamt nur etwas mehr als halb und beim Sozialen Wohnungsbau noch weniger stark ausgeprägt als in den Jahren von 1970 bis 1980, so daß Ende 1990 (rechnerisch) 2 Mill. Wohnungen fehlten. Schließlich ist von Bedeutung, daß z.B. die Anzahl der Einpersonen-Haushalte („Singles") im früheren Bundesgebiet in den letzten eineinhalb Jahrzehnten um mehr als ein Drittel auf 10,4 Mill. gestiegen ist; fast die Hälfte aller privaten Haushalte in den westdeutschen Großstädten bestand 1993 nur noch aus einer Person[41]. Dies macht die Wohnungssuche nicht nur für Zuwanderer, sondern auch für ansässige jüngere Familien mit Kindern schwierig und treibt die Mieten, aber auch die Ausgaben des Staates z.B. für das Wohngeld, nach oben.

---

39 Die Landesregierungen bestimmten die für die Durchführung des Gesetzes zuständigen Behörden (Bezirke, Landkreise, kreisfreie Städte). Vgl. im einzelnen dazu Bundesministerium für Arbeit und Sozialordnung (Hrsg.) [II], S. 658ff.

40 Nach Informationen der Bundesforschungsanstalt für Landesplanung und Raumordnung betrug der Anteil der Ausländer an den Einwohnern („Ausländerquote") in den Verdichtungsräumen mit günstiger Struktur 1989 10,9 vH, in den Verdichtungsräumen mit ungünstiger Struktur („altindustrialisierte Gebiete") 8,2 vH, in Regionen mit Verdichtungsansätzen 5,6 vH und in ländlichen Regionen 4,3 vH; der Durchschnitt lag bei 8,1 vH.

41 Während zu Beginn der achtziger Jahre erst knapp 40 vH aller Privathaushalte in Städten mit 200 000 und mehr Einwohnern „Singles" waren, stieg dieser Anteil bis 1993 auf fast 45 vH. Bei Städten mit 500 000 und mehr Einwohnern lauten die Vergleichswerte 42 vH und 46 vH; in Städten mit mehr als 1 Mill. Einwohnern übersteigt der Anteil 50 vH. Vgl. Statistisches Bundesamt (Hrsg.) [V], Haushalte und Familien 1993. (Fachserie 1: Bevölkerung und Erwerbstätigkeit, Reihe 3.) Stuttgart 1995, S. 228ff.

2.1.4. Aktuelle Zuwanderung und Infrastruktur im Bildungsbereich

Die Zuwanderung schlägt sich insbesondere auf die sog. gruppenspezifischen (Sach-) Leistungen (Realtransfers) des Bildungs- und Gesundheitsbereichs bzw. der Gesetzlichen Krankenversicherung nieder. In den Grund-, Haupt- und Realschulen dürfte die Anzahl der Schüler seit Beginn der aktuellen Zuwanderung im Jahr 1988 um etwa 750 000 Personen im bildungsrelevanten Alter (zwischen 6 und 18 Jahren; ohne Asylbewerber in diesem Alter) bzw. um ca. 10 vH gestiegen sein[42]. Dies führte im allgemeinen kurzfristig zwar kaum zu zusätzlichen Ausgaben der öffentlichen Hand, aber zu einer vermehrten Anzahl von Schülern je Lehrer und eventuell zu verstärkten Disproportionalitäten in der Leistungsstruktur der Schulklassen mit geringerem Lernerfolg für einheimische Schüler. Die Schüler-Lehrer-Relation an Grund-, Haupt- und Realschulen in Westdeutschland dürfte zuwanderungsbedingt um durchschnittlich 2 auf rund 19 Schüler je Lehrer gestiegen sein und damit (wieder) das Niveau von Anfang der achtziger Jahre erreicht haben. Längerfristig dürften die staatlichen Ausgaben für das Bildungssystem tendenziell steigen bzw. sich weniger vermindern können, als es nach Maßgabe des demographischen Rückgangs der einheimischen Bevölkerung in den nächsten Jahren und Jahrzehnten möglich wäre. Freilich gehört in diesen Zusammenhang auch der Hinweis auf den beträchtlichen „Zufluß an Humankapital“ in Gestalt schon mehr oder weniger ausgebildeter Arbeitskräfte unter den Zuwanderern, die sich u.a. auf dem Wege über die Zahlung von Steuern und Abgaben an der Finanzierung der Ausbildungskosten für ihre Kinder beteiligen.

Was die schulische und berufliche Ausbildungssituation ausländischer Jugendlicher, d.h. der Kinder und Enkel der Zuwanderer der sechziger und siebziger Jahre, und damit den Stand und das Ergebnis der Inanspruchnahme dieses Infrastrukturbereichs durch Immigranten angeht, hat sich die Situation in den letzten zehn Jahren zwar wesentlich verbessert; gleichwohl besteht weiterhin eine erhebliche Diskrepanz zur Ausbildungssituation deutscher Jugendlicher, vor allem bei der gymnasialen, universitären und beruflichen Ausbildung[43]. Problematisch erscheint insbesondere der hohe Anteil ausländischer Hauptschüler: reichlich jeder vierte ausländische Schüler besucht die Hauptschule, dagegen nur knapp jeder achte deutsche. Der ungünstige Eindruck wird durch den hohen Anteil ausländischer Schulabgänger ohne Hauptschulabschluß verstärkt (1993 immerhin 17 vH gegenüber 7 vH bei den deutschen Schulabgängern). Diesen Jugendlichen ist eine berufliche Qualifikation weitgehend versperrt, da in einer zunehmenden Zahl von Lehrberufen bereits ein höherwertiger Schulabschluß vorausgesetzt wird.

---

42 Die Bevölkerung im Alter von 6 bis unter 18 Jahren ist im früheren Bundesgebiet im Betrachtungszeitraum von 7,6 Mill. Personen (1987 Deutsche und Ausländer) auf 8,4 Mill. (1994) bzw. um knapp 11 vH bestiegen. Vgl. Bundesministerium für Bildung, Wissenschaft, Forschung und Technologie (Hrsg.) [I], S. 352ff.

43 Vgl. die Details in Rheinisch-Westfälisches Institut für Wirtschaftsforschung und Institut für Politikwissenschaft der Universität Münster (Hrsg.), S. 47ff., sowie Antwort der Bundesregierung auf die Große Anfrage der Abgeordneten Cem Özdemir u.a. der Fraktion BÜNDNIS 90/DIE GRÜNEN, S. 37ff.

Die vergleichsweise schlechtere schulische Ausbildung der Zuwandererkinder und -enkel zeigt sich auch an den Gymnasien: Hier befinden sich relativ wenige Ausländer der „zweiten und dritten" Generation (6 vH), und nur zwei Drittel darunter erreichen das Abitur gegenüber vier Fünfteln der deutschen Gymnasiasten. Als Ursachen kommen u.a. das unzureichende Angebot an Kindergartenplätzen als wichtige Voraussetzung für eine gute schulische Integration, aber auch das soziostrukturelle – insbesondere das eher bildungsferne – Umfeld in Betracht[44]. Die unzureichende schulische Bildung findet ihre Fortsetzung in der geringen Zahl ausländischer Studenten und Hochschulabsolventen. Z.B. stellen sie in Nordrhein-Westfalen gerade 7 vH aller Studenten bei einem Bevölkerungsanteil von etwa 16 vH an allen 18 bis 30jährigen, und unter den Hochschulabsolventen sind nur 3,5 vH Ausländer.

Auch bei den ausländischen Auszubildenden zeigt eine Untersuchung der entsprechenden Bildungsbeteiligung (Anteil der Auszubildenden an der gesamten gleichaltrigen Wohnbevölkerung) einerseits sowie eine Aufgliederung nach Berufsgruppen andererseits nach wie vor erhebliche Defizite: Die Beteiligung der ausländischen Jugendlichen hat sich zwischen 1985 und 1995 zwar spürbar verbessert – sie stieg von 24 vH auf 43 vH –, die der deutschen Jugendlichen nahm indes von 73 vH auf knapp 80 vH zu[45]; damit ist die Beteiligung der ausländischen Jugendlichen immer noch erst halb so hoch wie die der deutschen. Als wesentliche Gründe werden ein traditionelles Rollenverständnis und hergebrachte Verhaltensmuster – insbesondere bei Mädchen –, unzureichende Kenntnisse über die Möglichkeiten einer qualifizierten Berufsausbildung, unzureichende schulische und sprachliche Voraussetzungen sowie der Wunsch bzw. die Notwendigkeit angeführt, „möglichst bald bares Geld zu verdienen"[46].

Ausländische Auszubildende – wie auch die ausländischen Arbeitnehmer insgesamt – sind (weiterhin) besonders stark in Bereichen vertreten, die für deutsche Jugendliche unattraktiv geworden sind. Dies betrifft vor allem Berufe in Sektoren mit strukturellen Nachteilen (Bergbau) und Berufe, die mit schweren körperlichen Anstrengungen verbunden sind (Hüttenwerke, Gießereien). Insgesamt sind ausländische Auszubildende in den Fertigungsberufen überproportional, in den technischen und den meisten Dienstleistungsberufen bei weitem unterproportional repräsentiert. Dies gilt insbesondere für die Bereiche Bank-, Sparkassen- und Versicherungskaufleute und Unternehmensberatung und -prüfung; auch in die Ausbildungsbereiche des öffentlichen Dienstes werden Ausländer kaum aufgenommen[47]. Die Gründe für die relative Konzentration der ausländischen Auszubildenden auf Berufe im sekundären Arbeitsmarktsegment – niedrige Bezahlung, hohes Arbeitsplatzrisiko und vergleichsweise schlechte

44 Vgl. D. Thränhardt [I], S. 181ff.

45 Vgl. Antwort der Bundesregierung auf die Große Anfrage der Abgeordneten Cem Özdemir u.a. der Fraktion BÜNDNIS 90/DIE GRÜNEN, S. 39.

46 Antwort der Bundesregierung auf die Große Anfrage der Abgeordneten Cem Özdemir u.a. der Fraktion BÜNDNIS 90/DIE GRÜNEN, S. 40. Daraus wird der Schluß gezogen: „Letztlich wird hier derselbe kausale Zusammenhang wie im allgemeinen Bildungsbereich sichtbar: unzureichende Integration bewirkt verminderte Bildungs- und Ausbildungschancen und umgekehrt" (S. 40).

47 Die Quote ausländischer Auszubildenden im öffentlichen Dienst beträgt nur ca. 3 vH (1994); vgl. Antwort der Bundesregierung auf die Große Anfrage der Abgeordneten Cem Özdemir u.a. der Fraktion BÜNDNIS 90/DIE GRÜNEN, S. 40.

Arbeitsbedingungen – dürften in der schlechteren schulischen Leistung, aber auch in mangelnder Kundenakzeptanz in den kundennäheren Bereichen nicht zuletzt aufgrund oft unzureichender Sprachkenntnisse liegen. Im Bereich des öffentlichen Dienstes, insbesondere für eine Beamtenausbildung, fehlen bei Nicht-EU-Bürgern oft die rechtlichen Voraussetzungen.

Eine Integration im Sinne einer weitgehenden sektoralen und beruflichen Angleichung ist ohne spezielle Förderung erst in sehr langer Frist zu erwarten. Ausländische Zuwanderer laufen somit wie gezeigt Gefahr, den Arbeitsmarktanforderungen des Strukturwandels in der Wirtschaft nur bedingt zu entsprechen und als Beschäftigte in Sektoren, Regionen und Tätigkeiten mit hohen Beschäftigungsrisiken weiterhin besonders häufig von Arbeitslosigkeit betroffen zu werden. Der Abbau dieser Defizite und damit ein um 1 bis 2 vH höherer Beitrag der Ausländer zur volkswirtschaftlichen Wertschöpfung könnte einen „Gewinn" in der Größenordnung von jährlich 50 Mrd. DM bzw. von 600 DM je Einwohner bedeuten[48].

2.1.5. Fiskalische Bedeutung der Ausländer

Bezieht man alle 1995 in Deutschland lebenden reichlich 7 Mill. Ausländer mit in die Betrachtung ein, so zeigen aktuelle Untersuchungen, welche Bedeutung diese Immigranten für die öffentlichen Finanzen haben. Z.Zt. bringen sie im Ausmaß ihres Bevölkerungs- und Erwerbspersonenanteils (8 vH) auch Steuern und Beiträge auf, was rund 100 Mrd. DM entspricht. Davon entfallen auf die direkten und indirekten Steuern jeweils 30 Mrd. DM und auf die Sozialversicherungsbeiträge reichlich 40 Mrd. DM; die Hälfte davon geht an die Rentenversicherung, 13 Mrd. DM an die Krankenversicherung, 6 Mrd. DM an die Arbeitslosenversicherung und 1 Mrd. DM an die Pflegeversicherung[49].

Der überdurchschnittlichen Beanspruchung des Familienleistungsausgleich (1995 schätzungsweise reichlich 2 Mrd. DM) und der Leistungen der Arbeitslosenversicherung (ca. 10 Mrd. DM) sowie – vor allem durch die Asylbewerber aus den Bürgerkriegsgebieten im ehemaligen Jugoslawien und aus Rumänien – der staatlichen Fürsorgeleistungen (5,5 Mrd. DM) steht eine unterdurchschnittliche Inanspruchnahme der Rentenversicherung (etwa 8 Mrd. DM) und anderer Geldleistungen des Staates (z.B. Wohngeld, Eigentumsförderung) gegenüber. Im Bereich der Gesetzlichen Krankenversicherung dürften die Entlastungen durch das um etwa 10 Jahre niedrigere Durchschnittsalter der Ausländer insgesamt die Belastungen durch einen höheren Krankenstand der ausländischen Arbeitnehmer als Folge u.a. der besonderen sektor-

---

48 Vgl. Rheinisch-Westfälisches Institut für Wirtschaftsforschung und Institut für Politikwissenschaft der Universität Münster (Hrsg.), S. 62f.

49 Vgl. U. Heilemann und H.D. von Loeffelholz, Zur kurz- und langfristigen Bedeutung der Ausländer in Deutschland für den Arbeitsmarkt, die öffentlichen Kassen und die Sozialversicherungen. Essen 1996, unveröffentlichtes Manuskript.

und berufsspezifischen Anforderungen überwiegen[50]. Höhere Kosten als Beitragseinnahmen entstehen freilich bei Asylbewerbern und Flüchtlingen.

Die ausländische Bevölkerung nimmt im Saldo staatliche Leistungen eher weniger in Anspruch als die deutsche[51]; dies gilt wie dargelegt insbesondere für das Bildungssystem. Damit „spart“ der Staat erhebliche Kosten, die sich zusammen auf 2,5 Mrd. DM pro Jahr belaufen[52]. Sie kommen zu den Einsparungen an Ausbildungskosten hinzu, die Deutschland durch die Zuwanderung von ausgebildeten Arbeitskräften „spart“. Allerdings führt der auch längerfristig niedrigere Ausbildungsstand – wie ausgeführt – zu überproportionaler Betroffenheit von Arbeitslosigkeit und zu erhöhter Beanspruchung der entsprechenden Sozialleistungen.

Insgesamt bleibt ein Überschuß in der Größenordnung von 20 bis 35 Mrd. DM p.a.[53]; er kann dazu verwendet werden, aktuelle Belastungen für die deutsche Bevölkerung, z.B. im Bereich der Rentenversicherung oder auch durch die Finanzierung der deutschen Einheit, abzumildern. Gäbe es die Ausländer in Deutschland nicht, wären z.B. die Belastungen etwa aus der Finanzierung der deutschen Einheit rein rechnerisch für jeden Deutschen im Schnitt um 8 vH höher; pro Person entspricht dies ca. 300 DM

---

50 Was die Zuwanderung seit 1988 betrifft, ist davon auszugehen, daß im Zuge der Erwerbstätigkeit der Migranten nicht nur die entsprechenden Beitragseinnahmen, wie erwähnt, zugenommen haben – um ca. 8 Mrd. DM –, sondern daß auch die Ausgaben für Leistungen an Zuwanderer im Krankheitsfall gestiegen sind. Welche Kosten in diesem Bereich in den letzten Jahren zusätzlich angefallen sind, ist aus Mangel an entsprechenden Informationen nur ganz grob abzuschätzen. Immerhin ist in Rechnung zu stellen, daß die Zuwanderer bisher im Durchschnitt 10 Jahre jünger sind als die einheimische Bevölkerung; die zusätzlichen Ausgaben der GKV dürften sich im Zuge des Zustroms von Migranten mit vielleicht 3 bis 5 Mrd. DM im Jahr aber auf einige Milliarden DM weniger belaufen haben, als die Krankenversicherung durch die Zuwanderung an zusätzlichen Einnahmen buchen konnte. Der Überschuß der (zusätzlichen) Einnahmen über die (zusätzlichen) Ausgaben dient vor allem auch dazu, die Ausgaben der GKV für die ansässige Altersbevölkerung als der Teil der Bevölkerung, der die Krankheitsleistungen naturgemäß am stärksten beansprucht, mitzufinanzieren. Dadurch wird tendenziell die ansässige jüngere Bevölkerung von der Finanzierung von Krankheitskosten für die ältere Generation entlastet. Auf der Basis von Informationen zum Ausgabenprofil der Gesetzlichen Krankenversicherung nach Alter und Geschlecht in S. Dudey, Vorausschätzung der Kostenentwicklung in der GKV – unter Berücksichtigung des demographischen Wandels für Gesamtdeutschland bis zum Jahre 2030 – aufbauend auf Kranken- und Rentenversicherungsdaten. In: Enquete-Kommission „Demographischer Wandel“ des Deutschen Bundestags (Hrsg.), Herausforderungen unserer älter werdenden Gesellschaft an den einzelnen und an die Politik. Studienprogramm. Band 1, Heidelberg 1996, S. 279ff., insbesondere S. 291, ergeben eigene Berechnungen, daß 1994 die Hälfte aller Krankenversicherungsausgaben an Mitglieder und Mitversicherte gegangen sein dürfte, die 55 Jahre und älter sind; diese Altersgruppe macht knapp 30 vH der (versicherten) Bevölkerung aus.

51 Vgl. auch die entsprechenden Erfahrungen für die Vereinigten Staaten, Kanada, Großbritannien, Israel und Australien, über die von J.L. Simon [I], S. 105ff., berichtet wird.

52 Vgl. Rheinisch-Westfälisches Institut für Wirtschaftsforschung und Institut für Politikwissenschaft der Universität Münster (Hrsg.), S. 75.

53 Dieser Saldo entspricht im Ergebnis dem in Abschnitt 2.1.2. für 1992 dargestellten Nettoeffekt von 1 vH des Volkseinkommens bzw. reichlich 20 Mrd. DM aus der zuwanderungsbedingten Entlastung der ansässigen Bevölkerung durch den geringeren Aufwand für die Altersbevölkerung und der höheren Belastung durch eine größere Jugendbevölkerung.

p.a., darunter macht der Solidäritätszuschlag zur Einkommens- und Körperschaftsteuer rund 30 DM aus[54].

2.2. Zukünftige Zuwanderung

Im folgenden wird zunächst der Verlauf der Jugend- und Altenquotienten bis 2030 in Abhängigkeit von den zukünftigen Zuwanderungen vorgestellt. Anschließend werden finanzwirtschaftliche Implikationen aufgezeigt, insbesondere die Be- und Entlastungen für die öffentlichen Finanzen und die Kosten und Gewinne für die Volkswirtschaft skizziert, die aus einer verstärkten Integration der seit längerem zugewanderten und schon Jahre in Deutschland lebenden Immigranten resultieren[55].

2.2.1. Jugend- und Altenquotienten bis 2030

Im zweiten Kapitel wurde dargestellt, daß die Bevölkerung in Deutschland im Szenario I („ohne Zuwanderungen") von 81,5 Mill. (1995) auf 67 Mill. (2030) abnimmt (18 vH). Weniger kraß ist die demographische Kontraktion im Szenario II („Zuwanderung 150 000 Personen p.a.") mit 8,6 vH auf 74,5 Mill. Einwohner; doch selbst in Szenario III („Zuwanderung 300 000 Personen p.a.") geht die Bevölkerungszahl noch zurück – auf 78,6 Mill. Personen bzw. um 3,6 vH

Mit Blick auf die spürbare Zunahme der Lebenserwartung sowie die aktuellen rentenpolitischen Bestrebungen, die Altersgrenzen hinauszuschieben, um die Beitragszahler (Arbeitnehmer und Arbeitgeber) durch erhöhte Beitragseinnahmen auf der einen Seite und verringerte Aufwendungen auf der anderen zu entlasten[56], ist es wenig überzeugend, bei der Berechnung von zukünftigen Alten- und Jugendquotienten von einer starren Altersgrenze von 60 Jahren auszugehen. Deshalb wurden diese Quotienten so berechnet, daß die Altersgrenze zwischen dem Jahr 2000 und 2005 sukzessive von 60 auf 65 Jahre heraufgesetzt wurde. Damit ergeben sich je nach Zuwanderungsszenario von 1995 bis 2030 nur recht mäßige Erhöhungen der Alten- bzw. Abnahmen der Jugendquotienten. Erstere steigen um zwischen 10,2 Personen je 100 Erwerbspersonen auf 47,4 in Szenario I und um 5,6 Personen auf 42,8 in Szenario III. In etwa der gleichen Größenordnung gehen die Jugendquotienten zurück, so daß sich der Gesamtquotient bis zum Ende des Untersuchungshorizonts ohne Zuwanderung nur um

54 Grundlage der Abschätzung ist die Analyse der Kosten der deutschen Vereinigung durch U. Heilemann und H. Rappen, Was kostet uns die Einheit. „Hamburger Jahrbuch für Wirtschafts- und Gesellschaftspolitik", Tübingen, Jg. 41 (1996), S. 85ff.

55 Es wäre sicher reizvoll, diese Wirkungen für ein zunehmend wirtschaftlich und politisch integriertes Europa zu untersuchen, in dem unter den knapp 370 Mill. Einwohnern (EU 15) etwa 18 Mill. Personen legal leben, die nicht die Staatsangehörigkeit des Aufenthaltslandes besitzen (knapp 5 vH der Gesamtbevölkerung, darunter 3,3 vH Nicht-EU-Ausländer, 1,5 vH EU-Ausländer; vgl. Eurostat (Hrsg.), Statistik kurzgefaßt. Bevölkerung und soziale Bedingungen. Luxemburg 1996, S. 1ff. Eine solche Analyse übersteigt indes den gegebenen Rahmen.

56 Vgl. Deutscher Bundestag, Gesetzentwurf der Fraktionen der CDU/CSU und der F.D.P., Entwurf eines Gesetzes zur Reform der gesetzlichen Rentenversicherung (Rentenreformgesetz 1999 – RRG 1999). Deutscher Bundestag, Drucksache 13/8011. Bonn 1997.

Tabelle 21

Jugend- und Altenquotienten in Deutschland unter dem Einfluß unterschiedlicher Zuwanderungsszenarien[1]

1995 bis 2030

Jahr	Szenario I			Szenario II			Szenario III		
	Bevölkerung in Mill.	Altenquotient	Jugendquotient	Bevölkerung in Mill.	Altenquotient	Jugendquotient	Bevölkerung in Mill.	Altenquotient	Jugendquotient
1995	81,5	37,2	37,4	81,5	37,2	37,4	81,5	37,2	37,4
2000	80,8	41,3	38,6	82,5	40,9	39,2	82,5	40,9	39,2
2005	78,9	29,3	33,3	81,9	28,8	34,1	82,2	28,8	34,2
2010	77,7	33,6	30,9	81,7	32,7	31,8	82,6	32,5	32,1
2015	75,5	33,8	28,2	80,4	32,6	29,1	82,1	32,3	29,7
2020	73,1	36,3	27,1	78,9	34,7	28,1	81,3	34,1	28,7
2025	70,3	40,2	27,6	76,9	38,1	28,6	80,2	37,2	29,4
2030	67,0	47,4	29,0	74,5	44,4	30,0	78,6	42,8	30,8

Eigene Berechnungen. – [1]Zu den Szenarien vgl. Text.

RWI ESSEN

1,8 auf 76,4 Personen erhöht und mit Immigration beinahe bei 74 konstant bleibt (vgl. Tabelle 21).

Der Einfluß der Zuwanderung auf die zukünftigen Alten- und Jugendquotienten ist indes wesentlich geringer als die Heraufsetzung der Altersgrenze (vgl. Schaubild 17 für Szenario II). Dies gilt vor allem beim Altenquotienten, der sich bis 2030 nur um 7,2 auf 44,4 Senioren je 100 Erwerbspersonen erhöht, während er beim Festhalten an der Altersgrenze auf über 70 steigen würde. Der Gesamtquotient beliefe sich auf fast 106 Personen[57] und wäre um 32 bzw. um 43 vH höher.

Geht man von der unterstellten Heraufsetzung der Altersgrenze aus und berücksichtigt man die Erhöhung des Altenquotienten um je nach Zuwanderungsszenario zwischen 5,6 und 10,2 Personen bis 2030 sowie die Verminderung des Jugendquotienten in etwa der gleichen Größenordnung, liegt auch hier wieder die Frage nahe, inwieweit es in Abhängigkeit von den Immigrationen zu einer Intensivierung der interpersonellen Redistribution von Einkommen durch den Staat kommt. Diese Frage ist trotz des unter den gegebenen Voraussetzungen, insbesondere unter der Prämisse der Heraufsetzung der Altersgrenze, in den nächsten dreieinhalb Dekaden kaum veränderten Gesamtquotienten keineswegs trivial, differieren doch – wie erwähnt – die Unterhaltungskosten für Jugendliche einerseits und Senioren andererseits erheblich.

Schreibt man analog zur retrospektiven Vorgehensweise bei den Zuwanderungen seit Ende des Zweiten Weltkriegs die in Pro-Kopf-Werte umgerechneten Angaben der

57 Ähnliche Entwicklungen ergeben sich auch nach den Vorausberechnungen des Statistischen Bundesamts, das von einer Anhebung der Altersgrenze absieht; vgl. B. Sommer, S. 501.

Schaubild 17

Jugend- und Altenquotienten in Deutschland in Abhängigkeit von einer Heraufsetzung der Altersgrenze[1]

2000 bis 2030; je 100 Personen im Alter zwischen 20 und 60 bzw. 65 Jahren

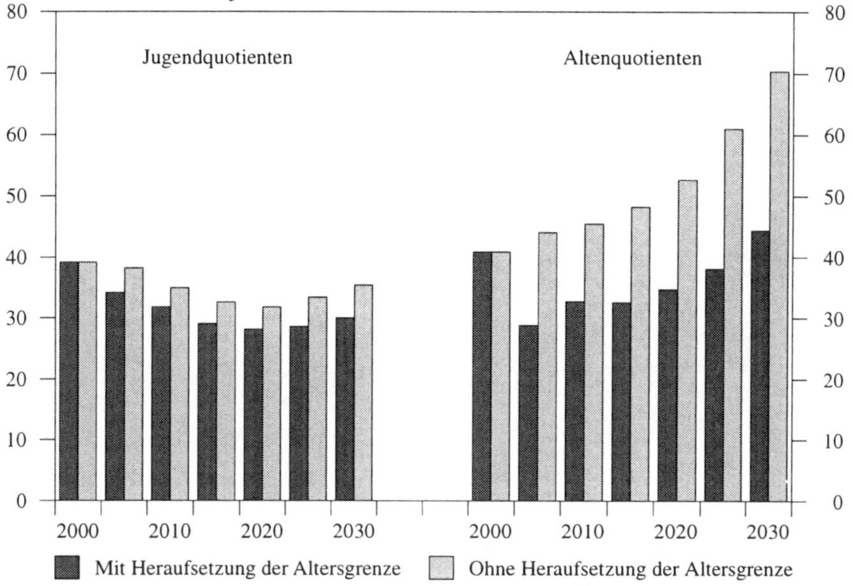

Eigene Berechnungen. – [1]Heraufsetzung der Altersgrenze zwischen 2001 und 2005 von 60 auf 65 Jahre.

amtlichen Sozialstatistik zu den Ausgaben in den staatlichen Funktionen „Kinder und Jugendliche" einschließlich der öffentlichen Aufwendungen für den Vorschul- und Schulbereich bzw. für „Alter und Hinterbliebene" bis 2030 fort, ergibt sich bei (weiterer) Zuwanderung eine Entlastung der Erwerbsbevölkerung im Jahr 2030 um reichlich 1 vH des Volkseinkommens[58] (vgl. Tabelle 22, Szenario III); dies errechnet sich aus etwa einem viertel Prozentpunkt immigrationsbedingter Belastung durch den höheren Aufwand für die Jugendbevölkerung und von 1,4 vH-Punkten Entlastung durch den geringeren Aufwand für die Alterspopulation. In bezug auf das jeweilige BIP beträgt die Gesamtentlastung 2030 bis zu 0,9 vH-Punkte. Welche Implikationen dies für die gesetzliche Rentenversicherung hat, wird im folgenden Abschnitt analysiert.

58 Transfers je Begünstigen sowie Volkseinkommen und BIP je Einwohner wurden im Vorausberechnungszeitraum einheitlich um 4,5 vH p.a. erhöht. Die unterstellte Wachstumsrate spielt indes für die Be- und Entlastungswirkungen der unterschiedlichen Szenarien nur eine geringe Rolle, im Gegensatz dazu wirkt sich die nach den Zuwanderungsszenarien differierende Bevölkerung unmittelbar auf das (aggregierte) Volkseinkommen und BIP und auf die Jugend- und Altersaufwendungen aus.

Tabelle 22

Alters- und Jugendaufwendungen in Deutschland nach ausgewählten Zuwanderungsszenarien[1]

2000 bis 2030; in vH des jeweiligen Volkseinkommens bzw. BIP

	Szenario I			Szenario II			Szenario III		
	Alters- aufwendungen	Jugend- aufwendungen	insgesamt	Alters- aufwendungen	Jugend- aufwendungen	insgesamt	Alters- aufwendungen	Jugend- aufwendungen	insgesamt
				in vH des Volkseinkommens					
2000	15,1	5,6	20,7	15,1	5,8	20,8	15,1	5,8	20,8
2005	10,5	4,7	15,2	10,4	4,9	15,2	10,3	4,9	15,2
2010	11,7	4,3	16,0	11,5	4,5	15,9	11,4	4,5	15,9
2015	11,5	3,8	15,3	11,2	4,0	15,2	11,1	4,1	15,1
2020	12,1	3,6	15,7	11,6	3,7	15,4	11,4	3,8	15,3
2025	13,0	3,6	16,6	12,5	3,7	16,2	12,1	3,8	16,0
2030	15,0	3,7	18,7	14,2	3,8	18,0	13,6	3,9	17,6
				in vH des BIP					
2000	11,1	4,1	15,3	11,1	4,2	15,4	11,1	4,2	15,4
2005	7,7	3,5	11,2	7,6	3,6	11,2	7,6	3,6	11,2
2010	8,6	3,2	11,8	8,5	3,3	11,7	8,4	3,3	11,7
2015	8,5	2,8	11,3	8,2	2,9	11,2	8,2	3,0	11,2
2020	8,9	2,7	11,5	8,6	2,8	11,3	8,4	2,8	11,2
2025	9,6	2,6	12,3	9,2	2,8	11,9	8,9	2,8	11,8
2030	11,1	2,7	13,8	10,4	2,8	13,3	10,1	2,9	12,9

Eigene Berechnungen. – [1]Zu den Szenarien vgl. Text.

RWI ESSEN

2.2.2. Die Finanzsituation der gesetzlichen Rentenversicherung unter dem Einfluß von Zuwanderungen

2.2.2.1. Grundlagen des Finanzierungssystems

Die gesetzliche Rentenversicherung[59] in Deutschland wird im Umlageverfahren finanziert[60]. Ökonomisch wird darunter ein Verfahren verstanden, bei dem die laufen-

59 Mit dem Begriff gesetzliche Rentenversicherung ist hier und im folgenden die gesetzliche Rentenversicherung der Arbeiter und Angestellten gemeint, auf die knappschaftliche Rentenversicherung wird aufgrund ihrer Sonderregelungen nicht weiter eingegangen. Zu den Sonderregelungen der Knappschaft vgl. B. Fritzsche, Knappschaftsrenten und Subventionen: Viel Lärm um Nichts? „RWI-Mitteilungen", Jg. 42 (1991), S. 303ff.

60 Vgl. § 153 SGB VI.

den Einzahlungen direkt an die Rentner weitergeleitet werden, ohne daß ein Kapitalstock gebildet wird, aus dem die Renten finanziert werden. Leistungs- und Beitragsvolumen lassen sich indes nicht präzise vorhersagen, da sie von der Entwicklung der Wirtschaftskraft und Leistungsansprüchen abhängen. Daher ist es zur Erfüllung der „Bilanzidentität" notwendig, die zukünftigen Ausgaben und Einnahmen zu schätzen. Um mögliche Schätzfehler[61] und Liquiditätsengpässe während einer Periode auszugleichen, ist eine Finanzreserve erforderlich, die in der Rentenversicherung als Schwankungsreserve bezeichnet wird. Zu beachten ist allerdings, daß die Finanzreserve gesetzlich auf die liquiden Mittel beschränkt ist und somit die langfristigen Anlagen ausgeklammert sind[62].

Die Einnahmen der gesetzlichen Rentenversicherung setzen sich hauptsächlich aus fünf Zahlungsströmen zusammen: Beiträge, Bundeszuschuß, sonstige Erstattungen aus öffentlichen Mitteln, Vermögenserträge und sonstige Einnahmen[63]. Sie betrugen 1995 zusammen knapp 334 Mrd. DM. Davon bestanden knapp 81 vH aus Beitragseinnahmen, gut 18 vH entfielen auf den Bundeszuschuß und über 1 vH auf die sonstigen Erstattungen, die übrigen Einnahmekategorien lagen unter 1 vH[64]. Die Beitragseinnahmen werden durch die drei demographisch-ökonomischen Faktoren Beitragszahler, Beitragssatz und sozialversicherungspflichtiges Einkommen bestimmt. Der Bundeszuschuß[65] hat zum einen eine Entlastungs- und Ausgleichsfunktion für Leistungen, die die gesetzliche Rentenversicherung anstelle der Allgemeinheit wahrnimmt (z.B. Ersatzzeiten für Kriegsfolgelasten, Beitrags- und Beschäftigungszeiten nach dem Fremdrentenrecht)[66], zum anderen kommt ihm eine allgemeine Sicherheitsfunktion zu, die die soziale Verpflichtung des Staates zur Erhaltung der Funktionsfähigkeit der

61 Nach Erfahrungen der Rentenversicherungsträger können Schätzfehler bis zu 0,2 Monatsausgaben innerhalb von eineinhalb Jahren in beiden Richtungen auftreten. Vgl. H.-W. Müller, Zur Rentenfinanzierung bei konjunktureller Talfahrt. „Deutsche Rentenversicherung", Jg. 1993, S. 378.

62 Vgl. § 217 SGB VI. Das Sparpaket der Bundesregierung sieht vor, daß bei der Bestimmung des Beitragssatzes die illiquiden Mittel der Schwankungsreserve mit einbezogen werden. Vgl. J. Husmann, Aktuelle Probleme der Rentenversicherung. „Deutsche Rentenversicherung", Jg. 1996, S. 384.

63 Dabei werden die Ausgleichszahlungen der einzelnen Versicherungsträger untereinander nicht gesondert berücksichtigt, da sie im Saldo für die gesamte gesetzliche Rentenversicherung Null ergeben. Ferner werden die Ausgleichszahlungen von der knappschaftlichen Rentenversicherung bei den Ausgaben unter der Rubrik Saldo der Wanderungsversicherung mit einbezogen.

64 Vgl. Verband Deutscher Rentenversicherungsträger (Hrsg.) [I], S. 12f.

65 Der Bundeszuschuß wurde aufgrund des Rentenreformgesetzes 1992 auf 19,5 vH der Rentenausgaben angehoben. Vgl. Bundesministerium für Arbeit und Sozialordnung (Hrsg.) [II], S. 272.

66 Leistungen, denen keine Beitragszahlungen zugrundeliegen bzw. die nicht zum eigentlichen Leistungsspektrum der Rentenversicherung gehören, werden i.a. als versicherungsfremde Leistungen bezeichnet. Sie hatten 1995 in der gesetzlichen Rentenversicherung ein Volumen von 90 Mrd. DM und setzen sich im wesentlichen zusammen aus: Kriegsfolgelasten (28 vH), arbeitsmarktbedingten Leistungen (21 vH), Anrechnungszeiten (17 vH), Höherbewertung von Zeiten (13 vH), einigungsbedingten Leistungen (8 vH) und Familienleistungen (8 vH). Vgl. E. Schewe, Aktuelle Fragen zur Rentenversicherung. „Sozialer Fortschritt", Berlin, Jg. 45 (1996), Heft 3, S. 80. Je nach Definition werden zu den versicherungsfremden Leistungen ebenfalls die Beiträge der Rentenversicherung zur Krankenkasse und die Hinterbliebenenversorgung in ihrer jetzigen Form gezählt. Vgl. A. Seffen, Versicherungsfremde Leistungen 1994. „IW-Trends", Jg. 1996, Nr. 1; und zum letzteren vgl. W. Schmähl, Funktionsgerechte Finanzierung der Sozialversicherung: ein zentrales Element einer Entwicklungsstrategie für den deutschen Sozialstaat – Begründungen und quantitative Dimension. „Deutsche Rentenversicherung", Jg. 1995, S. 612.

Rentenversicherung bei sich ändernden Rahmenbedingungen zum Ausdruck bringt[67]. Die Fortschreibung erfolgt seit dem Rentenreformgesetz 1992 aufgrund der Entwicklung der Bruttoentgelte und anhand der Veränderung des Beitragssatzes zur Rentenversicherung.

Die Ausgaben lassen sich im wesentlichen in acht Zahlungsströme unterteilen: Renten, Leistungen für Maßnahmen der Rehabilitation, Zahlungen an die Krankenkasse der Rentner[68], KLG-Leistungen[69], Beitragserstattungen, Verwaltungs- und Verfahrenskosten, Saldo der Wanderungsversicherung[70] und sonstige Ausgaben. Die Gesamtausgaben lagen 1995 bei gut 343 Mrd. DM. Der quantitativ bedeutendste Zahlungsstrom sind mit knapp 86 vH die Rentenzahlungen. Ihre Fortschreibung hängt hauptsächlich vom demographischen Faktor Anzahl der Rentner und vom ökonomischen Faktor Veränderung der Nettoentgelte der Arbeitnehmer ab, durch den im wesentlichen die Rentenanpassung gesteuert wird. Gut 6 vH der Ausgaben entfielen auf die Beiträge zur Krankenkasse der Rentner, knapp 3 vH wurden für Rehabilitationsmaßnahmen aufgewendet, um 3 vH bzw. 2 vH lagen die Anteile des Saldos zur Wanderungsversicherung bzw. der Verwaltungs- und Verfahrenskosten, alle anderen Ausgaben lagen unter 1 vH[71].

Wichtigstes Element der Rentenreform 1992 war die Einführung der sogenannten Nettoanpassung. Dadurch wurde sichergestellt, daß sich die Nettorenten und die Nettoeinkommen der Beitragszahler nicht auseinanderentwickeln. Allerdings wurde das Arbeitsmarktrisiko der Erwerbstätigen bei diesem Verfahren nur ungenügend berücksichtigt. Formal gesehen wurde der Beitragssatz zur bestimmenden Variablen im Finanzierungssystem der gesetzlichen Rentenversicherung. Er ist im Vorjahr so festzulegen, daß nach der Finanzierung aller voraussichtlichen Leistungsausgaben am Jahresende eine liquide Schwankungsreserve in Höhe einer Monatsausgabe zu eigenen Lasten[72] vorhanden ist[73]. Sollten die geschätzten Einnahmen nicht zur Deckung der Ausgaben ausreichen, so werden durch eine Beitragssatzerhöhung die Beitragseinnahmen und wegen der direkten Koppelung an den Beitragssatz auch der Bundeszuschuß erhöht. Zudem werden durch die Nettoanpassung der Renten die Rentenzahlungen bzw. der Anstieg der Rentenzahlungen gesenkt. Somit wird eine Be- bzw. Entlastung durch eine Beitragssatzveränderung mittels des dargestellten „Regelmechanismus" auf die Beitragszahler, den Bund und die Rentner verteilt. Die derzeit diskutierten Maßnahmen im Rahmen des Rentenreformgesetzes 1999, wie insbeson-

---

67 Vgl. Bundesministerium für Arbeit und Sozialordnung (Hrsg.) [II], S. 272.

68 Hierin sind ab dem 1. Januar 1995 auch Zahlungen an die gesetzliche Pflegeversicherung eingeschlossen, so daß sie nicht extra ausgewiesen werden.

69 Nach dem Kindererziehungsleistungs-Gesetz § § 294 – 299 SGB VI erhalten Mütter der Geburtsjahrgänge vor 1921 einen Betrag von 75 vH des aktuellen Rentenwertes für jedes Kind.

70 In diesem Ausgabeposten werden die Erstattungen an und von der knappschaftlichen Rentenversicherung sowie der Wanderungsausgleich gegeneinander saldiert.

71 Vgl. Verband Deutscher Rentenversicherungsträger (Hrsg.) [I], S. 14f.

72 Unter Ausgaben zu eigenen Lasten sind die Gesamtausgaben abzüglich der Einnahmen aus öffentlichen Mitteln zu verstehen, u.a. Zahlungen des Bundes, Erstattungen der Gebietskörperschaften und Zahlungen oder Erstattungen anderer Sozialversicherungszweige. Vgl. H.-W. Müller, S. 376.

73 Vgl. § 158 SGB VI.

dere der Einbau eines demographischen Faktors in die Rentenformel, werden im folgenden nicht berücksichtigt[74].

2.2.2.2. Rahmenbedingungen für die langfristige Prognose

Zur Fortschreibung der Finanzentwicklung der gesetzlichen Rentenversicherung wird ein Modell verwendet, das auf den wichtigsten Ausgaben- und Einnahmenströmen basiert. Es verbindet die ökonomischen und demographischen Randbedingungen mit den gesetzlichen Vorschriften. Im Mittelpunkt des Rechenmodells steht die Bilanzidentität, für die jede einzelne Komponente durch Verhaltensgleichungen, Reaktionsfunktionen usw. erklärt wird. Durch wesentliche modellinterne Entscheidungsregeln wird der Beitragssatz zur gesetzlichen Rentenversicherung iterativ jährlich so festgelegt, daß die Einnahmen die Ausgaben decken und eine liquide Schwankungsreserve in Höhe von einer Monatsausgabe zu eigenen Lasten vorhanden ist[75]. Die wesentlichen Randbedingungen des Modells werden im folgenden skizziert.

Basis der Prognosen zur Finanzlage sind die vorgestellten Bevölkerungsszenarien. Aus Sicht der Rentenversicherung ist eine Differenzierung zwischen deutscher und ausländischer Bevölkerung nicht notwendig. Ebenfalls wird von einer getrennten Darstellung zwischen Ost- und Westdeutschland abgesehen, da die Unterscheidung für eine langfristige Betrachtung irrelevant ist. Weiterhin werden für die in den Bevölkerungsprognosen angenommenen Zuwanderungen dieselben konstanten Erwerbs- und Rentenquoten je Altersstufe wie zu Prognosebeginn unterstellt.

Bei der derzeitigen hohen Unterbeschäftigung in Deutschland scheint dies zunächst eine starke Einschränkung darzustellen, gleichwohl kann nach Angaben des IAB ohne Nettozuwanderungen und bei konstanten Erwerbsquoten etwa ab 2010 von einer ausgeglichenen Arbeitsmarktbilanz ausgegangen werden[76]. Indes wird die Integration der Zuwanderer in den Arbeitsmarkt durch Konfliktsituationen mit anderen Personengruppen, die im Rahmen dieser Arbeit nicht weiter erörtert werden, überlagert. So können durch die steigende Frauenerwerbsbeteiligung und eine zunehmende Alterserwerbsbeteiligung – u.a. bedingt durch die Heraufsetzung der Altersgrenzen in der Rentenversicherung – konkurrierende Arbeitsmarktbeziehungen mit Migranten entstehen[77]. Bei der gegenwärtigen Lohn- und Arbeitsplatzstruktur halbiert sich zudem bis 2010 der Anteil der Arbeitsplätze für Personen ohne Ausbildung an allen Arbeitsplätzen in den alten Bundesländern von derzeit 20 vH auf 10 vH[78], so daß die Qualifikationsanforderungen für Migranten zunehmend größer werden. Da 46 vH der ausländischen Erwerbstätigen in Deutschland 1992 einer Tätigkeit als un- oder angelernte Arbeiter

74 Vgl. dazu Rheinisch-Westfälisches Institut für Wirtschaftsforschung (Hrsg.) [I], Stellungnahme zum Entwurf eines Gesetzes zur Reform der gesetzlichen Rentenversicherung (Rentenreformgesetz 1999 – RRG 1999) – Bundestagsdrucksache 13/8011 – und zum Antrag Strukturreform statt Leistungskürzungen in der Alterssicherung – Bundestagsdrucksache 13/8032, erstattet dem Ausschuß für Arbeit und Sozialordnung des Deutschen Bundestags zur Anhörung vom 16. bis 18. Juli 1997.

75 Zu Einzelheiten des Modells vgl. G. Köpp, S. 41ff.

76 Vgl. H.W. Bach [I], S. 180; Hof, vertritt eine ähnliche Auffassung, S. 139.

77 Vgl. B. Hof, S. 135.

78 Vgl. M. Tessaring, S. 5ff.

nachgingen, während der Anteil der Deutschen lediglich bei 14 vH lag, sind die Migranten, die langfristig in zunehmendem Maße aus Ausländern bestehen werden, im Vergleich zu den Deutschen überproportional von der verstärkten Konkurrenzsituation in Segmenten mit niedriger Qualifikation betroffen.

Die wirtschaftlichen Rahmendaten werden im Modell vorgegeben. Um die Prognosen überschaubar zu halten, wird auf eine Variation der Daten verzichtet. Wegen der langfristigen Betrachtung spielt die wirtschaftliche Angleichung zwischen Ost- und Westdeutschland eine untergeordnete Rolle, daher wird eine einheitliche Wirtschaftsentwicklung unterstellt. In Anlehnung an die mittelfristige Projektion der Bundesregierung wird ab 1996 eine jährliche Zuwachsrate der Bruttoarbeitsentgelte der Versicherten von 3 vH unterstellt. Mittels der im Modell berechneten Beitragssätze werden daraus die jährlichen Nettoarbeitsentgelte abgeleitet.

Die gesetzlichen Regelungen zur Rentenversicherung wurde bis zum 1. Juni 1996 berücksichtigt, ebenso der ab dem 1. Juli 1996 auf 1,7 vH erhöhte Beitragssatz zur Pflegeversicherung. Reformvorschläge sowie gesetzliche Regelungen in der Planungs- und Beratungsphase oder mit indirektem Einfluß auf die Finanzsituation der Rentenversicherung – z.B. die Regelung zur Freistellung des Existenzminimums – wurden im Modell nicht aufgenommen, da nicht absehbar ist, wie und zu welchem Zeitpunkt einzelne Maßnahmen gesetzlich umgesetzt werden; ferner sind die Rückwirkungen auf die Rentenversicherung nur schwer abschätzbar.

Ab dem 1. August 1996 wird die Altersrente wegen Arbeitslosigkeit durch die Altersrente wegen Arbeitslosigkeit oder Altersteilzeitarbeit ersetzt. Dadurch wird die Altersgrenze zwischen 1997 und 1999 stufenweise von derzeit 60 auf 63 Jahre angehoben. Ein vorzeitiger Bezug ab 60 Jahre ist auch weiterhin möglich, wobei die Rente um einen Abschlag von 0,3 vH pro Monat der vorzeitigen Inanspruchnahme gemindert wird. Da die Einführung weitreichende Vertrauensschutzregelungen voraussetzte, ist zunächst nicht mit einem veränderten Verhalten der Betroffenen zu rechnen, so daß die Umwandlung im Modell erst ab dem Jahr 2000 berücksichtigt wird.

Ferner ist beabsichtigt, die Anhebung der Altersgrenzen für die Altersrenten für Frauen und langjährig Versicherte auf das Jahr 2000 vorzuziehen und zu straffen, so daß die Regelaltersgrenze von 65 Jahren für langjährig Versicherte ab Ende 2001 und für Frauen ab Ende 2004 gilt[79]. Eine vorzeitige Inanspruchnahme um 3 Jahre ist mit einem Abschlag von 0,3 vH je Monat des vorzeitigen Renteneintritts möglich. Inwieweit sich diese Abschläge auf das Erwerbsverhalten auswirken werden, ist zur Zeit unklar; daher werden diese Regelungen nicht in dem Modell wiedergegeben. Nach der geplanten Anhebung der Altersgrenzen bleibt die Altersrente für Schwerbehinderte, Berufs- oder Erwerbsunfähige die einzige Altersrente, die ab 60 Jahren ohne Abschläge bezogen werden kann, so daß eine verstärkte Inanspruchnahme zu erwarten ist. Daher wird unterstellt, daß die von der Anhebung betroffenen Personen zur Hälfte weiterhin eine Erwerbstätigkeit ausüben, während die andere Hälfte eine entsprechende Altersrente bezieht.

---

79 Vgl. Presse- und Informationsamt der Bundesregierung (Hrsg.) [VII], Programm für mehr Wachstum und Beschäftigung – Gesetz zu Rentenversicherung und Arbeitsförderung vom Bundestag beschlossen –. (Sozialpolitische Umschau), Nr. 28 (1996), Bonn 1996.

Schaubild 18

Beitragssatz zur gesetzlichen Rentenversicherung bei unterschiedlichen Annahmen[1]

1996 bis 2030; in vH

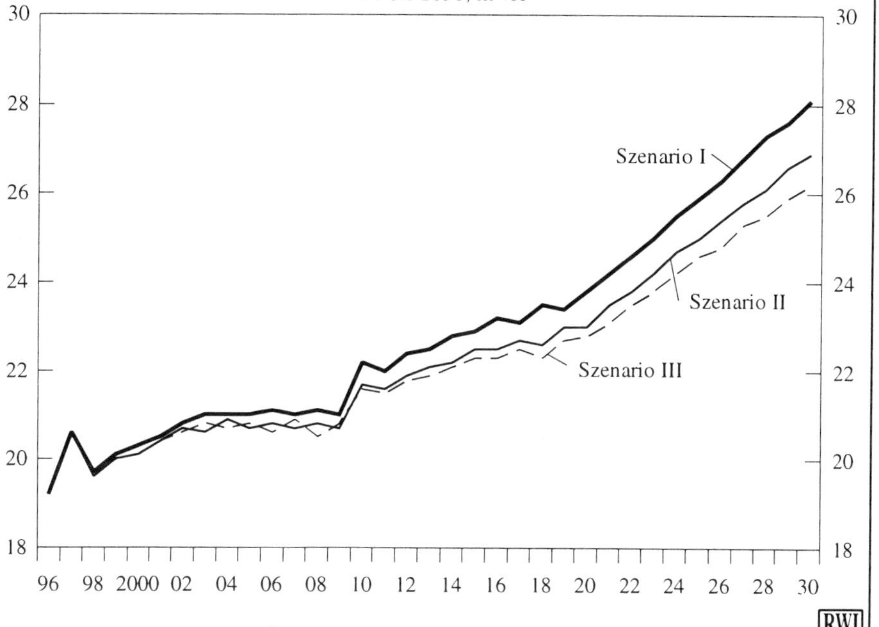

Eigene Berechnungen. – [1]Zu den Szenarien und den Annahmen im einzelnen vgl. Text.

2.2.2.3. Prognoseergebnisse

Die Diskussion über die langfristige Finanzsituation in der gesetzlichen Rentenversicherung kann auf den Beitragssatz beschränkt werden, da er, wie erwähnt, durch das Rentenreformgesetz 1992 zur einzigen Bestimmungsvariablen im Finanzierungssystem wurde und er zumeist im Mittelpunkt der öffentlichen Diskussionen steht. Das Schaubild 18 zeigt die Verläufe des Beitragssatzes für die unterschiedlichen Szenarien. In allen drei Szenarien steigt er langfristig an, allerdings in unterschiedlichem Umfang. Dabei nehmen die Zuwanderungen keinen entscheidenden Einfluß auf die kurzfristige Finanzentwicklung der gesetzlichen Rentenversicherung. 1997 überschreitet der Beitragssatz die 20 vH-Marke und liegt bei 20,3 vH. Die starke Beitragssatzsteigerung gegenüber 1996 um 1,1 vH-Punkte wird durch die aktuelle Arbeitsmarktsituation, die Wirtschaftsentwicklung und die zu geringe Beitragssatzanhebung 1996 hervorgerufen, aufgrund derer die Schwankungsreserve Ende 1995 lediglich die Höhe von 0,9 Monatsausgaben hatte und Ende 1996 auf das 0,6-fache einer Monatsausgabe zurückging[80]. Folglich mußte 1997 nicht nur die Bilanzidentität hergestellt, sondern auch die

80 Vgl. J. Husmann, S. 381ff.

Schwankungsreserve auf die Höhe einer Monatsausgabe zu eigenen Lasten aufgefüllt werden[81].

Die langfristige Entwicklung ist nicht monoton steigend, sondern in allen Szenarien sind kurzfristige Beitragssatzsenkungen zu beobachten. Die Schwankungen sind die direkte Folge des Umlageverfahrens mit der Festschreibung der Schwankungsreserve auf die Höhe einer Monatsausgabe zu eigenen Lasten.

In Szenario I, in dem keine weitere Zuwanderung unterstellt wird, steigt der Beitragssatz zwischen 2000 und 2020 um 3,5 vH-Punkte auf 23,8 vH. Dieser Anstieg kann durch Zuwanderung ermäßigt werden: Nach Szenario II ergibt sich eine Erhöhung um nur noch 2,9 vH-Punkte bzw. um 2,7 vH-Punkte in Szenario III. Die in allen drei Szenarien verhaltene Erhöhung ist auf die Auswirkung der Rentenreform 1992 zurückzuführen.

Ab 2020 ist ein starker Beitragssatzanstieg zu beobachten. So liegt der Beitrag 2030 bei 28,1 vH (Szenario I: +4,3 vH-Punkte), bei 26,9 vH (Szenario II: +3,9 vH-Punkte) bzw. bei 26,2 vH (Szenario III: +3,4 vH-Punkte). Hauptursache ist, daß geburtenstarke Jahrgänge aus der Erwerbsphase ausscheiden. Dabei ersetzen sie weniger starke Jahrgänge im Ruhestand und werden gleichzeitig durch schwächer besetzte Jahrgänge in der Erwerbsphase ersetzt. Zumal die geburtenstarken Jahrgänge in der Vergangenheit durch Zuwanderungen während des Prognosezeitraums zum Teil noch verstärkt wurden, kann der Beitragssatzanstieg durch diese nicht verhindert, sondern lediglich teilweise abgemildert werden. Ab 2030 geht die Zahl der Rentenneuzugänge allmählich zurück, während der starke Rückgang der Zahl der Erwerbstätigen gleichzeitig abnimmt, so daß aus demographischen Gründen fortan mit einem stabilen bzw. leicht rückläufigen Beitragssatz zu rechnen ist. Weitere Gründe für den starken Anstieg ab 2020 sind die zunehmende Lebenserwartung und die steigende Zahl eigener Rentenansprüche von Frauen.

Die Differenz der Beitragssätze in den einzelnen Szenarien verdeutlicht die ökonomischen Konsequenzen eines Verzichts auf weitere Zuwanderungen. Bei den den Prognosen zugrundegelegten Zuwachsraten hätte er jährliche Einbußen bei ihren (Netto-) Einkommenssteigerungen von etwa 0,1 vH-Punkten zur Folge; die Einbußen bestehen indes nicht nur in geringeren Einkommenszuwächsen, sondern auch in einer Verlängerung der Erwerbsphase[82].

---

81 Wenn alle im Programm für mehr Wachstum und Beschäftigung vorgesehenen Maßnahmen zur Rentenversicherung umgesetzt werden und den geplanten Erfolg haben, führt dies 1997 zu finanziellen Entlastungen von mehr als 11,5 Mrd. DM, wodurch der Beitragssatz für 1997 um 0,6 vH-Punkte geringer festgesetzt werden könnte. Vgl. W. Tegtmeier, Umbau des Sozialsystems für eine wettbewerbsfähige Wirtschaft. „IfO-Schnelldienst“, Berlin und München, Jg. 49 (1996), Nr. 24, S. 6.

82 Nach anderen Schätzungen liegen die jährlichen Einbußen bei 0,5 vH-Punkten. Zum einen basieren die Berechnungen auf unterschiedlichen Zuwachsraten, zum anderen vernachlässigen die hier vorgestellten Prognosen Einbußen in Gestalt der Heraufsetzung des Renteneintrittsalters, also Einbußen in Form von geringerer Freizeit. Ohne die Heraufsetzung der Altersgrenzen lägen die Einbußen in den Prognosen bei knapp 0,3 vH. Vgl. H.D. von Loeffelholz [II], S. 59. – Der hier beschriebene Entwicklungspfad des Beitragssatzes wird in der Tendenz durch andere Prognosen bestätigt (vgl. E. Standfest, Erste Ergebnisse aus dem Prognos-Gutachten. „Deutsche Rentenversi-

2.2.3. Kosten und Nutzen einer verstärkten Integration von Zuwanderern

Es spricht vieles dafür, daß Gesellschaft und Politik in Deutschland künftig trotz der weiteren (west- und ost-) europäischer Integration und der zunehmenden Diffusion der vier Grundfreiheiten des Binnenmarkts (Freizügigkeit von Diensten, Produkten, Arbeit und Kapital) keinen wesentlich höheren Ausländeranteil an der Wohnbevölkerung als gegenwärtig (8,6 vH)[83] „zulassen" werden. Als Obergrenze könnten 10 vH angesehen werden, was vermutlich über spezifische Zuwanderungsregelungen sowie über das Staatsbürgerschaftsrecht und über Ermessenseinbürgerungen[84] zu steuern versucht werden wird[85]. Wegen der in den vergangenen zwei Dekaden erfolgten erheblichen Annäherung der ursprünglich sehr hohen Erwerbsbeteiligung von Ausländern an die der Deutschen kann man weiter davon ausgehen, daß der Anteil der Ausländer unter den Erwerbstätigen auch in Zukunft in etwa ihrem Bevölkerungsanteil entspricht; diese Annahme, die selbstverständlich entsprechende angebots- und nachfrageseitige Bedingungen auf dem Arbeitsmarkt voraussetzt, impliziert, daß die Ausländer auch weiterhin einen wesentlichen Beitrag zum Sozialprodukt und damit zum Wohlstand leisten. Dieser Beitrag könnte freilich noch spürbar gesteigert werden, wenn Defizite am Arbeitsmarkt, auf die bei der ex post-Analyse schon hingewiesen wurde, vermindert werden könnten.

Zur Ausschöpfung gegebener Potentiale und als Ausgleich zu einer politisch eher begrenzten Zuwanderung in den nächsten Jahren erscheint es plausibel anzunehmen, daß die Integrationsanstrengungen für die schon länger in Deutschland lebenden ausländischen Zuwanderer verstärkt werden. In Frage kommen in erster Linie die ehemaligen Immigranten mit ihren Kindern und Enkeln, die sich schon länger als 10 Jahre in Deutschland aufhalten, was – wie erwähnt – etwa auf die Hälfte der Ausländerbevölkerung und damit auf ca. 3,5 Mill. Personen zutrifft.

Im folgenden interessieren die Kosten, aber auch die Nutzen einer verstärkten Integration vornehmlich unter fiskalischen Gesichtspunkten. Es wird aber darauf verzichtet, die Auswirkungen auf die einzelnen staatlichen Ausgabenkategorien von

---

cherung", Jg. 1995, S. 12. Die Berechnungen des Sozialbeirats im Gutachten zur Rentenversicherungsbericht 1994 gehen für 2030 von einem Beitragssatz von 27 vH aus; vgl. Unterrichtung durch die Bundesregierung, Rentenversicherungsbericht 1994. Gutachten des Sozialbeirats zum Rentenversicherungsbericht 1994. (Deutscher Bundestag, Drucksache 12/8309.) Bonn 1994, S. 172.). Jedoch basiert die hier vorgestellte Prognose auf einer aktuellen Bevölkerungsprognose und spiegelt den gegenwärtigen Gesetzesstand wider, worauf auch die Unterschiede des Beitragssatzes zu anderen Prognosen im Verlauf und Abweichungen der Ergebnisse bezogen auf einzelne Zeitpunkte zurückzuführen sind.

83 Dieser Anteil, der Ende 1994 erreicht wurde, liegt noch unter dem von 10 vH, den das Deutsche Reich vor dem Ersten Weltkrieg zu verzeichnen hatte; vgl. H.M. Enzensberger, S. 50.

84 Vgl. die entsprechenden Absichtserklärungen der Bundesregierung und den Hinweis auf die Koalitionsvereinbarung für die derzeitige Legislaturperiode in Antwort der Bundesregierung auf die Große Anfrage der Abgeordneten Cem Özdemir u.a. der Fraktion BÜNDNIS 90/DIE GRÜNEN, S. 3f.

85 Vor allem unter Akzeptanzaspekten in der ansässigen Gesellschaft erscheint ein höherer Ausländeranteil kaum vorstellbar. Nach H. Birg, Demographische Wirkungen politischen Handelns. In: H.-U. Klose (Hrsg.), Altern hat Zukunft. Opladen 1993, S. 77, bedeutet Zuwanderung von Ausländern zum Zwecke der längerfristigen Aufrechterhaltung des Bevölkerungsstands von 1990 unter Beibehaltung des gegenwärtigen Staatsbürgerschaftsrechts im Jahr 2050 einen Ausländeranteil von 37,7 vH, wobei der bisher schon erreichte Anteil von gut 8 vH noch nicht berücksichtigt ist.

den Geldleistungen über die gruppenspezifischen Realtransfers bis hin zu den allgemeinen Staatsleistungen zu analysieren[86]; dies scheitert im wesentlichen daran, daß detaillierte Informationen über die gegenwärtige Inanspruchnahme der einzelnen Leistungen durch Ausländer fehlen. Auch ist eine umfassende interpersonelle Inzidenzanalyse für ein bestimmten Zeitpunkt und noch mehr im Längsschnitt z.B. über den Lebenszyklus hinweg im gegebenen Rahmen nicht möglich.

Es wurde schon darauf hingewiesen, daß Ausländer bei unzureichender Integration im allgemeinen das jeweilige Leistungsangebot des Staates in geringerem Maße in Anspruch nehmen als vergleichbare deutsche Gruppen; dies ist bei der Beanspruchung des Bildungssystems deutlich geworden und auch in bezug auf andere gruppenspezifische Realtransfers sowie auf bestimmte Geldleistungen zu vermuten[87]. Persönliche und sozioökonomische Bedingungen einer potentiellen Inanspruchnahme sowie die geringere Vertrautheit, ja vielfach die Unkenntnis bezüglich der gesetzlichen und verwaltungsrechtlichen Anspruchsgrundlagen oder administrative Barrieren und subjektiv begründete Hemmnisse dürften zu erheblicher Zurückhaltung führen[88]; sie wird sich indes mit zunehmender Integration verringern. Eine (weitere) Integration ist gerade auch dadurch gekennzeichnet, daß sich die Verhaltensweisen auch in bezug auf die Inanspruchnahme des staatlichen Leistungsangebots einander annähern. Was dies z.B. für die Ausgabenentwicklung im Wohnungs-, Bildungs-, Gesundheits- und Verkehrsbereich bedeuten könnte, wird im folgenden untersucht.

2.2.3.1. Wohnungsbereich

Nach Ergebnissen der amtlichen Statistik hatten im früheren Bundesgebiet 1993 etwa 1,7 Mill. Haushalte einen ausländischen Haushaltsvorstand (Bezugsperson)[89]. Unter diesen waren 81 vH Hauptmieter der von ihnen bewohnten Wohneinheiten. Unter den deutschen Haushalten lag dieser Anteil lediglich bei 55 vH. Der Unterschied deutet auf den unterschiedlichen Grad der Wohneigentumsbildung hin. Während unter den deutschen Haushalten 42,5 vH Eigentümer des Gebäudes bzw. der Wohnung waren, kommt dem Wohneigentum bei Ausländern – nicht zuletzt wegen des geringeren Durchschnittsalters[90] – nur eine vergleichsweise geringe Bedeutung zu (11 vH). So

86 Vgl. dazu die konzeptionelle Überlegungen bei D. Vogel, S. 127ff.

87 Als wesentliche Ausnahmen sind die Transfers bei Arbeitslosigkeit sowie die staatlichen Aufwendungen für Kinder- und Erziehungsgeld zu nennen. Letzteres resultiert nicht nur aus einer im allgemeinen höheren Geburtenrate bei Ausländern, sondern auch aus ihrer „jüngeren" Altersstruktur. Über 11 vH aller Kinder, für die Kindergeld gezahlt wird, sind Kinder von Ausländern (1994: 1,4 Mill. von 12,9 Mill.); bei der ausländischen Bevölkerung beträgt dieser Kinderanteil fast 22 vH gegenüber einem Anteil von 19 vH bei der deutschen. Die Gesamtausgaben von 17,3 Mrd. DM sind damit um ca. 500 Mill. DM höher als bei identischen Relationen. Mit verstärkter Integration dürften sich die demo-ökonomischen Verhaltensweisen weiter an die der Deutschen annähern und insoweit die Mehraufwendungen reduzieren. Zu den statistischen Angaben vgl. Bundesminister für Arbeit und Sozialordnung (Hrsg.) [I], Tabelle 2.1 und 8.17.

88 Vgl. H.D. von Loeffelholz, A. Gieseck und H. Buch, S. 86.

89 Vgl. Statistisches Bundesamt (Hrsg.) [II], S. 53ff.

90 Vgl. Rheinisch-Westfälisches Institut für Wirtschaftsforschung (Hrsg.) [II], Aktuelle Bestandsaufnahme des deutschen Transfersystems – Eine empirische Analyse unter Effektivitäts- und Anreizgesichtspunkten. Gutachten im Auftrag des Bundesministeriums für Arbeit und Sozialordnung. (Bearb.: H.D. von Loeffelholz, B. Fritzsche und G. Köpp.) Essen 1996, S. 51ff.

lebten 1993 nur rund 183 000 Ausländerhaushalte im eigenen Haus oder in einer Eigentumswohnung; dabei dürfte es sich i.d.R. um Haushalte handeln, deren Bezugsperson (und Familie) sich schon längere Zeit in Deutschland aufhält[91]; bei dieser Grundgesamtheit dürfte die Eigentumsquote vermutlich doppelt so hoch sein wie die genannte. Eine Verdoppelung der ausländischen Eigentümerhaushalte in den nächsten 20 Jahren bedeutet nicht nur ein erhebliches Marktpotential, sondern auch zusätzliche Mittel des Staates für die staatliche Eigentumsförderung; dadurch könnten zusätzliche Aufwendungen von jahresdurchschnittlich 600 Mill. DM bzw. insgesamt 12 Mrd. DM erforderlich werden[92].

Neben den zwischen Ausländern und Deutschen wegen des „Altersunterschieds" erheblich differierenden Eigentumsquoten zeigen sich gravierende Unterschiede auch bei den jeweils zum Haushalt gehörenden Personen mit der von ihnen bewohnten Fläche; nicht zuletzt ist diese Diskrepanz auf die im Durchschnitt größere Anzahl von Personen in Haushalten von Ausländern zurückzuführen; hier gibt es kaum Single-Haushalte. Während sich für jeden Angehörigen eines Haushalts mit ausschließlich ausländischen Personen im Durchschnitt eine Wohnfläche von 21 m^2 und 1,1 Räume je Wohneinheit errechneten (1993), waren es bei solchen Haushalten, in denen ausländische und deutsche Staatsangehörige zusammenlebten, im Durchschnitt 26 m^2 Wohnfläche und 1,3 Räume. Noch günstiger nahm sich das Verhältnis bei Hauptmieterhaushalten aus, die ausschließlich von Deutschen gebildet wurden; hier ergaben sich 33 m^2 Wohnfläche und 1,8 Räume. Die Wohnfläche ist in den letzten zwei Jahrzehnten um etwa ein Drittel gestiegen; Mitte der siebziger Jahre waren es noch lediglich durchschnittlich 25 m^2 gewesen.

Tendenziell dürfte eine verstärkte Integration von länger in Deutschland lebenden Ausländern aufgrund der erhöhten Nachfrage nach besser ausgestattetem und größerem Wohnraum mit zur Anspannung auf den Wohnungsmärkten beitragen und zusätzliche Wohnungsbauinvestitionen notwendig erscheinen lassen. Eine Zunahme der Wohnfläche um 5 m^2/Person und damit auf das Niveau der deutschen Haushalte von vor 20 Jahren erfordert Aufwendungen in Höhe von schätzungsweise insgesamt 100 Mrd. DM (zu gegenwärtigen Preisen). Freilich steht dem zusätzlichen Kapitalbedarf auch ein zusätzliches Kapitalangebot von seiten der Ausländer gegenüber; über

91 Darunter dürften sich nach einer Umfrage von Marplan (Hrsg.), Ausländer in Deutschland 1994. Soziale Situation. Offenbach 1994, überdurchschnittlich viele Haushalte mit Ausländern italienischer Nationalität befinden. Dies verwundert nicht, gehören diese doch aufgrund der Anwerbevereinbarungen in den fünfziger Jahren mit zu den ersten Zuwanderern; zwei Drittel von ihnen – und vermutlich auch der entsprechenden Haushalte – halten sich hier schon 11 Jahre und länger auf, in bezug auf die Aufenthaltsdauer belegen sie nach den Spaniern (79 vH Aufenthaltsdauer 11 Jahre und länger), den Österreichern (72 vH), den Niederländern (69 vH) und vor den Griechen (61 vH) den vierten Rang (66 vH); vgl. dazu Antwort der Bundesregierung auf die Große Anfrage der Abgeordneten Cem Özdemir u.a. der Fraktion BÜNDNIS 90/DIE GRÜNEN, S. 57. Zur starken Spreizung der Eigentumsquoten unter ausländischen Haushalten nach der beruflichen Stellung des Haushaltsvorstands – auch im Vergleich zu den Deutschen – vgl. die Ergebnisse der Auswertung des Sozio-ökonomischen Panels für 1992 (9. Welle) in H.D. von Loeffelholz, A. Gieseck und H. Buch, S. 40.

92 Ausgegangen wurde in Anlehnung an die seit Beginn des Jahres 1996 neugeregelte Wohneigentumsförderung nach dem Eigenheimzulagengesetz von einem Förderbetrag von 60 000 DM je Haushalt.

einen Zeitraum von zwei bis drei Dekaden betrachtet, dürfte es sich in ähnlicher Größenordnung bewegen[93].

Was etwa an zusätzlichem Wohngeld bei einer stärkeren Integration von Ausländern anfiele, ist mangels Daten nur ganz grob zu schätzen. So ist z.B. nicht bekannt, in welchem Ausmaß Ausländer unter den Wohngeldempfängern vertreten sind und wie hoch die Transfers an diese Bevölkerungsgruppe insgesamt ausfallen[94]. Die Zahlungen dürften gegenwärtig wegen bürokratischer und individueller Hemmnisse eher gering sein. Nimmt man an, daß die Ausländer mit stärkerer Integration entsprechend ihrem Bevölkerungsanteil unter den insgesamt 1,85 Mill. westdeutschen Wohngeldempfängern vertreten sind, d.h. 150 000 ausländische Personen Wohngeld empfangen und entsprechend auch an den Zahlungen partizipieren, könnten zusätzlich zu den 3,8 Mrd. DM bisherigen Gesamtausgaben[95] etwa 300 Mill. DM erforderlich werden.

2.2.3.2. Bildungsbereich

Im allgemeinbildenden Bildungsbereich führt die Angleichung der Bildungsbeteiligung zu einer geringeren Inanspruchnahme des Haupt- und Sonderschulbereichs und zu einem intensiveren Besuch von Realschulen, Gymnasien und Gesamtschulen. Während sich hier in Westdeutschland 1993 nur 27,6 vH der ausländischen Schüler befanden, aber 43,3 vH der deutschen Schüler, besuchten die vorgenannten Bildungsbereiche 34,6 vH der ausländischen Schüler, aber nur 20 vH der deutschen Schüler[96]. Gleiche Bildungsbeteiligung würde bei einer Aufrechterhaltung der 1993 erreichten Schüler-Lehrer-Relationen von 14,7 (Hauptschulen), 17,2 (Realschulen), 14,5 (Gymnasien) und 6,9 (Sonderschulen) im Saldo einen zusätzlichen Bedarf an Lehrern in der Größenordnung von 1 vH bzw. von 4 600 Personen erfordern. Im Realschul- und Gymnasialbereich würden dann fast 14 000 Lehrer mehr gebraucht, darunter allein bei den Gymnasien fast 9 000; dagegen könnte die Zahl der Lehrer in den übrigen Bereichen um reichlich 9 000 reduziert werden, darunter allein bei den Hauptschulen um mehr als 6 000. Die gesamten staatlichen Schulausgaben, die in den alten Bundesländern 1993 bei reichlich 60 Mrd. DM lagen und zu drei Vierteln aus Personalausgaben bestanden (45 Mrd. DM), würden durch 4 600 zusätzliche Personalstellen um 0,8 vH bzw. um 450 Mill. DM p.a. erhöht.

---

93 Bei dieser Abschätzung wurde unterstellt, daß für 6 Mill. Ausländer (7 Mill. abzüglich der Personen in Eigentümerhaushalten von Ausländern) Aufwendungen in Höhe von 3 500 DM/m^2 erforderlich werden. Weiter wurde für diese Bevölkerungsgruppe ein zusätzliches verfügbares Einkommen in Höhe von 300 DM pro Kopf und Monat angenommen, von dem 15 vH gespart werden. Innerhalb einer Zeitspanne von 30 Jahren summiert sich das zusätzliche Sparaufkommen der Ausländer auf knapp 100 Mrd. DM.

94 In der amtlichen Wohngeldstatistik wird die Nationalität des Transferempfängers nicht erhoben, da Ausländer denselben Anspruchsvoraussetzungen wie Deutsche unterliegen.

95 Die Angaben beziehen sich auf 1992; vgl. Statistisches Bundesamt (Hrsg.) [VI], Wohngeld im früheren Bundesgebiet 1992. (Fachserie 13: Sozialleistungen, Reihe 4.) Stuttgart 1994, S. 6ff.

96 Diese und die folgenden Angaben basieren auf Bundesministerium für Bildung, Wissenschaft, Forschung und Technologie (Hrsg.) [II], Grund- und Strukturdaten 1994/95. Bad Honnef 1994, S. 37ff.

1993 studierten etwa 60 000 Ausländer mit ständigem Wohnsitz in der Bundesrepublik an deutschen Universitäten und Fachhochschulen[97]; sie sind mit ihren Eltern zugewandert oder hier geboren. Diese Gruppe machte gerade 3 vH aller 1,7 Mill. Studenten aus – etwa soviel, wie auch unter den Abiturienten ausländische Schüler vertreten sind[98]. Stiege dieser Anteil im Zuge der weiteren Integration auf ein Niveau, bei dem ein Zehntel aller Studenten Zuwanderer-(kinder und -enkel) wären, müßten die jährlichen Aufwendungen für den Hochschulbereich (1992: 32,6 Mrd. DM) um 2 Mrd. DM erhöht werden, um die Leistungsfähigkeit der Universitäten und der Fachhochschulen zu erhalten. Insbesondere bedeutete dies die Schaffung von 5 000 zusätzlichen Stellen für wissenschaftliches Personal, darunter ein Drittel für Professoren.

2.2.3.3. Gesundheitsbereich

Bei der Untersuchung der Frage, inwieweit die Leistungsausgaben des Gesundheitsbereichs und hier insbesondere der Gesetzlichen Krankenversicherung[99] im Zuge der weiteren Integration der Ausländer steigen oder abnehmen, sind zwei gegenläufige Effekte zu berücksichtigen: Mit der Aufgabe körperlich-anspruchsvoller und psychisch-belastender Tätigkeiten, die mit einer stärkeren beruflichen und sektoralen Einbindung in den Arbeitsmarkt einhergehen dürfte, sinkt einerseits das Krankheitsrisiko, auf der anderen Seite treten Belastungen in den Vordergrund, die mit verantwortungsvolleren Tätigkeiten verbunden sind; u.U. nimmt die Häufigkeit des Arztbesuchs aufgrund von Verhaltensanpassungen und einer geringeren „Schwellenangst" zu. Welcher Effekt letztlich überwiegt, ist schwer auszumachen. Vieles spricht dafür, daß es zu zusätzlichen Ausgaben der GKV kommt.

Diese „verhaltensbedingten" Ausgabensteigerungen sind von den Zuwächsen zu unterscheiden, die mit der „Alterung" und dem dadurch bedingten Anstieg des Morbiditätsrisikos einhergehen. Z.Zt. ist das Durchschnittsalter der Ausländer – wie erwähnt – um etwa 10 Jahre niedriger als das der Deutschen (30 Jahre gegenüber 40 Jahren); vor allem ist der Anteil der ausländischen „Altersbevölkerung" (Personen im Alter von 60 und mehr Jahren) um ein Vielfaches geringer (etwa 5 vH gegenüber 22 vH)[100]. Dies hat zur Folge, daß schätzungsweise nur die Hälfte für Leistungen und Krankheitsaufwendungen an Ausländer erforderlich ist im Vergleich zu einer Situation, in der die Ausländer die gleiche Altersstruktur hätten wie die Deutschen. Nach groben Schätzungen könnte dieser Altersstruktureffekt bei Gesamtausgaben der gesetzlichen Krankenversicherung von reichlich 190 Mrd. DM in Westdeutschland (1995) gegenwärtig bis zu 10 Mrd. DM p.a. ausmachen. Da auch weiterhin von erheblichen

---

97 Hinzu kommt die gleiche Anzahl von ausländischen Studenten, die zum Zwecke des Studienaufenthalts nur vorübergehend hier leben. Vgl. Bundesministerium für Bildung, Wissenschaft, Forschung und Technologie (Hrsg.) [II], S. 188f.

98 In Nordrhein-Westfalen betrug dieser Anteil 1993 aufgrund einer stärkeren Bildungsbeteiligung 5 vH.

99 Unter ihrem Versicherungsschutz steht der Großteil der Ausländer wie der der Deutschen (jeweils etwa neun Zehntel).

100 Die genannten Anteile beziehen sich auf 1993 und basieren auf Antwort der Bundesregierung auf die Große Anfrage der Abgeordneten G. Andres u.a. und der Fraktion der SPD, S. 12; die Struktur dürfte bis 1995 weitgehend unverändert geblieben sein.

Zuwanderungen von (jüngeren) Ausländern auszugehen ist, dürfte ein derartiger Altersstruktureffekt auch in längerer Frist anhalten. Er schwächt sich indes in den nächsten zwei bis drei Jahrzehnten ab; längerfristig steigt der Anteil der ausländischen Altersbevölkerung bis zum Jahr 2020 auf 18 vH, der der deutschen Altersbevölkerung nimmt „nur" auf reichlich 30 vH zu[101]. Zu heutigen Preisen gerechnet könnte sich dadurch der Altersstruktureffekt auf 5 Mrd. DM p.a. reduzieren.

2.2.3.4. Verkehrsbereich

Im Verkehrsbereich führte die aktuelle Zuwanderung zu einer erhöhten Beanspruchung des mit reichlich 600 Mrd. DM zu beziffernden Kapitalstocks (netto, in Preisen von 1985). Hier hat es freilich noch nicht den Anschein, daß dadurch generell Kapazitätsgrenzen erreicht oder gar überschritten werden, so daß volkswirtschaftliche Kosten schon auf kurze Sicht zugenommen hätten. Da sich die Zuwanderung vornehmlich auf den öffentlichen Personen(nah-)verkehr auswirkte, dürfte dort eher die vielfach vorhandene Unterauslastung vermindert und so die Effizienz gesteigert worden sein. Bei zunehmender sozioökonomischer Integration scheinen längerfristig aber auch bei den Verkehrswegen insgesamt (Straße, Schiene, Luft und Wasser) Anpassungen an die erhöhte Verkehrsnachfrage erforderlich[102]. Würden etwa die Gesamtausgaben des Staates im Aufgabenbereich Verkehr (und Nachrichtenübermittlung) von 65 Mrd. DM (1993) in den nächsten 10 Jahren entsprechend der zuwanderungsbedingten Bevölkerungszunahme der letzten sieben Jahre gesteigert, entspräche dies in etwa zusätzlichen Ausgaben in Höhe von etwa 500 Mill. DM p.a.

2.2.3.5. Saldo aus fiskalischen Belastungen und Entlastungen

Als Ergebnis der finanzwirtschaftlichen Analyse kann festgehalten werden, daß die an die nun stärker integrierten Ausländer in Zukunft zusätzlich fließenden staatlichen Geld- und Realleistungen eine Größenordnung von etwa 13 bis 23 Mrd. DM p.a. erreichen könnten[103]. Ihnen sind die zusätzlichen „Gewinne" einer verstärkten Integration durch verstärkte Ausschöpfung gegebener Wirtschaftspotentiale bzw. den Abbau von Defiziten gegenzurechnen. Es sind höhere Beiträge der Zuwanderer zum Sozialprodukt im Ausmaß von 1 bis 2 vH zu erwarten (35 bis 70 Mrd. DM), die ihrerseits zu Mehreinnahmen an Steuern und Abgaben führen; sie können – bei der absehbaren Steuer- und Abgabenquote von knapp 50 vH – insgesamt auf 20 bis 35 Mrd. DM veranschlagt werden.

---

101 Vgl. Antwort der Bundesregierung auf die Große Anfrage der Abgeordneten G. Andres u.a. und der Fraktion der SPD, S. 12.

102 Zur aktuellen Entwicklung der Verkehrsnachfrage und des Verkehrsangebots insbesondere als Folge der deutschen Vereinigung vgl. B. Fritzsche u.a., Konsolidierungs- und Wachstumserfordernisse – Fiskalperspektiven in der Bundesrepublik in den neunziger Jahren. „RWI-Mitteilungen", Jg. 46 (1995), S. 12ff.

103 Vgl. Rheinisch-Westfälisches Institut für Wirtschaftsforschung und Institut für Politikwissenschaft der Universität Münster (Hrsg.), S. 77.

So dürfte auch längerfristig ein fiskalischer „Integrationsgewinn“ von 7 bis 12 Mrd. DM verbleiben. Diese groben Schätzungen, die immerhin Größenordnungen und Tendenzen aufzeigen, deuten darauf hin, daß bei verstärkter Integration von Zuwanderern (im Saldo) immer noch zusätzliche Mittel für die Bestreitung der Kosten solcher staatlicher Aufgaben und Ausgaben bereitstehen werden, die von diesen zuwanderungs- und integrationsbedingten Einflüssen weitgehend unabhängig sind. Als Beispiele dafür seien auch hier die Aufwendungen der deutschen Einigung sowie der europäischen Integration genannt, die in der ersten Dekade nach 2000 und darüber hinaus die politischen Prioritäten bestimmen und Schwerpunkte in den öffentlichen Haushalten auf allen Ebenen bilden werden.

2.3. Schlußfolgerungen

In fiskalischer Hinsicht wirkten sich Zuzug und Aufenthalt von ausländischen Zuwanderern bisher positiv auf die öffentlichen Finanzen aus. Hauptgründe dafür sind die günstige Altersstruktur der Immigranten, die i.a. beachtliche Aufnahmefähigkeit der Arbeitsmärkte und die unterproportionale Inanspruchnahme wichtiger öffentlicher Leistungen. Gleichwohl sind Restriktionen bei den ökonomischen Entfaltungsmöglichkeiten als Folge mangelnder Einbeziehung in die Bildungs- und Beschäftigungssysteme nicht zu verkennen.

Im Bildungsbereich wäre vor allem durch eine entsprechende Informationspolitik von seiten der privaten, intermediären und staatlichen Bildungsträger generell das Interesse der ausländischen Bevölkerung an einer besseren Schul- und Berufsausbildung zu fördern, um einerseits den Anteil der ausländischen Jugendlichen an weiterführenden Bildungsgängen bis hin zur Hochschule und Fachhochschule zu erhöhen und andererseits die Anzahl derer, die ihre Schul- und Berufsausbildung ohne qualifizierten Abschluß beenden, mittel- und längerfristig wesentlich zu vermindern. Staatlicherseits sollten verstärkt Maßnahmen zur Erhöhung der Sprachkompetenz angeboten werden, wobei das Schwergewicht entsprechender Curricula angesichts der Erfordernisse in einer Dienstleistungsgesellschaft, in der der Kundenakzeptanz hohe Bedeutung zukommt, bei einer besseren Beherrschung der deutschen Sprache liegen müßte; hinzu sollte u.U. noch Englisch treten, um der Internationalisierung der deutschen Wirtschaft und überhaupt der Globalisierung besser Rechnung tragen zu können. Zusätzlich sollte – etwa auch im Rahmen von durch Kammern, Bundes- und Landesministerien sowie die EU geförderten Modellvorhaben – stärker das Potential ausländischer Selbständiger als Ausbilder gefördert werden, um eine Anpassung der Ausbildungssituation ausländischer an die deutscher Jugendlicher zu unterstützen.

Mit Blick auf die gegenwärtigen und die in Zukunft absehbaren Erfordernisse des Arbeitsmarkts wären Qualifizierungsmaßnahmen zum Zwecke eines leichteren Zugangs der ausländischen Erwerbstätigen zu anspruchsvolleren Arbeitsplätzen im tertiären Sektor der Volkswirtschaft zu verstärken und die Arbeitsmarktrisiken für diese Bevölkerungsgruppe zu verringern. Zu denken ist neben der Erhöhung der Einbürgerungsquoten an Investitionen in das „Humankapital“, die vor allem in Fortbildungs- und Umschulungsinitiativen der Arbeitsverwaltung bestehen könnten; diese sollten darauf gerichtet sein, die Anpassungsfähigkeit der ausländischen Erwerbspersonen an den sektoralen und beruflichen Strukturwandel der deutschen Wirtschaft zu erhöhen. Auf Dauer gesehen rentieren sich solche Maßnahmen nicht nur unter arbeitsmarktpolitischen Aspekten, sondern für alle Fisci und Parafisci sowie für Wirtschaft und Gesellschaft insgesamt. Der volkswirtschaftliche Nutzen besteht – abgesehen von der besseren Ausschöpfung gegebener Potentiale – nicht zuletzt darin, daß die öffentliche Hand auf allen Ebenen weniger Sozialtransfers leisten muß und zusätzliche Leistungen für die Gesamtbevölkerung bereitstellen kann. Allerdings ist bei den entsprechenden Wirkungen und Implikationen mit längeren „Ausreifungsfristen" zu rechnen.

Viertes Kapitel

Auswirkungen von Zuwanderungen auf Konjunktur, Wirtschaftswachstum und Strukturwandel

Bei der ökonomischen Analyse von Bevölkerungsbewegungen, wie sie Zuwanderungen darstellen, ist ebenso wie bei natürlichen Populationsverläufen zwischen kurz- und langfristigen Effekten zu unterscheiden. In kurzfristiger Betrachtung wirken Immigrationen auf die Konjunktur, auf den Arbeitsmarkt, die Preise und die finanzwirtschaftliche Situation auf allen Ebenen. Längerfristig stehen die Implikationen für die ökonomischen Bedingungen anhaltenden Wirtschaftswachstums und für den (sektoralen) Strukturwandel im Vordergrund.

Im folgenden werden am Beispiel der Zuwanderungen seit 1988 die wichtigsten gesamtwirtschaftlichen Auswirkungen auf den kurzfristigen Wirtschaftsablauf aufgezeigt, bevor einige nachfrage- und angebotsseitige Überlegungen dazu angestellt werden, inwieweit wichtige Bestimmungsfaktoren des Wirtschaftswachstums längerfristig von der Zuwanderung insgesamt sowie von Zahl und Struktur der Immigranten beeinflußt werden. Als solche Determinanten des Wirtschaftswachstums werden über die gesamtwirtschaftliche Nachfrage hinaus quantitative und qualitative Aspekte des Arbeitsangebots, der technische Fortschritt sowie der Wettbewerb untersucht.

1. Kurzfristige gesamtwirtschaftliche Effekte

Im folgenden stehen die gesamtwirtschaftlichen Wirkungen im Vordergrund, die von den bisher geschilderten Primärimpulsen der Zuwanderung für den Arbeitsmarkt und die öffentlichen Finanzen ausgelöst werden. Diese Effekte ergeben sich daraus, daß aufgrund der durch die Zuwanderung gestiegenen gesamtwirtschaftlichen Nachfrage zusätzliche Einkommen der Unternehmen und der Arbeitnehmer entstehen. Diese werden entsprechend der Konsum-, Spar- und Investitionsneigung wiederum für den Konsum oder für das Sparen bzw. für Investitionen verwendet.

An der verstärkten Einkommensentstehung bzw. an der zusätzlichen Einkommensverwendung partizipiert der Staat in Gestalt höherer Einnahmen aus Verbrauchs- und Einkommenssteuern sowie aus Sozialversicherungsbeiträgen. Diese Partizipation ist aufgrund der Höhe der Staatsquote von etwa 50 vH beträchtlich. Die Steuern und

Abgaben gibt der Staat für Sach- und Investitionsgüterkäufe, für die Entlohnung seiner Bediensteten und für Transfers an private Haushalte und an Unternehmen aus, was dort wiederum zu zusätzlichen Einkommen und zusätzlichem Konsum oder Sparen bzw. Investitionen führt. Der expansive Kreislaufprozeß wirkt erfahrungsgemäß für einige Zeit durch die gesamte Volkswirtschaft und erhöht am Ende das Sozialprodukt, die Einkommen der privaten Haushalte ebenso wie die Einnahmen und Ausgaben des Staates und führt zu zusätzlicher Beschäftigung.

Mit ökonometrischen Modellrechnungen können die genannten Wirkungen abgeschätzt werden. Dabei müssen die gesamtwirtschaftlichen Implikationen der Immigration in den sehr unterschiedlichen Konjunktur- und Arbeitsmarktlagen in der Zeit von 1988 bis 1991, als der sog. Einigungsboom und erhebliche Steuerentlastungen bei der Einkommensteuer (1988 und 1990) zu einer starken Expansion der Wirtschaftstätigkeit mit einer Reduktion der Zahl der (registrierten) Arbeitslosen um 540 000 Personen führten, von der Phase zwischen 1992 bis 1995 unterschieden werden, als sich die Konjunktur vor allem in den alten Bundesländern erheblich abschwächte und insbesondere der westdeutsche Arbeitsmarkt mit gegenüber 1991 jahresdurchschnittlich zusätzlich fast 900 000 Arbeitslosen immer stärker ins Ungleichgewicht geriet[1].

1.1. Zuwanderungen 1988 bis 1991[2]

In den vorangegangenen Abschnitten wurden die primären Effekte der jüngsten Welle von Zuwanderern auf Arbeitsmarkt und öffentliche Finanzen betrachtet. Eine Gesamtbeurteilung der ökonomischen Wirkungen der Zuwanderung muß indessen neben diesen auch die übrigen Dimensionen der gesamtwirtschaftlichen Entwicklung sowie die Sekundärwirkungen ins Bild nehmen. Zu diesem Zweck wird im folgenden auf das RWI-Konjunkturmodell zurückgegriffen[3].

Bereits die Darstellung der unmittelbaren gesamtwirtschaftlichen Wirkungen hatte deutlich werden lassen, daß diese sowohl auf der Nachfrage- als auch auf der Angebotsseite zu suchen sein dürften. Während Erfassung und Abbildung der ersteren in einem Konjunkturmodell des Keynes/Klein-Typs wie dem RWI-Konjunkturmodell vergleichsweise problemlos möglich sind[4], trifft dies auf die Angebotseffekte aus einer Reihe von Gründen[5] nicht zu. Im Kern liegt Modellen dieses Typs die Vorstellung einer – bezogen auf die gesamtwirtschaftliche Entwicklung – rekursiven Bestimmung des Arbeitsmarktes zugrunde: Die Beschäftigungsnachfrage wird von der Gesamtnachfrage und den Lohnkosten bestimmt. Die Beschäftigung steigt also nur dann, wenn die Nachfrage zunimmt oder die Lohnstückkosten abnehmen.

---

1 Zwischen 1991 und 1995 nahm die Zahl der Arbeitslosen von 1,69 Mill. Personen auf 2,56 Mill. zu.

2 Vgl. G. Barabas u.a., S. 133ff.

3 Zu Aufbau, Struktur und Reaktionsweisen vgl. z.B. U. Heilemann und H.J. Münch, Einige Bemerkungen zum RWI-Konjunkturmodell. In: H.G. Langer u.a. (Hrsg.), Simulationsrechnungen mit ökonometrischen Makromodellen. (Berichte der GMD, Nr. 146.) München 1984, S. 355ff.

4 Vgl. auch U. Taureg und T. Weiß, Der kurzfristige Nachfrageimpuls des Zustroms von Aus- und Übersiedlern. „RWI-Mitteilungen“, Jg. 41 (1990), S. 178ff.

5 Vgl. dazu z.B. die skeptische Einschätzung bei O. Eckstein, The DRI-Model of the U.S. Economy. New York 1983, S. 58ff.

Nachfrageerhöhungen infolge der Zuwanderungen sind auf zwei Wegen denkbar: erstens infolge der von den Zuwanderern empfangenen einmaligen und laufenden Transferzahlungen, die sich unmittelbar vor allem in höherem Privaten Verbrauch niederschlagen, der dann Multiplikator- und Akzeleratorprozesse auslöst. Nachfrageeffekte können sich aber auch aus dem zusätzlichen Arbeitsangebot der Zuwanderer insofern ergeben, als es zum Abbau „restringierter Nachfrage" bei einzelnen (Nachfrage-) Komponenten kommt. Dabei ist eine Vielzahl von Ansatzpunkten und Konstellationen denkbar. Eine Analyse z.B. der Ausrüstungsinvestitions- und Verbrauchserklärungen des Modells in den Jahren 1988 bis 1991 lieferte allerdings keine unmittelbaren Hinweise auf Verhaltensänderungen, was angesichts eines Stützbereichs der Schätzfunktionen von 10 Jahren nicht gänzlich überrascht. Bezüglich der nachfrageseitigen Absorption des zusätzlichen Arbeitsangebots wurde daher aus Vereinfachungsgründen von einer gleichzeitigen Erhöhung der Exporte und einer Verminderung der Importe ausgegangen, wie unten im einzelnen dargestellt. Dabei wurde zusätzlich unterstellt, daß sich diese Änderungen „produktivitätsneutral" vollzogen haben. Es wurden auch keine Veränderungen im Lohnfindungsprozeß unterstellt, wenngleich davon auszugehen ist, daß mittelfristig das erhöhte Arbeitsangebot auch hier stärkere Wirkungen entfalten dürfte, als die entsprechenden Erklärungen des Modells bislang erkennen lassen. Folgt man bei der Tariflohnerklärung dem erweiterten Phillips-Ansatz, so wäre z.B. von einer Reduzierung der Zahl der offenen Stellen (der Vorperiode) um 100 000 bei unveränderter Produktivitäts- und Preisentwicklung eine Reduzierung der Tariflohnsteigerungsrate um etwa 1,25 vH-Punkte zu erwarten[6].

Ausgangspunkt der folgenden Simulationsrechnungen bildet eine Modellösung über den Zeitraum 1988–1 bis 1991–4[7]. Stützbereich der Schätzgleichungen ist der Zeitraum 1981–3 bis 1991–2[8]. Damit gehen die Berechnungen über den üblichen Prognosezeitraum von 8 bis 10 Quartalen hinaus; inwieweit die nicht erfaßten mittelfristigen Wirkungen (z.B. die Kapazitätseffekte der Investitionen) die Ergebnisse beeinflussen, muß in einzelnen offen bleiben. Im vorliegenden Fall scheinen die daraus resultierenden Beschränkungen tolerabel. Bei der Modell- oder Basislösung handelt es sich also um die Verbindung einer ex post-Prognose innerhalb und außerhalb des Stützbereichs. Für die Aussagefähigkeit der Simulationsergebnisse spielt dies keine Rolle. Ver-

---

6 Vgl. dazu z.B. U. Heilemann and A. Samarov, Changes in the Determinants of the Rate of Change of Wage Rates in the FRG. „Jahrbücher für Nationalökonomie und Statistik", Stuttgart, Band 205 (1990), S. 453, Exhibit 2. Eine Erhöhung der Arbeitslosenquote um 1 vH-Punkt führt nach Franz zu einer Reduzierung der Tariflohnveränderungsrate um 0,4 vH-Punkte. Vgl. W. Franz, Beschäftigungsprobleme aufgrund von Inflexibilitäten auf Arbeitsmärkten? In: H. Scherf (Hrsg.), Beschäftigungsprobleme hochentwickelter Volkswirtschaften. (Schriften des Vereins für Socialpolitik, N.F. Band 178.) Berlin 1989, S. 328.

7 Die Effekte der Zuwanderung wurden als Differenz zwischen der Basislösung und einer Lösung „was wäre ohne die Zuwanderung gewesen?" errechnet. Für die Erörterung der Annahmen und Ergebnisse wurde jedoch wegen der besseren Verständlichkeit die Darstellungsform „was fügt die Zuwanderung hinzu?" gewählt.

8 Vgl. dazu auch Rheinisch-Westfälisches Institut für Wirtschaftsforschung (Hrsg.) [III], Vierteljährliche Prognose mit dem RWI-Konjunkturmodell 1991-3 bis 1992-4, Nr. 34. (Bearb.: G. Barabas und U. Taureg.) Essen 1991. Für den vorliegenden Beitrag wurde die Exogenisierung der Tariflöhne rückgängig gemacht, um Hinweise auf die möglichen kurzfristigen Lohnwirkungen zu erhalten.

gleichsrechnungen mit der neuesten „Vierteljahres-Prognose“[9] lassen gegenüber der hier verwendeten Modellversion keine Reaktionsunterschiede erkennen.

Zunächst konzentriert sich die Analyse auf die Nachfrageeffekte der Transferzahlungen an die Zuwanderer. Zu diesem Zweck wurden – etwas vereinfachend – die entsprechenden Zahlungen als Add-Variablen (Hinzufügungen zum absoluten Glied) in die entsprechenden Verhaltensgleichungen (Geleistete laufende Transferzahlungen des Staates, Empfangene Übertragungen der privaten Haushalte) eingeführt. Bei den Transferzahlungen handelt es sich zum einen um laufende Zahlungen z.B. für Kindergeld und Renten, zum anderen um einmalige Zahlungen z.B. in Form des Begrüßungsgeldes. Diese Zahlungen wurden im Modell mit Beträgen von 1 000 DM je Quartal bzw. 1 000 DM je zusätzlicher Person des Erwerbspersonenpotentials berücksichtigt. Für arbeitslose Zuwanderer wurden Unterhalts- und Arbeitslosengeldzahlungen in Höhe von 4 000 DM je Quartal unterstellt. Transferzahlungen an Asylbewerber wurden entsprechend den Angaben im dritten Kapitel angesetzt. Insgesamt summieren sich die Zahlungen nach diesem Schema im Jahr 1991 auf ca. 17 Mrd. DM. Ein Teil dieses Betrages ist allerdings schon indirekt durch die in den Transfergleichungen enthaltenen Elemente (z.B. die durch die Zuwanderung gestiegene Lohnsumme) erfaßt. Nach Berücksichtigung dieses Teils verbleibt ein Add-Volumen von ca. 12 Mrd. DM im Jahr 1991.

Bezüglich der Entlohnung der Zuwanderer wird ein Abschlag von 10 vH gegenüber dem westdeutschen Durchschnitt unterstellt. Damit wird berücksichtigt, daß es sich bei ihnen im Durchschnitt zwar um qualifizierte Facharbeiter, aber kaum um Höherverdienende handelte und daß sie vielfach zu Lohnzugeständnissen bereit waren. Gleichwohl wurde angenommen, daß wegen der Bedürfnisse der Erstausstattung und raschen Erfüllung der Wohlstandserwartungen ihre Konsumquote bei 100 vH lag und damit ihr Pro-Kopf-Verbrauch etwa dem der einheimischen Bevölkerung entsprach. Insgesamt resultierte aus dem Lohnabschlag und der hohen Konsumquote der Zuwanderer ein stärkerer Anstieg der Einkommen aus Unternehmertätigkeit und Vermögen als der aus unselbständiger Arbeit; die wirtschaftliche Entwicklung dürfte so u.a. über höhere Investitionen sowie zusätzliche entnommene Gewinne und Vermögenseinnahmen (Entnahmen) weitere Impulse erhalten haben.

Zum Zwecke der Analyse der Angebots- bzw. Arbeitsmarkteffekte der Zuwanderung wurde wie folgt vorgegangen. Es wurde unterstellt, daß das höhere „Primärangebot“ via Beschäftigung der Zuwanderer lediglich auf Ausfuhr und Einfuhr zu verteilen ist. Dem liegt wie ausgeführt die Überlegung zugrunde, daß aufgrund der hohen Kapazitätsauslastung während des Betrachtungszeitraumes ein Teil der Binnen- und Außennachfrage nur deshalb befriedigt werden konnte, weil mit der Zuwanderung ein zusätzliches mobiles und gut ausgebildetes Arbeitsangebot zur Verfügung stand[10]. Die Zuwanderung hat die Konkurrenzfähigkeit der deutschen Produktion von der Kosten-

---

9 Vgl. dazu auch Rheinisch-Westfälisches Institut für Wirtschaftsforschung (Hrsg.) [IV], Vierteljährliche Prognose mit dem RWI-Konjunkturmodell 1992–1 bis 1993–4, Nr. 35. (Bearb.: G. Barabas, A. Gieseck und U. Taureg.) Essen 1992.

10 Vgl. dazu Rheinisch-Westfälisches Institut für Wirtschaftsforschung (Hrsg.) [V], „RWI-Konjunkturberichte“. Berlin, Jg. 42 (1991), Heft 2, S. 67f.

seite her tendenziell gesteigert: Der Anstieg der Lohnkosten wurde leicht gedämpft. Die gleichen Faktoren dürften tendenziell auch eine Substitution von Importen zur Folge gehabt haben: Die inländische Nachfrage hätte ohne das Arbeitsangebot der Zuwanderer höhere Importe erfordert. Exporte und Importe wurden daher entsprechend dem Anteil der Zuwanderer an den Beschäftigten insgesamt mit Hilfe von Add-Variablen erhöht bzw. vermindert.

Bezüglich der Produktivität verdienen im vorliegenden Zusammenhang zwei Faktoren Beachtung: Zum einen dürfte die Qualifikation der Zuwanderer zwar besser sein als die der Arbeitslosen, jedoch schlechter als die der Gesamtheit der Beschäftigten, wie dies bereits der Annahme der Zuwanderer-Löhne zugrundelag. Zum anderen führen zusätzliche Arbeitskräfte bei hoher Kapazitätsauslastung und anhaltend starkem Wachstum zur Wiederinbetriebnahme von „suboptimalen" Produktionsanlagen. Der Anstieg der Arbeitsproduktivität läßt somit nach. Dieses Phänomen hat in den Berechnungen wie folgt Berücksichtigung gefunden: Im ersten Schritt wurde die Produktivitätsentwicklung (Produktivität je Stunde) bestimmt, die sich infolge der von den staatlichen Transferzahlungen ausgelösten Multiplikatorprozesse einstellte. Im zweiten Schritt wurde der Produktionsausweitung durch die Modifizierung der Ex- und Importe unter Berücksichtigung der Kreislaufeffekte Rechnung getragen, wobei die Produktivität auf dem früher berechneten Niveau gehalten wurde. Insgesamt wurde der Produktivitätsanstieg durch diese Vorgehensweise auf ca. ein Drittel des ohne diese Modifikation berechneten vermindert. Ab dem dritten Quartal 1991 kommt mit Blick auf die dann nachlassenden Nachfrageimpulse und die sinkende Kapazitätsauslastung wieder die ursprüngliche Beschäftigungsfunktion mit entsprechender Produktivitätsentwicklung zum Zuge. Bezüglich des Außenhandels wird ein Einlenken auf den ursprünglichen Pfad angenommen, d.h. es wird nicht mehr mit dem Arbeitsangebot, sondern mit der Nachfrage als restriktivem Faktor gerechnet.

Die errechneten makroökonomischen Effekte der Zuwanderung sind in Tabelle 23 zusammengefaßt. Die Beschäftigung von 1,1 Mill. Zuwanderern im Durchschnitt des Jahres 1991 (4,1 vH der Erwerbstätigen) ermöglichte weiteren 85 000 Personen die Aufnahme einer Erwerbstätigkeit; die Arbeitslosenquote wäre ohne die Zuwanderung im Jahr 1991 um 0,2 vH-Punkte höher ausgefallen. Nach diesen Ergebnissen verstärken sich seit Anfang 1990 auf dem Arbeitsmarkt die komplementären Effekte. Infolge der Verzögerungen in der Beschäftigungsentwicklung wurde der Arbeitsmarkt auch in der zweiten Hälfte 1991 bei rückläufigen Primäreffekten entlastet.

Das Bruttosozialprodukt lag im Jahr 1991 absolut um knapp 5 vH höher als ohne die Zuwanderung. Die durchschnittliche Veränderungsrate des Sozialprodukts betrug über die vier Jahre mit der Zuwanderung je Jahr 3,8 vH, ohne Zuwanderung 2,5 vH. Das mit der Zuwanderung kräftigere wirtschaftliche Wachstum war mit entsprechend höheren Einkommen verbunden: Das Volkseinkommen ist absolut um 5,4 vH zusätzlich gestiegen, d.h. aber auch, daß das Pro-Kopf-Einkommen 1991 – nach Rückgängen in den Vorjahren – unverändert geblieben ist. Für die Unternehmen lohnte sich die Ausweitung der Produktion und der Beschäftigung im Untersuchungszeitraum besonders, ihre Bruttoeinkommen lagen – wie auch theoretisch zu erwarten ist – 1991 zuwanderungsbedingt um 8,4 vH höher. Die Arbeitnehmereinkommen waren um

Tabelle 23

Gesamtwirtschaftliche Wirkungen der Zuwanderung

1988 bis 1991

	1988	1989	1990	1991
	Annahmen			
Erwerbspersonenpotential der Zuwanderer, in 1 000	129	528	1 078	1 547
Erwerbstätige Zuwanderer, in 1 000	21	183	618	1 133
Transfereinkommen an Zuwanderer, in Mrd. DM	3	9,7	14,9	17,1
Stundenproduktivität[1]	0,1	0,3	0,4	0,5
	Wirkungen[2]			
Entstehung				
Erwerbstätige, in 1 000	22	186	645	1 218
Arbeitslosenquote in vH-Punkten	0,1	0,3	0,3	–0,2
Verwendung, real				
Privater Verbrauch	0,4	1,6	3,6	5,6
Staatsverbrauch	0	0,1	0,7	2,1
Bruttoanlageinvestitionen	0,3	1,1	2,6	4,3
Ausrüstungen	0,5	1,9	4,4	6,6
Bauten	0,1	0,4	1,0	2,0
Lagerveränderungen, in Mrd. DM	0,8	3,6	8,4	10,6
Außenbeitrag, in Mrd. DM	–1,7	–4,5	–3,2	–1,8
Exporte	0	0,1	0,6	0,9
Importe	0,3	0,8	1,1	1,1
Bruttosozialprodukt	0,2	1,1	2,9	4,9
Preise, 1985=100				
Privater Verbrauch	0	–0,1	–0,2	–0,4
Bruttosozialprodukt	0	–0,1	–0,3	–0,4
Verteilung				
Bruttoeinkommen aus unselbständiger Arbeit	0,1	0,8	2,4	4,2
Unternehmertätigkeit/Vermögen	0,6	2,3	5,1	8,4
Volkseinkommen	0,3	1,2	3,2	5,4
Nettoeinkommen aus unselbsändiger Arbeit	0,1	0,6	1,9	3,3
Unternehmertätigkeit/Vermögen	0,7	2,7	5,7	9,3
Staat, in Mrd. DM				
Einnahmen	1,4	8,8	26,1	50,8
Ausgaben	3,2	11,4	22,1	37,4
Finanzierungssaldo	–1,8	–2,6	4,0	13,4

Eigene Berechnungen. – [1]Abweichung von der beobachteten Entwicklung. – [2]Abweichungen von der Lösung „keine Zuwanderung" in vH.

RWI ESSEN

4,2 vH höher als ohne Zuwanderung. Das gegenüber dem Bruttoeinkommen aus Unternehmertätigkeit und Vermögen stärkere Wachstum des entsprechenden Nettoeinkommens ist durch die Steuerreform 1990 zu erklären, deren Entlastungswirkungen sich aufgrund des mit der Zuwanderung höheren Einkommensniveaus verstärkten.

Zwei Annahmen spielen in den Berechnungen eine wichtige Rolle. Erstens: Würde die Sparquote der Zuwanderer dem Durchschnitt entsprechen (ca. 85 vH), wären das reale BSP 1991 um 0,4 vH-Punkte, der Private Verbrauch um 1 vH-Punkt und die Zahl der Erwerbstätigen um 80 000 niedriger gewesen als hier ausgewiesen. Zweitens: Würde die Beschäftigungsgleichung ohne die Modifikation der Produktivitätsentwicklung zum Zuge kommen, ergibt die Modellrechnung im Jahr 1991 eine um 430 000 geringere Beschäftigungszunahme und einen um 16,5 Mrd. DM geringeren Finanzierungssaldo, aber nur ein um 0,4 vH-Punkte niedrigeres Bruttosozialprodukt.

Die aus der Mehrbeschäftigung, den erhöhten Gewinnen und dem Mehrverbrauch resultierenden Steuer- und Beitragseinnahmen betrugen insgesamt ca. 50 Mrd. DM. Oben wurden die sich aus der Erwerbstätigkeit und dem Verbrauch der Zuwanderer direkt ergebenden Zusatzeinnahmen des Staates auf rund 30 Mrd. DM veranschlagt: Die übrigen und die Kreislaufwirkungen der Zuwanderung sorgten demnach für zusätzliche Einnahmen des Staates in Höhe von etwa 20 Mrd. DM. Den genannten Mehreinnahmen und Minderausgaben des Staates stehen freilich zum einen die genannten Leistungen an die Zuwanderer selbst in Höhe von schätzungsweise 16 bis 17 Mrd. DM gegenüber. Zum anderen sind aber auch die Ausgaben des Staates für den Staatsverbrauch und laufende Übertragungen um je ca. 10 Mrd. DM gewachsen, vor allem wegen gestiegener Sachkäufe und Personalausgaben sowie der Aufstockung von Sozialleistungen (z.B. Erziehungsgeld). Alles in allem bewirkte die Zuwanderung eine Entlastung der öffentlichen Haushalte im Jahr 1991 in Höhe von reichlich 13 Mrd. DM. Zusammen mit den Entlastungen um 4 Mrd. DM 1990 wurden die in den Jahren 1988 und 1989 errechneten geringen (zusätzlichen) Finanzierungsdefizite weit mehr als ausgeglichen. Diese Zuwanderungswelle hat sich somit haushalts- und finanzwirtschaftlich günstig ausgewirkt; sie ist z.B. als nicht unbeträchtlicher Beitrag zur Abschwächung der schnell zunehmenden Belastungen, die für die ansässige Bevölkerung aus der deutschen Vereinigung durch die Transfers von West- nach Ostdeutschland resultierten, zu würdigen; immerhin macht der genannte Betrag etwa ein Zehntel der vereinigungsbedingten Übertragungen aus[11].

Inwieweit die für 1991 gültigen Aussagen auch am aktuellen Rand unter den erheblich veränderten gesamtwirtschaftlichen Rahmenbedingungen noch Gültigkeit beanspruchen können, wird für die Immigrationsphase 1992 bis 1995 geprüft.

1.2. Immigration 1992 bis 1995

Angesichts der Tatsache, daß zwischen 1992 und 1995 nur noch halb so viele Immigranten nach Westdeutschland kamen wie in den vier Jahren zuvor (jahresdurchschnittlich ca. 450 000 Personen – darunter jeweils etwa die Hälfte Aussiedler und

---

11 Zu Entwicklung und Struktur dieser Transfers vgl. U. Heilemann und H. Rappen, S. 85ff.

Ausländer), sind die makroökonomischen Effekte der jüngsten Zuwanderung höchstens halb so groß zu veranschlagen wie die der vorherigen Welle[12]. Dies gilt um so mehr, als mit Blick auf die sich konjunkturbedingt rapide verschlechternde Arbeitsmarktlage zu vermuten steht, daß sich die Erwerbspersonen unter den Immigranten, die reichlich die Hälfte der Zugewanderten ausmachten, d.h. etwa 200 000 Personen p.a., stärker als in der Vergangenheit (auch) auf dem sog. zweiten, informellen Arbeitsmarkt orientierten und dort eine oder auch mehrere geringfügige, sozialversicherungsfreie (Teilzeit-) Beschäftigungen aufgenommen haben. Dies könnte insbesondere für die grob gerechnet etwa 100 000 ausländischen Erwerbspersonen unter den Immigranten (einschl. Asylbewerber) zutreffen, die damit ihre besondere regionale, sektorale und berufliche Mobilität sowie ihre Flexibilität hinsichtlich der monetären und sonstigen Arbeitsbedingungen auszuspielen vermochten; sie waren vermutlich mit dafür verantwortlich, daß die Anzahl der teilzeitbeschäftigten Arbeitnehmer in Westdeutschland von 4,6 Mill. in 1992 auf schätzungsweise 5,2 Mill. 1995 gewachsen ist.

Hinzu kommt die weitere Expansion der „590-DM-Jobs" oder noch niedriger dotierter Arbeitsverhältnisse, die vielfach von Zuwanderern zur Umgehung ihrer Nachrangigkeit am Arbeitsmarkt und aufgrund ihres zumindest anfänglich entscheidend niedrigeren Anspruchsniveaus übernommen werden. Solche formellen und informellen Beschäftigungen, die vor allem im personalintensiven Dienstleistungsbereich für Ungelernte oder als Anlerntätigkeiten – oft nach Umwandlung von „Vollarbeitsplätzen" – angeboten, oft kurzfristig angenommen und meist nur vorübergehend ausgeübt werden, dürften im Betrachtungszeitraum ebenfalls um einige Hunderttausend auf schätzungsweise 3,5 Mill. zugenommen haben[13]. Wegen des vergleichsweise eher bescheidenen Beitrags zu dieser Expansion durch die aktuellen Zuwanderer und der erfahrungsgemäß relativ großen Instabilität der in Rede stehenden Beschäftigungsverhältnisse erübrigt sich insoweit eine weitere makroökonomische Analyse. Die Bedeutung der Zuwanderung von 1992 bis 1995 für den gesamten westdeutschen Arbeitsmarkt von 32 Mill. Erwerbspersonen erscheint mit ca. 0,3 vH p.a. ebenso vernachlässigbar wie die gesamtwirtschaftlichen Nachfrageeffekte der Transferzahlungen an die Zuwanderer, die zusammen nunmehr rund 6,5 Mrd. DM (1995) – darunter 5,5 Mrd. DM an Leistungsempfänger nach dem Asylbewerberleistungsgesetz[14] – und damit nur noch zwei Fünftel des Betrags von 1991 ausmachten, was insgesamt ebenfalls nicht mehr als 0,3 vH des Privaten Verbrauchs erreichte. Somit können die davon abhängigen Multiplikator- und Akzeleratorwirkungen als eher bescheiden eingestuft werden.

---

12 Diese Aussage gründet sich auf die Tatsache, daß die Modellreaktionen im RWI-Konjunkturmodell, wie sie für die Zuwanderungsphase 1988 bis 1991 skizziert wurden, ebenso wie in anderen ökonometrischen Modellen bei den gegebenen Impulsen „praktisch symmetrisch und linear sind"; U. Heilemann, „Small is Beautiful?" Zur Ökonomie ökonometrischer Modelle. Vorläufiges Manuskript eines Vortrags am 20. November 1995 im Volkswirtschaftlichen Forschungsseminar des Fachbereichs Wirtschaftswissenschaft der Gerhard-Mercator-Universität GH Duisburg. Essen 1995, S. 26.

13 Nach K. Rohr und G. Heyer, S. 9, betrug die Zahl schon im Frühjahr 1992 etwa 3 Mill.

14 Vgl. Abschnitt 2.1.3. im dritten Kapitel.

2. Zuwanderung als Einflußgröße für das Wirtschaftswachstums

Immigration als wichtige Determinante der Bevölkerungsentwicklung wurde lange Zeit von Demographen und Ökonomen getrennt betrachtet. Die systematische Analyse der Interdependenzen zwischen Wirtschafts- und Bevölkerungsentwicklung beginnt Ende des achtzehnten Jahrhunderts mit Malthus' „An Essay on the Principle of Population"[15]. Während aber in der Folgezeit vornehmlich die als problematisch angesehenen Effekte von Bevölkerungsexpansionen auf die mehr oder weniger als gegeben angenommenen volkswirtschaftlichen Ressourcen und damit auf die Pro-Kopf zur Verfügung stehenden Subsistenzmittel untersucht wurden, sah sich die Nationalökonomie in den dreißiger Jahren dieses Jahrhunderts angesichts einer Verlangsamung des demographischen Wachstums in fast allen Industrieländern vor eine neue Problemlage gestellt. Das Ergebnis der entsprechenden Untersuchungen[16] war die Hervorhebung der Bevölkerungsentwicklung als wichtige Determinante der gesamtwirtschaftlichen Nachfrage und via vergrößerter Märkte, zunehmender Arbeitsteilung und economies of scale als notwendige Voraussetzung für Erhöhung der Produktivität und für wirtschaftliche Prosperität; darauf haben schon die klassischen Ökonomen William Petty und Adam Smith hingewiesen. Nehme die Bevölkerung ab, stagniere die Wirtschaft – eine Auffassung, die sich in der Realität mit der Weltwirtschaftskrise zu bestätigen schien. Analog wurden die hohen Wachstumsraten und die schnelle Erhöhung des Lebensstandards, die in den westlichen Industrieländern nach Ende des Zweiten Weltkriegs zu verzeichnen waren, nicht zuletzt auf die mit den natürlichen Bevölkerungsbewegungen, wie dem „Baby-Boom" in den vierziger und fünfziger Jahren, sowie auf die mit den massiven Wanderungsbewegungen von Ost- nach Westeuropa, insbesondere in die 1949 entstandene Bundesrepublik Deutschland, verbundenen Nachfrageschübe zurückgeführt.

Auch die Abschwächung des wirtschaftlichen Wachstums in den siebziger und achtziger Jahren wurde in der Tradition von Petty, Smith und Keynes insbesondere hierzulande mit den kontraktiven natürlichen und räumlichen Bevölkerungsverläufen in Verbindung gebracht: nicht nur die Geburtenraten schwächten sich zunehmend ab[17], sondern es wurde auch als Folge des Mauerbaus und der zunehmenden Abschottung der osteuropäischen Staaten ab 1961 der Zuwandererstrom immer kleiner, bis er schließlich zwischen 1975 und 1979 – auch als Folge des Anwerbestopps für auslän-

15 Vgl. T.R. Malthus, An Essay on the Principle of Population. London 1973.

16 Vgl. J.M. Keynes, Some Economic Consequences of Declining Population. „Eugenics Review", vol. 29 (1937), S. 13ff., A.H. Hansen, Economic Progress and Declining Population Growth. „American Economic Review", Menasha, WI, vol. 29 (1939), S. 1ff., und W.B. Reddaway, The Economics of Declining Population. New York 1939.

17 „Die Bundesrepublik war von 1972 bis 1985 weltweit das Land mit der niedrigsten Fertilität. Das Minimum wurde 1985 mit einer zusammengefaßten Geburtenrate von 1,28 erreicht. Die Nettoreproduktionsrate betrug 0,6. Bis 1989 stieg die zusammengefaßte Geburtenrate wieder auf 1,39 an, was im wesentlichen auf einen starken Anstieg der in Deutschland registrierten Geburten ausländischer Staatsangehöriger zurückzuführen ist"; Enquete-Kommission „Demographischer Wandel" in Deutscher Bundestag (Hrsg.), S. 44f.

dische Arbeitskräfte aus Süd- und Südosteuropa – fast völlig verebbte[18]. Allerdings traten im Zuge des wirtschaftwissenschaftlichen und -politischen Paradigmenwechsels weg von nachfrageorientierten und hin zu angebotsspezifischen Erklärungsansätzen zunehmend solche für die mangelnde wirtschaftliche Dynamik in den Vordergrund, die mit den Etiketten „Eurosklerose" als Synonym für fehlende Flexibilität und Anpassungsfähigkeit von Unternehmen und Arbeitnehmer, mit Kapitalmangelarbeitslosigkeit als Ausdruck zunehmender „Kapitalflucht" ins Ausland wegen der immer unattraktiveren gesamtwirtschaftlichen „Rahmenbedingungen", mit „technologischer Lücke" aufgrund fehlender Prozeß- und Produkt-Innovationen u.ä. bezeichnet wurden. Dahinter steht die allgemeine These, daß die wirtschaftliche Entwicklung längerfristig eher von angebotsspezifischen als von nachfrageseitigen Einflußgrößen determiniert wird[19].

Differenzierter bieten sich zwei grundlegende Erklärungsmuster von Wachstumsprozessen an, auf die Zuwanderungen einwirken können: der Potentialfaktor- und der Strukturansatz[20]. Wesentliche Kennzeichen des Potentialfaktoransatzes sind die Rückführung des Wachstums auf die Entwicklung kumulierbarer Produktionsfaktoren (Arbeit, Kapital, technischer Fortschritt), die Einbindung dieser Faktoren in limitationale oder substitutionale Produktionsfunktionen sowie der makroökonomische Charakter der Analyse. Der Strukturansatz führt die wirtschaftliche Dynamik letztendlich auf einige Konstanten der menschlichen Natur zurück: die Unbegrenztheit der menschlichen Bedürfnisse, der immerwährende Drang nach neuer wissenschaftlicher Erkenntnis sowie die Bereitschaft zu unternehmerischem Verhalten. Der Innovationsprozeß wird damit zur entscheidenden Determinante des wirtschaftlichen Wachstums, der mikroökonomisch zu analysieren ist[21]. Dabei wird in industrieökonomischen und evolutionstheoretischen Ansätzen von einer beschränkten Rationalität der Entscheidungsträger ausgegangen bzw. von Entscheidungen unter Ungewißheit. Zwischen diesen verschiedenen wachstumstheoretischen Erklärungsansätzen, die letztlich wiederum unter nachfrageseitige und angebotsseitige Konzepte subsumiert werden können, ist unstrittig, daß Immigration auf das Outputniveau bzw. die Lage des Wachstumspfads Einfluß nehmen kann. Strittig ist, wie weit der Einfluß reicht und in

---

18 Vgl. den vor diesem Hintergrund, insbesondere auch mit Blick auf zunehmend unterausgelastete staatliche Infrastruktureinrichtungen im Bildungs- und überausgelastete Kapazitäten bei der Krankenversorgung („ageing population") entstandenen Beitrag von H.D. von Loeffelholz [III], S. 215ff.; vgl. auch – insbesondere mit Blick auf die Alterssicherung – die aktuelle Untersuchungen der OECD (Ed.) [IV], OECD Economic Outlook, no. 57. Paris 1995, S. 37ff., und W. Leibfritz u.a., Ageing populations, pension systems and government budgets: how do they affect savings? (OECD Economic Department Working Paper.) Paris 1996.

19 Als Beispiel dafür vgl. die Beiträge von F. Wolter, Kapitalmangel und Unterbeschäftigung in der Weltwirtschaft. In: „Kapital und Wachstum in den achtziger Jahren", Beihefte der Konjunkturpolitik, Heft 30, Berlin 1983, S. 9ff., sowie H.-J. Krupp und D. Edler, Wachstumsengpässe und Kapitalbildung. In: „Kapital und Wachstum in den achtziger Jahren", S. 37ff.

20 Zu dieser Unterscheidung und einem Überblick über diese wachstumstheoretischen Ansätze vgl. K.H. Oppenländer, Wachstumstheorie und Wachstumspolitik. München 1988, S. 43f. bzw. S. 51ff.

21 Vgl. K.H. Oppenländer, S. 83ff., und zu den Forschungsschwerpunkten im Rahmen der F&E-Aktivitäten als „Spitze des Eisbergs der Innovationstätigkeit" vgl. K. Löbbe u.a., Der Wirtschaftsstandort Deutschland vor dem Hintergrund regionaler Entwicklungen in Europa. (Untersuchungen des Rheinisch-Westfälischen Instituts für Wirtschaftsforschung, Heft 22.) Essen 1997, S. 148ff.

welche Richtung[22]. Indes ist keine definitive Antwort zu erwarten, liegt doch bislang schon keine befriedigende Erklärung des Wachstumsprozesses vor[23].

Im folgenden wird untersucht, inwieweit es zumindest einige empirische Evidenzen dafür gibt, daß wichtige Bestimmungsfaktoren des Wirtschaftswachstums von der Veränderung der Zahl und der Struktur der Bevölkerung beeinflußt werden. Als solche Determinanten des Wirtschaftswachstums werden über die gesamtwirtschaftliche Nachfrage hinaus quantitative und qualitative Aspekte des Arbeitsangebots, der technische Fortschritt, der dynamische Wettbewerb sowie die Akkumulation von Wissen und die Bereitschaft zu Innovationen angeführt[24].

2.1. Nachfrageorientierte Ansätze

Im Rahmen von nachfrageorientierten Ansätze wird argumentiert, daß sich durch Bevölkerungsexpansion die Zahl der Konsumenten erhöhe[25], was größere Märkte entstehen lasse und was sich wegen zusätzlicher nationaler und internationaler Arbeitsteilung produktivitätsteigernd auswirke[26]. Dies bedeute beschleunigte Zuwächse des Privaten Verbrauchs, was sich aufgrund der Multiplikator- und Akzeleratorwirkung in höheren Wachstumsraten des BIP und der Investitionen niederschlage[27].

2.1.1. Privater Verbrauch und Investitionen

Die Zuwanderer haben von 1950 bis 1973 – vom Auslaufen der Flüchtlings- und Vertreibungsphase bis unmittelbar vor dem Anwerbestopps für ausländische Arbeitnehmer – nicht nur für einen Zuwachs der Bevölkerung in Deutschland um ein Viertel

---

22 Vgl. schon für den Fall der Bevölkerungskontraktion T.J. Espenshade and W.J. Serow, The Economic Consequences of Slowing Population Growth. New York u.a. 1978, S. 247.

23 Vgl. H. Zimmermann und K.-D. Henke, Finanzwissenschaft. Eine Einführung in die Lehre von der öffentlichen Finanzwirtschaft. 7. Auflage, München 1994, S. 423.

24 Vgl. E. Dürr, Wachstumspolitik. Bern und Stuttgart 1977, S. 37ff., und G. Feichtinger, Bevölkerung. In: W. Albers u.a. (Hrsg.), Handwörterbuch der Wirtschaftswissenschaft, Band 1. Tübingen 1977, S. 622.

25 Vgl. G. Bombach, Neuere Entwicklungen der Beschäftigungstheorie und ihre Relevanz für die aktuellen schweizerischen Arbeitsmarktprobleme. „Schweizerische Zeitschrift für Volkswirtschaft und Statistik", Basel, Jg. 115 (1979), S. 232f.

26 Vgl. als Beispiel aus der angelsächsischen Literatur J.L. Simon [I], S. 167ff. Nach neoklassischer Vorstellung hat dies keinerlei Auswirkungen auf die langfristige Wachstumsrate des Pro-Kopf-Einkommens und -Kapitalbestands. Vollkommene Konkurrenz und abnehmende Grenzerträge des Kapitals führen dazu, daß das Wirtschaftswachstum zu einer natürlichen Wachstumsrate im steady state konvergiert: Pro Kopf-Einkommen und Pro Kopf-Kapitalbestand nehmen hier entsprechend der vorgegebenen Rate des technischen Fortschritts zu (intensives Wachstum; vgl. T.F. Rötheli, Exogenes und endogenes Wachstum: ein Streifzug. „Jahrbuch für Sozialwissenschaften", Göttingen, Jg. 44 (1993), S. 2), ohne technischen Fortschritt wird die Zunahme des Realkapitals und des Sozialprodukts insgesamt ausschließlich durch die Bevölkerungsentwicklung bestimmt (extensives Wachstum; vgl. G. Gabisch, Konjunktur- und Wachstum. In: D. Bender u.a. (Hrsg.), Vahlens Kompendium der Wirtschaftstheorie und Wirtschaftspolitik. Band 1.2. Auflage, München 1984, S. 348f. Zu den Einflußmöglichkeiten auf den Anpassungspfad vgl. auch T.F. Rötheli, S. 9.

27 Vgl. auch schon F.-X. Kaufmann, Die Überalterung. Ursache, Verlauf, wirtschaftliche und soziale Auswirkungen des demographischen Alterungsprozesses. Zürich und St. Gallen 1960, S. 365.

Schaubild 19

Privater Verbrauch ohne und mit Zuwanderung sowie Produktivität[1]

1950 bis 1995; in Mill. DM bzw. 1985 = 100

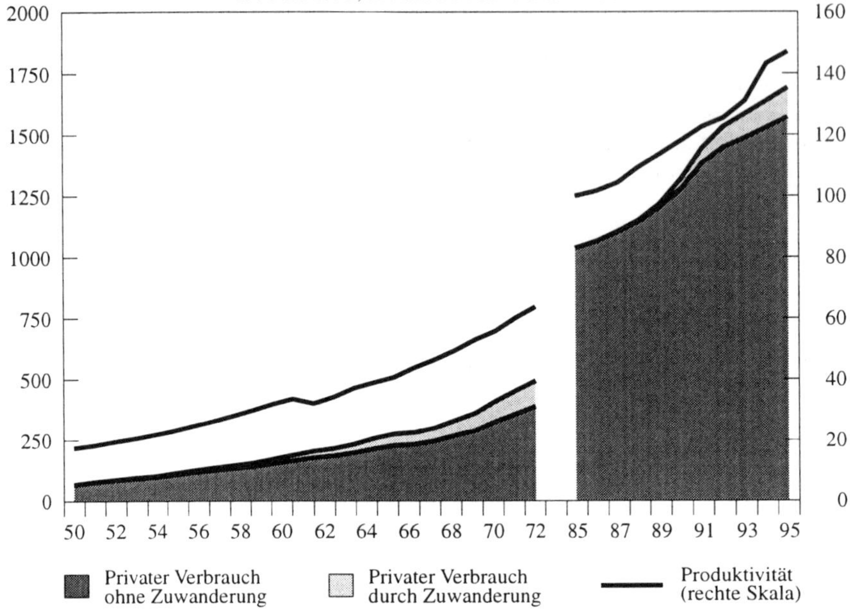

Eigene Berechnungen. – [1]Produktionsergebnis je geleisteter Arbeitsstunde im Bergbau und im Verarbeitenden Gewerbe (Industrie); 1985 = 100.

RWI ESSEN

gesorgt, sondern auch für die Zunahme des Privaten Verbrauchs in dieser Größenordnung (vgl. Schaubild 19), wobei sie das zumindest anfangs gegenüber der ansässigen Population niedrigere Einkommensniveau durch eine höhere Konsumneigung kompensierten[28], so daß sich die volkswirtschaftliche Konsumquote insgesamt um reichlich 1 vH-Punkt erhöhte[29].

1995 war der Private Verbrauch mit der Zuwanderung seit 1985 um ca. 7 vH höher als ohne[30], die Konsumquote dürfte zuwanderungsbedingt um ebenfalls ca. 1 vH-Punkt

28 Hierfür wurden eigene Berechnungen vorgenommen, die jeden Zuwanderungsjahrgang zwischen 1950 und 1973 hinsichtlich seines Privaten Verbrauch untersuchten. Damit ergab sich für 1973 ein Verbrauchsanteil von drei Viertel für die schon 1950 ansässige Bevölkerung und einem Viertel für die in der Zwischenzeit Zugezogenen.

29 Auf diesen Einfluß verweist schon R. Döhrn, Sparerverhalten und Konsumentwicklung. „RWI-Mitteilungen“. Jg. 35 (1984), S. 37.

30 Auch hier entspricht die Zunahme des Privaten Verbrauchs der der Bevölkerung. Freilich könnte der Anstieg des Privaten Verbrauchs auch 1 bis 2 vH-Punkte geringer geblieben sein, wenn man berücksichtigt, daß das pro Kopf für Zuwanderer verfügbare Einkommen insbesondere für die Immigrationsjahrgänge zwischen 1993 und 1995 wegen ihrer nationalen und persönlichen Strukturen wesentlich unter dem allgemeinen Einkommensniveau geblieben sein dürfte und daß dies die relativ hohe Konsumneigung nicht ausgeglichen haben dürfte.

höher gelegen haben; inwieweit die tatsächlich seit Beginn der jüngsten Immigrationswelle eingetretene Erhöhung der Konsumquote um 1 bis 2 vH-Punkte auf Immigrationen zurückzuführen ist, muß hier offen bleiben.

Selbstverständlich hat die demographische Expansion in beiden Zuwanderungsperioden zu größeren Märkten, zu höheren Investitionen und zu mehr Arbeitsteilung geführt; somit wurden nachfrageseitig die Voraussetzungen für Produktivitätssteigerungen verbessert[31]. Ohne den immigrationsspezifischen Einfluß zu überschätzen und Probleme der Vergleichbarkeit zwischen beiden Phasen zu verkennen, kann man nicht übersehen, daß die Nachkriegsphase durch erhebliche Produktivitätssteigerungen von fast 6 vH p.a. (1950 bis 1973) gekennzeichnet war[32] und die zurückliegenden zehn Jahre durch Zunahmen von mehr als 4 vH; demgegenüber erhöhte sich die Produktivität in der deutschen Volkswirtschaft in der demographisch kontraktiven Phase von Mitte der siebziger bis Mitte der achtziger Jahre um jährlich 3,7 vH. Ein ähnliches Verlaufsmuster ergibt sich bei den (privaten und öffentlichen) Anlageinvestitionen, die zwischen 1950 und 1973 um jahresdurchschnittlich mehr als 11 vH stiegen – die öffentlichen allein mit 13 vH – und in den vergangenen zehn Jahren um reichlich 5 vH (4 vH); in den dazwischen liegenden Jahren expandierten die Investitionen insgesamt nur um 4 vH, die der öffentlichen Hand sogar nur um 1,7 vH. Ohne – wie gesagt – den diesbezüglichen Einfluß der natürlichen Bevölkerungsbewegungen wie der Wanderungen zu überschätzen, herrscht in der ökonomischen Wissenschaft weitgehend Einigkeit darüber, daß eine Erhöhung der Investitionsneigung dadurch eintritt, daß die Immigration Risikoeinschätzungen und -präferenzen der Investoren verändert[33]; dies galt insbesondere für die Vertreibungs- und Flüchtlingsphase nach dem Zweiten Weltkrieg und auch nach dem Fall des „Eisernen Vorhangs", was jeweils die Absatzaussichten und somit die Gewinn- und Investitionsperspektiven in einem günstigeren Licht erscheinen ließ; dies gilt gleichermaßen im Konsumgüterbereich wie bei den Wohnungsbauinvestitionen.

---

31 Zum generellen Zusammenhang zwischen der Größe der Märkte und Produktivitätssteigerung vgl. schon R. Nurkse, Growth in Underdeveloped Countries. „American Economic Review", vol. 42 (1952); wieder abgedruckt in A.N. Agarwala and S.P. Singh (Eds.), The Economics of Underdevelopment. New York 1963.

32 Aus statistischen Gründen und zur Vergleichbarkeit der Untersuchungsperioden wurde als Produktivität hier durchgängig das Produktionsergebnis je geleisteter Arbeiterstunde im Bergbau und in der Industrie bzw. im Verarbeitenden Gewerbe herangezogen (vgl. Bundesministerium für Arbeit und Sozialordnung (Hrsg.) [I], Tabelle 3.1) und nicht das reale BIP je Erwerbstätigen – es wird erst seit 1960 ausgewiesen –, wie es z.B. der Sachverständigenrat zur Begutachtung der gesamtwirtschaftlichen Entwicklung, Reformen voranbringen. Jahresgutachten 1996/97. Bonn 1996, Tabelle 30*, verwendet; während sich diese Wachstumsraten für die Jahre von 1950 bis 1973 wegen des damals noch relativ hohen Anteils des sekundären Sektors an der gesamtwirtschaftlichen Wertschöpfung kaum unterscheiden – lediglich 1 vH-Punkt ist die allgemeine Rate niedriger als die für den Bergbau und das Verarbeitende Gewerbe –, vergrößerte sich der Abstand in der Folgezeit mit zunehmender Bedeutung des Dienstleistungsbereichs auf 2 vH-Punkte.

33 Vgl. J.L. Simon [II], The Economics of Population Growth. Princeton, NJ, 1977, S. 49.

2.1.2. Verbrauchsstrukturen und Auswirkungen auf die Branchen

Die betrachteten Zuwanderungswellen beeinflußten die gesamtwirtschaftliche Konsum- und Investitionsstruktur und insoweit den sektoralen Strukturwandel, weisen doch die Immigranten gegenüber der ansässigen Bevölkerung aufgrund unterschiedlicher demographischer Strukturen – es handelt sich um größere und „jüngere" Haushalte – und aufgrund ihrer Präferenzen in der neuen Umwelt unterschiedliche Nachfragestrukturen auf[34]. Der Einfluß war sicher in der Nachkriegszeit bis Anfang der siebziger Jahren wegen der hohen Immigration wesentlich größer als in den vergangenen zehn Jahren.

Generell ist die längerfristige Entwicklung der Konsumstruktur der privaten Haushalte mit zunehmendem Realeinkommen durch abnehmende Anteile der personenbezogenen Güter, wie Nahrungs- und Genußmittel sowie Bekleidung und Schuhe, und zunehmende Anteile der haushaltsbezogenen Gütergruppen, wie Wohnungsmieten (einschließlich Mietwerte für eigengenutztes Wohneigentum), Elektrizität u.ä., Verkehr und Nachrichtenübermittlung sowie Bildung und Unterhaltung, gekennzeichnet. Auf die personenbezogenen Gruppen entfielen z.B. 1950 etwa zwei Drittel der Aufwendungen, während der entsprechende Anteil 1993 nur noch bei knapp 30 vH lag (Westdeutschland[35]). Demgegenüber machten die haushaltsbezogenen Ausgaben 1950 erst etwas über 21 vH aus, am aktuellen Rand aber 55 vH. Bei den Ausgaben für Nahrungs- und Genußmittel betrug die Einkommenselastizität 0,67 und die für Bekleidung und Schuhe 0,7, während sich der Wert für Mieten, Elektrizität u.ä. auf 1,17 und der für Verkehr und Nachrichtenübermittlung sogar auf 1,58 belief.

Die Entwicklung hin zu den haushaltsbezogenen Komponenten des Privaten Verbrauchs dürfte durch Zuwanderer, bei denen die personenbezogenen Komponenten wegen der zumindest in den ersten Jahren nach der Immigration noch niedrigeren Einkommen einen relativ großen Stellenwert haben, verlangsamt worden sein. Freilich sollte man den Einfluß nicht überschätzen; die zuwanderungsspezifischen Veränderungen der Verbrauchsstruktur reichen in der Nachkriegszeit und in der Immigrationsphase seit 1985 – gemessen an den genannten Anteilswerten – jeweils nicht über 0,5 bis 1,5 vH-Punkte hinaus[36].

---

34 Vgl. Rheinisch-Westfälisches Institut für Wirtschaftsforschung (Hrsg.) [VI], Analyse der strukturellen Entwicklung der deutschen Wirtschaft. RWI-Strukturberichterstattung 1987. Band 5: Auswirkungen der demographischen Entwicklung auf Wachstum, Strukturwandel und das Angebot staatlicher Leistungen. Gutachten im Auftrag des Bundesministers für Wirtschaft (Bearb.: H.D. von Loeffelholz.) Essen 1988, S. 94ff.

35 Die Ergebnisse gelten für die von der amtlichen Statistik verwendete sog. mittlere Verbrauchsgruppe, d.h. von 4-Personen-Arbeitnehmerhaushalten mit mittlerem Einkommen. Vgl. Bundesministerium für Arbeit und Sozialordnung (Hrsg.) [I], Tabelle 6.1. Vgl. für die Phase von 1970 bis 1992 auch A. Oberheitmann und M. Wenke, Strukturveränderungen des westdeutschen Privaten Verbrauchs. Methoden und ausgewählte Ergebnisse einer Neuberechnung der RWI-Konsumverflechtungstabelle. „RWI-Mitteilungen", Jg. 45 (1994), S. 103ff.

36 Die Ergebnisse basieren auf eigenen Berechnungen und Abschätzungen anhand amtlichen statistischen Materials, wobei für den Zeitraum von 1950 bis 1993 die Konsumstruktur der Zuwanderer mit der in der amtlichen Statistik verwendeten Struktur für die sog. untere Verbrauchsgruppe, d.h. der von 2-Personen-Haushalten von Rentnern und Sozialhilfeempfängern, gleichgesetzt und im Wege

Angesichts des geringen Einflusses der Zuwanderung auf die Umstrukturierung des Privaten Verbrauchs und der überragenden Bedeutung anderer als bevölkerungsspezifischer Faktoren, insbesondere der (Real-) Einkommen und von Präferenzänderungen, sind die Auswirkungen auf den sektoralen Strukturwandel als äußerst begrenzt einzuschätzen. Eine entsprechende Analyse kann im gegebenen Rahmen auch deshalb unterbleiben, weil eine neuere Untersuchung in den Vereinigten Staaten zu dem Ergebnis kommt: „... what principally changes the composition of spending is the growth of income per person, and that growth is largely independent of the population path the society takes“[37]. Mit Serow ist daraus der Schluß zu ziehen, daß Änderungen bei der Haushaltsgrößen- und Altersverteilung der privaten Haushalte – auch immigrationsbedingte – nur insoweit die gesamtwirtschaftliche Konsumstruktur und die sektorale Produktionsstruktur beeinflussen, als dieser Wandel im Zeitablauf das Pro-Kopf-Einkommen verändert[38], was wiederum die Frage der Determinanten des Wirtschafts- und Einkommenswachstums aufwirft.

2.2. Angebotsorientierte Ansätze

Von der Angebotsseite her betrachtet läßt sich das Wirtschaftswachstum auf den Arbeitskräftezuwachs und die Steigerung der Arbeitsproduktivität zurückführen. Dementsprechend interessieren im folgenden die zuwanderungsspezifischen Einflüsse auf diese Determinanten.

2.2.1. Bevölkerung und Erwerbspersonen

Die Bevölkerung bestimmt neben der Erwerbsbeteiligung das Arbeitskräfteangebot. Als Ergebnis einer zwischen 1950 und 1995 in Westdeutschland um über 15,5 Mill. Einwohner auf 65,5 Mill. erhöhten Bevölkerungszahl und einer spürbar auf über 47 vH erhöhten Erwerbsquote, was auf die wesentlich erhöhte Partizipation der Frauen seit Beginn der siebziger Jahre zurückgeht und dem internationalen Trend folgte[39], nahm die Zahl der Erwerbspersonen um 8,8 Mill. auf 30,8 Mill. (1995) zu (vgl. Tabelle 24). Die Zunahme hätte nur etwa 8 Mill. betragen, wenn die Erwerbsquote seit Anfang der fünfziger Jahre konstant geblieben wäre. Daraus ist zu schließen, daß die demographische Entwicklung im gesamten Betrachtungszeitraum einen überragenden Einfluß auf die Anzahl der Erwerbspersonen hatte. Dies gilt insbesondere bis Anfang der siebziger Jahre und wieder seit Mitte der achtziger Jahre, während zwischen 1970 und 1985 der Einfluß der allgemeinen Erwerbsquote auf das Arbeitsangebot – und damit eine nicht-demographische Einflußgröße – insgesamt wesentlich stärker ausgeprägt war[40].

---

einer shift-share-Analyse der immigrationsspezifische Einfluß auf die gesamtwirtschaftliche Konsumstruktur (bei der mittleren Verbrauchsgruppe, d.h. der von 4-Personen-Arbeitnehmerhaushalten mit mittlerem Einkommen) ermittelt wurde.

37 P. Musgrove, U.S. Household Consumption Income and Demographic Changes: 1975–2025. Washington, D.C., 1989, S. 42.

38 Vgl. W.J. Serow, The Impact of Population Change on Consumption. In: G. Steinmann (Ed.), Economic Consequences of Population Change in Industrial Countries. Berlin 1984, S. 175.

39 Vgl. OECD (Ed.) [V], The Role of Public Sector. Paris 1985, S. 163.

40 Vgl. auch H.D. von Loeffelholz [III], S. 220ff.

Tabelle 24

Bevölkerung und Erwerbspersonen in Westdeutschland

1950 bis 1995[1]

	Bevölkerung in Mill.			Erwerbspersonen in Mill.			Anteil der Erwerbspersonen an der jew. Bevölkerung in vH		
	insgesamt	männlich	weiblich	insgesamt	männlich	weiblich	insgesamt	männlich	weiblich
1950	49 989	23 216	26 773	22 050	14 326	7 724	45,9	63,8	30,2
1955	52 382	24 425	27 957	24 165	15 435	8 730	48,2	65,7	32,7
1960	55 433	25 974	29 459	26 518	16 678	9 839	47,8	64,2	33,4
1965	59 619	27 787	30 832	27 034	17 190	9 844	46,1	61,9	31,9
1970	60 651	28 867	31 784	26 817	17 197	9 620	44,2	59,6	30,3
1975	61 829	29 499	32 330	27 184	16 884	10 301	44,0	57,2	31,9
1980	61 538	29 428	32 110	27 948	17 081	10 866	45,4	58,0	33,8
1985	60 975	29 207	31 767	28 897	17 576	11 321	47,4	60,2	35,6
1990	63 254	30 583	32 671	30 369	17 965	12 404	48,0	58,7	38,0
1995	65 534[a]	31 895[a]	33 640[a]	30 844[b]	17 796[b]	13 048[b]	47,2[a]	56,3[a]	38,6[a]

Eigene Berechnungen nach amtlichen Angaben. – [1]Jahresdurchschnitte. – [a]1993. – [b]1994. RWI ESSEN

Die Bevölkerungszunahme beruhte zu fast vier Fünfteln auf Zuwanderungen und nur zu einem Fünftel auf den Geburtenüberschüssen (bis 1971[41]); die Immigrationen haben wegen der gegenüber der ansässigen Bevölkerung eher höheren Erwerbsquoten der Zuwanderer indes die Zahl der Erwerbspersonen schneller erhöht (um fast 30 vH) als die Zahl der Einwohner in Deutschland (25 vH).

2.2.2. Arbeitsproduktivität

Die Arbeitsproduktivität spielt in wachstumstheoretischen Analysen nicht nur nachfrageseitig im Zuge vergrößerter Märkte sowie differenzierterer Arbeitsteilung und Einkommen eine zentrale Rolle, sondern auch angebotsseitig; in dieser Hinsicht wird sie als von ökonomischen und demographischen Faktoren abhängig angesehen. Unter den ökonomischen Variablen wird insbesondere der technische Fortschritt betont, unter den demographischen vor allem die Altersstruktur der Bevölkerung und ihr Durchschnittsalter sowie das der Erwerbspersonen.

Das Alter dient als Indikator für die die Arbeitsproduktivität beeinflussenden persönlichen Eigenschaften, wie physische Leistungskraft, Mobilität, Dynamik oder Erfahrung. Wenn nun das Durchschnittsalter der Gesamtbevölkerung sinke, wie z.B. nach

41 Ab 1972 überwogen innerhalb der Gesamtbevölkerung wie gezeigt die Sterbefälle die Zahl der Lebendgeborenen. Innerhalb der ausländischen Bevölkerung verhielt es sich durchgängig umgekehrt; z.B. standen im früheren Bundesgebiet 1993 141 000 Geburten nur 12 000 Sterbefälle gegenüber. Vgl. Statistisches Bundesamt (Hrsg.) [II], S. 30

Tabelle 25

Altersgliederung und Durchschnittsalter der Flüchtlinge und Übersiedler[1], der Vertriebenen[2] und der Bevölkerung

1962; in vH bzw. in Jahren

Alter von ... bis unter ... Jahren	Flüchtlinge und Übersiedler	Alter von ... bis ... Jahren	Vertriebene	Bevölkerung insgesamt
unter 14	18,5	unter 15	22,0	22,1
14 bis 21	20,5	15 bis 20	5,9	6,1
21 bis 45	37,8	20 bis 40	28,3	28,3
45 bis 65	18,6	40 bis 65	32,9	31,9
65 und mehr	4,6	65 und mehr	11,0	11,7
insgesamt	100,0	insgesamt	100,0	100,0
nachrichtlich:				
Anzahl	2 694		9 308	56 747
Durchschnittsalter in Jahren	30		36,7	36,7

Eigene Berechnungen nach amtlichen Angaben. – [1]Übersiedler 1949 bis 1962. – [2]Stand Oktober 1962.

RWI ESSEN

Ende des Zweiten Weltkriegs bis 1962 aufgrund der Immigration von Flüchtlingen bzw. Übersiedlern aus der SBZ/DDR (vgl. Tabelle 25) bzw. seit 1972 durch den Zuzug von Ausländern, und sich dadurch auch das Arbeitskräftepotential verjünge[42], werde dadurch die Arbeitsproduktivität gesteigert[43]. Es wird auch deutlich, daß die Altersstruktur der Vertriebenen 1962 praktisch identisch war mit der der seit 1945 ansässigen Bevölkerung; dies verwundert nicht, da es sich bei Vertreibung um eine gewaltsam erzwungene Zuwanderung handelte, während die Flucht bzw. Übersiedlung aus der DDR im wesentlichen aus eigenem Antrieb der flüchtenden bzw. übersiedelnden Personen erfolgte.

Altersstruktur und Durchschnittsalter der Arbeitskräfte stehen freilich nicht nur unter dem Einfluß der genannten demographischen Bewegungen, sondern sind zusätzlich von der Erwerbsbeteiligung von jüngeren und älteren Männern und Frauen abhängig. Die Immigration von jüngeren Ausländern in die Bundesrepublik seit Mitte der fünfziger Jahre, die erhöhte Erwerbsbeteiligung jüngerer weiblicher Personen aus der ansässigen Bevölkerung und die frühere Verrentung älterer Arbeitskräfte sind wichtige Faktoren, die im wesentlichen dafür verantwortlich sind, daß das Durchschnittsalter der weiblichen bzw. männlichen Erwerbspersonen nach einem Anstieg zwischen 1960

---

42 Vgl. auch die entsprechenden Überlegungen für den Fall der Bevölkerungskontraktion von G. Buttler, Der Bevölkerungsrückgang in der Bundesrepublik. Ausmaß und Konsequenzen. Köln 1979, S. 97.

43 Im Grunde stellen diese Betrachtungen eine Übertragung des sog. Vintage-Ansatzes der Kapitaltheorie auf die Arbeitsproduktivität dar. Vgl. dazu im einzelnen K. Jäger, Altersstrukturveränderungen der Bevölkerung, Ersparnis und wirtschaftliches Wachstum – Eine theoretische Analyse. Berlin 1973, S. 159ff. – Die Gegenthese, nach der die Arbeitsproduktivität mit relativer Vergrößerung der älteren Altersgruppen steigt bzw. mit Zunahme jüngerer fällt, ergibt sich aus der Arbeit von E.F. Denison, Accounting for Slower Economic Growth. The United States in the 1970s. Washington, D.C., 1979, S. 35.

Schaubild 20

Durchschnittsalter der Erwerbspersonen in Westdeutschland

1960 bis 1994; in Jahren

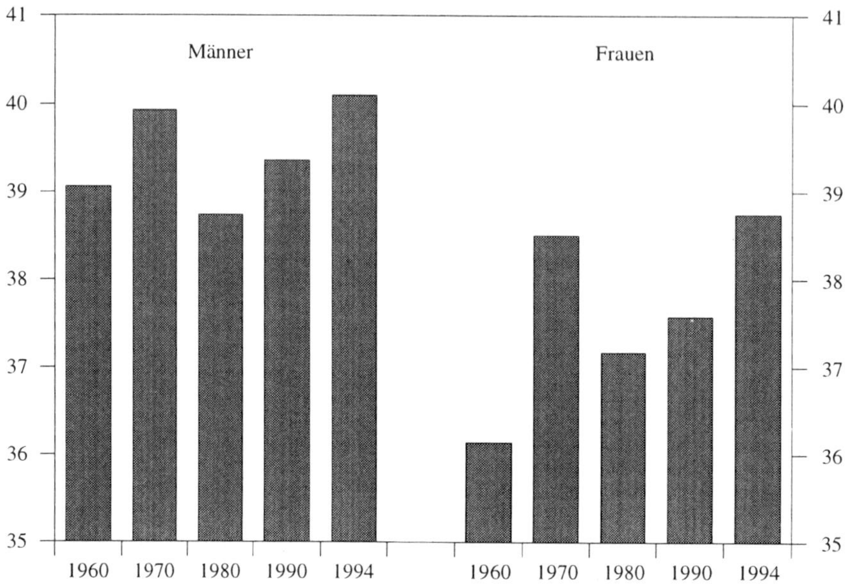

Eigene Berechnungen nach amtlichen Angaben.

und 1970 zwischen 1970 und 1980 spürbar zurückgegangen ist (vgl. Schaubild 20)[44]. In den letzten eineinhalb Dekaden ist es wieder erheblich gestiegen und hat jeweils den Höchstwert von 1970 übertroffen (um 0,1 Jahre), worin sich als wesentliche Ursache die Alterung der Bevölkerung um reichlich 3 Jahre niederschlägt; sie konnte zwar durch die Immigrationen – wie erwähnt – abgebremst, aber eben nicht umgekehrt werden. Hinzu kommen z.B. eine verstärkte Bildungsbeteiligung der 15- bis 25-jährigen und der Wiederanstieg der Erwerbsquoten der 55- bis 60-jährigen.

Aus der „Verjüngung" bzw. „Alterung" darf nicht ohne weiteres geschlossen werden, daß sich damit auch die Durchschnittsproduktivität der Arbeitskräfte erhöht bzw. vermindert hätte. Die Produktivität könnte sich zwar bei solchen Tätigkeiten erhöht haben, die besondere Anforderungen an die physische Leistungsfähigkeit stellen und

---

44 Für den Rückgang des Durchschnittsalters der weiblichen Erwerbspersonen dürfte die erhöhte Erwerbsbeteiligung jüngerer Frauen stärkeren Einfluß gehabt haben als die Frühverrentung älterer, während das Sinken des Durchschnittsalters der männlichen Erwerbspersonen vor allem durch das frühere Ausscheiden aus dem Erwerbsprozeß – als Folge der mit der Rentenreform 1972 vorgenommenen Einführung der flexiblen Altersgrenze für langjährig Versicherte bedingt gewesen ist. Vgl. zu diesem Einfluß H. Conradi, K. Jacobs und W. Schmähl, Vorzeitiger Rentenbezug in der Bundesrepublik Deutschland, „Sozialer Fortschritt", Jg. 36 (1987), S. 182ff.

Schaubild 21

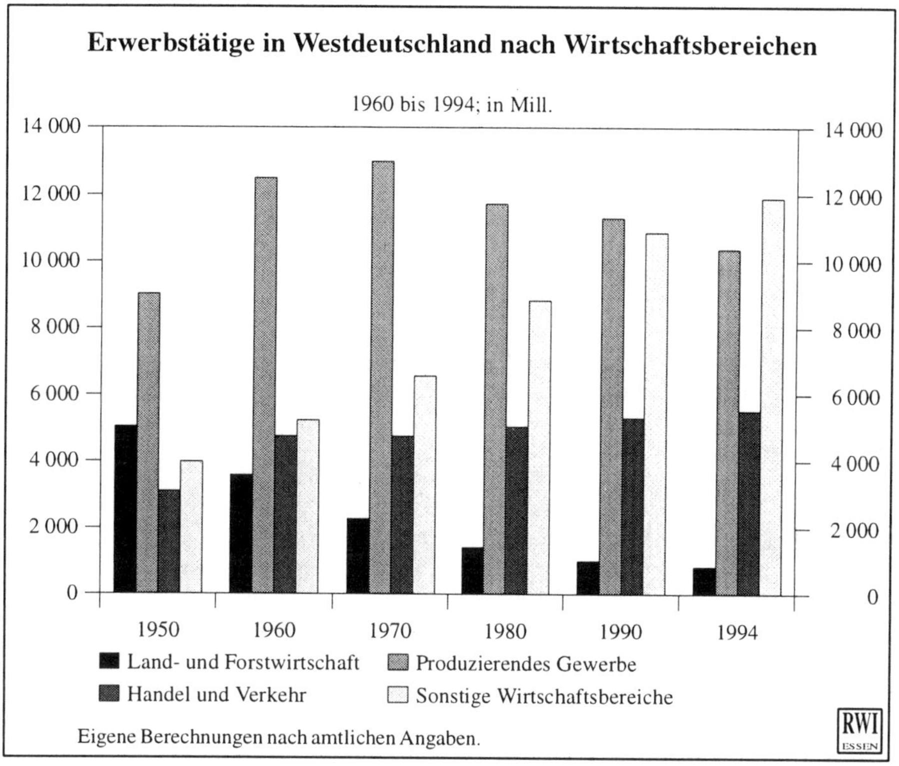

die deshalb eher für jüngere Arbeitskräfte in Frage kommen. Allerdings treten solche Tätigkeiten mit der Zunahme „intelligenter" Industriearbeitsplätze und einem expandierenden Dienstleistungssektor immer mehr in den Hintergrund (vgl. Schaubild 21)[45]. Insoweit müssen die günstigen Altersstruktureffekte von Zuwanderungen relativiert werden; dies betrifft die etwa ab der Jahrtausendwende zu erwartenden ungünstigen Wirkungen im Gefolge der absehbaren Erhöhung des Durchschnittsalters der Bevölkerung sowie der Erwerbspersonen in Deutschland[46].

45 Auch in anderen hochindustrialisierten Ländern, wie den Vereinigten Staaten und Japan, ist in den letzten eineinhalb Dekaden ein zunehmender Dienstleistungsanteil festzustellen. Das Niveau ist indes in den genannten Ländern um knapp die Hälfte höher, weil dort ein weit größerer Teil des Gesundheits- und Erziehungswesens privatwirtschaftlich organisiert ist und – insbesondere in den Vereinigten Staaten – viele häusliche Dienste wegen geringerer Kosten und weniger Reglementierungen weit mehr „offiziell" durch Dritte ausgeführt werden als in Europa, insbesondere in Deutschland, wo nur etwa 38 000 Personen sozialversicherungspflichtig tätig sind, aber 2 bis 3 Mill. „informell". – Im übrigen ist dies in den Vereinigten Staaten auch ein Bereich, wo viele illegale Einwanderer aus Südamerika im Haushaltsbereich tätig sind.

46 Bis zum Jahr 2015 ist unter der Prämisse unveränderter Erwerbsquoten eine Erhöhung des Durchschnittsalters der männlichen und weiblichen Erwerbspersonen um 3 Jahre zu erwarten. Bei einem Anstieg der altersspezifischen Erwerbsquoten der 25 bis unter 55 Jahre alten Frauen (vgl. Abschnitt 4.1. im zweiten Kapitel), beträgt die Erhöhung des Durchschnittsalters nur 2,7 Jahre.

2.2.3. Technischer Fortschritt und Forschungsaktivitäten

Unter den weiteren Determinanten der Arbeitsproduktivität wird dem technischen Fortschritt besondere Bedeutung zugemessen; er wird von der Forschungs- und Entwicklungstätigkeit nachhaltig beeinflußt[47]. Die entsprechenden Aktivitäten sind zwar eine notwendige Voraussetzung für den technischen Fortschritt, jedoch keine Garantie für seine Beschleunigung[48].

Die demographischen Rahmenbedingungen für Forschungstätigkeiten haben sich zwischen 1970 und 1993 insofern wesentlich verbessert, als sich unter den Erwerbspersonen (in Westdeutschland), die jeweils zwischen 15 und 65 Jahre alt waren, die Anzahl derjenigen Personen, die einen für derartige Arbeiten in der Regel erforderlichen Hochschulabschluß haben, mehr als verdoppelt hat (auf über 2,2 Mill.; vgl. Tabelle 26). Das gleiche gilt für die Anzahl der Erwerbstätigen mit Forschungsaufgaben („Forscher"), die sich im Betrachtungszeitraum auf 190 000 (1993) erhöhte[49]. Diesen Zunahmen steht ein Zuwachs der Zahl der Erwerbspersonen im genannten Alter von nur einem Viertel gegenüber.

Zumindest für den Zeitraum von 1970 bis zur deutschen Vereinigung haben Zuwanderungen zu der dargestellten Dynamik nur sehr wenig beigetragen. Darauf deuten aktuelle Untersuchungen hin, die die frühere und die jetzige Stellung im Beruf bei Ausländer der „ersten" Zuwanderergeneration oder die Bildungs- und Ausbildungsbeteiligung ihrer Kinder analysieren; sie kommen im Vergleich zu den entsprechenden

---

47 Die umgekehrte Wirkungsrichtung, die R. Collins, Weberian Sociological Theory. Cambridge 1986, S. 111ff., damit betont, daß „technology may have always had more influence over science than the other way around" (S. 114), scheint demgegenüber von untergeordneter Bedeutung.

48 Vgl. auch M. Neumann, Ausgaben für Forschung und Bildung und die säkulare Wachstumsrate. „Konjunkturpolitik", Berlin, Jg. 16 (1970), S. 180.

49 Unter Forschern werden Wissenschaftler und Ingenieure verstanden, die neue Erkenntnisse, Produkte, Verfahren, Methoden und Systeme konzipieren oder schaffen (in der Regel Personen mit abgeschlossener Hochschulausbildung; vgl. die entsprechende Abgrenzung in Bundesministerium für Forschung und Technologie (Hrsg.), Bundesbericht Forschung 1984. Bonn 1984, S. 339). Unter diesen Personen waren 1970 ebenso wie 1995 rund zwei Drittel im Wirtschaftssektor (private und staatliche Unternehmen, Institutionen für die industrielle Gemeinschaftsforschung, die private Dienstleistungen für Unternehmen erbringen) beschäftigt. Vgl. Bundesminister für Bildung, Wissenschaft, Forschung und Technologie (Hrsg.) [III], Bundesbericht Forschung 1996. Bonn 1996, S. 590f. – Im übrigen hat der Output der Forschungs- und Entwicklungstätigkeiten – gemessen an den Patentanmeldungen – mit den skizzierten Personalentwicklungen nicht Schritt halten können. Die Anmeldungen gehen seit 1980 immer weiter zurück. Vgl. Bundesminister für Bildung, Wissenschaft, Forschung und Technologie (Hrsg.) [III], S. 109, wo festgestellt wird: „Seitdem ist ein kontinuierlicher Rückgang bis zum Jahr 1993 auf etwa 5000 Patente zu berichten.", was einen Rückgang um ein Sechstel bedeutet. Bei der Beurteilung dieser Entwicklung sollte man indessen berücksichtigen, daß mit der Globalisierung der Wirtschaft Patentanmeldungen – auch aus Kostengründen – vielfach im Ausland, insbesondere in den Vereinigten Staaten, erfolgen. Nach Japanern melden Deutsche am häufigsten Patente in den Vereinigten Staaten an (1993 knapp 8 000 gegenüber 22 000 durch Japaner und weit mehr doppelt so viele wie Franzosen und Engländer); vgl. U.S. Bureau of Census, S. 861.

Tabelle 26

Bevölkerung, Erwerbspersonen mit Hochschulabschluß und Zahl der Forscher in Westdeutschland

1970 bis 1993[1]

	1970	1978	1982	1985	1989	1993
			Bevölkerung insgesamt			
Anzahl in 1 000	60 651	61 327	61 638	61 024	61 872	65 433
Veränderung in vH[2]	–	1,1	0,5	–1,0	1,4	5,8
			Bevölkerung im Alter von 15 bis unter 65 Jahren			
Anzahl in 1 000	38 905	40 090	41 715	42 769	42 922	44 795
Veränderung in vH[2]	–	3,0	4,1	2,5	0,4	4,4
			Erwerbspersonen im Alter von 15 bis 65 Jahren			
Anzahl in 1 000	25 617	26 140[s]	27 190[s]	27 540[s]	29 626	31 803
Veränderung in vH[2]	–	2	4,0	1,3	7,6	7,3
			darunter mit Hochschulabschluß[3]			
Anzahl in 1 000	1 100	1 351	1 595	1 620	1 829	2 266
Veränderung in vH[2]	–	22,8	18,1	1,6	12,9	23,9
			Erwerbstätige mit Forschungsaufgaben[4]			
Anzahl in 1 000	90[s]	115[s]	130[s]	147	176	190[s]
Veränderung in vH[2]	–	27,8	13,0	13,1	19,7	8,0

Eigene Berechnungen nach amtlichen Angaben. – [1]Jahresdurchschnitt. – [2]Veränderung gegenüber dem vorher ausgewiesenen Jahr. – [3]Einschließlich Lehrerausbildung. – [4]In der Abgrenzung nach Bundesminister für Bildung, Wissenschaft, Forschung und Technologie (Hrsg.) [III], S. 590f. – [s]Geschätzt.

RWI ESSEN

deutschen Gruppen zu weit unterproportionalen Repräsentationen und Beteiligungen in den relevanten Qualifikationsbereichen[50].

Die Intensität der Forschungsaktivitäten wird nicht zuletzt von der Innovationsbereitschaft und der Aufgeschlossenheit der Gesellschaft für neue Ideen, Produkte und Produktionsverfahren und vom Innovationsprozeß beeinflußt. Ursachen und Ablauf von Innovationsprozessen werden auf vielfältige Weise erklärt. Die Erklärungen

50 Vgl. Rheinisch-Westfälisches Institut für Wirtschaftsforschung und Institut für Politikwissenschaft der Universität Münster (Hrsg.), S. 27ff. Deutsche Zuwanderer haben seit 1989 ebenso wie Asylbewerber und Bürgerkriegsflüchtlinge aus Südosteuropa mit zu der starken Zunahme der Erwerbspersonen mit Hochschulabschluß sowie der Erwerbstätigen mit Forschungsaufgaben in Westdeutschland beigetragen, während dies vorher durch die Immigration ausländischer Zuwanderer kaum der Fall gewesen ist. Dies ergibt sich aus einer Disaggregierung der Zuwanderer nach der Schul- und Berufsqualifikation; es wird deutlich, daß deutsche Zuwanderer zu 8,1 vH (Übersiedler bis Juni 1990) bzw. zu 11,2 vH (Ost-West-Wanderer ab Juli 1990) eine Fachhochschul-/Universitätsabschluß aufwiesen und Asylbewerber sogar zu 19,3 vH, Immigranten aus Anwerbeländern indes nur zu 3,8 vH. Vgl. J. Frick und G. Wagner, Tabelle 3.

reichen von verhaltens- und entscheidungstheoretischen Hypothesen bis hin zu systemanalytischen Ansätzen; bei ersteren werden demographische oder immigrationsspezifische Aspekte angeführt, indem Immigranten Neuerungen mitbringen oder eine besondere Aufgeschlossenheit für Neuerungen u.ä. zeigen und auch durch Zuwanderer die Diffusion von Innovationen schneller erfolgt. J. Simon schreibt treffend: „Immigrants ..bring new and different ideas from their old societies to the new society which may lead to useful improvements“[51]. Welche ökonomischen, gesellschaftlichen und politischen Bedingungen insgesamt indes die Produktion neuen Wissens begünstigen, bleibt weitgehend dahingestellt. Trotzdem leuchtet es unmittelbar ein, daß Forschung und Entwicklung sowie Transparenz und Verfügbarkeit ihrer Ergebnisse eine wesentliche Voraussetzung für Innovationsprozesse darstellen[52]; die politischen Rahmenbedingungen dafür dürften durch Zuwanderung eher verbessert werden.

2.2.4. Implikationen der Zuwanderung für den Strukturwandel und das Wirtschaftswachstum

Wachstum geht u.a. mit sektoralem, beruflichem und qualifikatorischem Strukturwandel einher. Dieser erfolgt vor allem in sog. Zukunftsindustrien, die die – vermeintlich – größten Wachstumspotentiale enthalten, weil sie im Produktlebenszyklus noch am Anfang stehen[53]. Mit Blick auf die entsprechende, anhaltend ungünstige Branchenverteilung der Zuwanderer, insbesondere der ausländischen Immigranten und ihrer Kinder und Enkel, die – wie früher ihre Väter und Großväter – aufgrund ihrer insgesamt geringen sozio-ökonomischen Mobilität nach wie vor insbesondere in der Industrie mit Anlerntätigkeiten beschäftigt sind, wird die Befürchtung geäußert, daß Immigration den Strukturwandel beeinträchtigen könnte.

51 J.L. Simon [I], S. 186. – Die allgemeine Skepsis gegenüber Innovationen und allgemein gegenüber dem technischen Fortschritt scheint hierzulande in den letzten Jahren sehr viel weniger durch den demographischen Alterungsprozeß gewachsen zu sein als durch andere gesellschaftliche und ökonomische Entwicklungen, wie das gestiegene Umweltbewußtsein oder die anhaltende Ungleichgewichte auf den Arbeitsmärkten. Jedenfalls liegen empirische Befunde über eine zunehmende, demographisch bedingte Technikaversion nicht vor; vgl. auch H. Koch, Bevölkerung und Neuerungsaktivität. Auswirkungen demographischer Faktoren auf Investition und Innovation. (Ifo-Studien zur Bevölkerungsökonomie, Heft 5.) München 1987, S. 86. Negative Auswirkungen von demographischen Alterungsprozessen auf die Innovationsbereitschaft unterstellt z.B. F.-X. Kaufmann, Makrosoziologische Überlegungen zu den Folgen eines Bevölkerungsrückgangs in industriellen Gesellschaften. In: F.-X. Kaufmann (Hrsg.), Bevölkerungsbewegung zwischen Quantität und Qualität. Stuttgart 1975, S. 62.

52 Darüber hinaus wird diskutiert, welche Marktstruktur bzw. welche Wettbewerbsintensität den Innovationsprozeß am günstigsten beeinflußt. Die Empfehlungen reichen hier von der Herstellung eines „funktionsfähigen“ Wettbewerbs bis zur sog. Monopolhypothese. Letztere besagt, daß eine monopolistische Marktstruktur den technischen Fortschritt begünstigt. Die sog. Großunternehmungshypothese unterstellt wiederum einen positiven Zusammenhang zwischen absoluter Unternehmensgröße und Innovationstätigkeit. Vgl. C. Mantzavinos, Wettbewerbstheorie. Eine kritische Auseinandersetzung. (Volkswirtschaftliche Schriften, Heft 434.) Berlin 1994, S. 86f.

53 Für viele wird daraus die Notwendigkeit einer staatlichen Förderung sog. Wachstums- und Zukunftsindustrien abgeleitet, falls darüber hinaus Skaleneffekte oder externe Wirkungen vorliegen.

Die Argumentation stellt vor allem darauf ab, daß Zuwanderung generell lohnsenkend wirke, sich damit die Preisrelation zwischen den Produktionsfaktoren Arbeit und Kapital (Lohn-Zins-Relation) zugunsten ersterem verschiebe, dadurch arbeitssparende Investitionen unterblieben und es nur zu einem arbeitsintensiven Wirtschaftswachstum (capital widening statt capital deepening) komme, was den Pfad abflachen lasse; durch die Möglichkeit, bei der Besetzung von – für Ansässige zunehmend unattraktiven – Arbeitsplätzen für Minderqualifizierte auf zugewanderte Arbeitskräfte zurückzugreifen, würden diese ohnehin wenig zukunftsträchtigen und international nicht wettbewerbsfähigen Arbeitsplätze weiterhin aufrechterhalten bzw. zu langsam entfallen. Dadurch verlangsame sich der sektorale und berufliche Strukturwandel, und der Wachstumspfad verlaufe flacher als ohne Immigration; dies wird insbesondere anhand eines längerfristigen Vergleichs zwischen Deutschland und Japan untersucht, wo bei ähnlichen ökonomischen Ausgangslagen nach dem Zweiten Weltkrieg in Japan – vor allem zwecks Erhaltung einer relativ hohen ethnischen Homogenität der Inselbevölkerung – im Gegensatz zu Deutschland kaum auf Ausländerbeschäftigung bei Arbeitskräfteknappheit zurückgegriffen wurde[54]. Die vergleichsweise noch dynamischere Entwicklung Japans in den letzten 50 Jahren und sein schneller Aufstieg zu einer der führenden Industrienationen der Welt wird vor allem auf den Verzicht auf eine namhafte Ausländerbeschäftigung zurückgeführt.

Vorbehalte gegen diesen monokausalen Erklärungsansatz resultieren schon aus der problematischen und empirisch bisher kaum nachweisbaren Prämisse, daß Ausländerbeschäftigung generell das Lohnniveau reduziere und deshalb die relativen Preise zu Lasten des Kapitals und damit der Investitionen und des technischen Fortschritts („embodied technological progress") verschiebe. Investitionen sind darüber hinaus nicht nur und auch nicht in erster Linie vom herrschenden Zinssatz bzw. der Lohnhöhe abhängig, sondern – wie erwähnt – auch von den Absatzaussichten und den generellen Wettbewerbsbedingungen. Letztere werden aber auch von der Immigration selbst beeinflußt, wie die nachfrageseitigen Erklärungsmuster zum Wirtschaftswachstum betonen. Schließlich erscheint es zu einfach, die wirtschaftlichen Erfolge Japans bzw. die ökonomischen Strukturprobleme Deutschlands seit Mitte der siebziger Jahre solch singulären Phänomen wie Zulassung bzw. Verzicht von Zuwanderungen und von Ausländerbeschäftigung zurechnen zu wollen. Die Entwicklung Japans ist das Ergebnis des Zusammenwirkens einer Vielzahl von Faktoren, die sich unter den Begriff „Industriepolitik" durch das MITI (Ministry of International Trade and Industry) subsumieren lassen[55].

---

54 Vgl. M. Wehrmann, S. 217ff. J.E. Garten, S. 96ff., nennt dafür ausschlaggebend die historischen Erfahrungen und ein besonderer „mindset – communitarian values, a tightly woven culture, and xenophobia".

55 Diese Politik bedeutete nach J.E. Garten, S. 104f.: „Government and business leaders colloborated closely; energy was focussed on priority sectors for investment; exports were among the top priorities; imports were strictly regulated. All foreign investment ... needed permission from the government. Tariffs and import duties were manipulated to favor certain industries essential to the recovery. Foreign exchange were rigorously controlled and used for priority industries. ... Savings were encouraged by tax-free accounts in the post office and channelled into government approved investment. Government subsidies were rampant, including tax exemptions for exports, research and development, and the building of infrastructure essential for industrialization". Vgl. auch C. Johnson, MITI and the Japanese Miracle: The Growth of Industrial Policy. Stanford, CA, 1982, S. 305: „The

2.2.5. Einfluß von Zuwanderungen auf „unternehmerische" Aktivitäten

Nach Schumpeter spielen demographisch bedingte Einflüsse auf Umfang und Struktur der zur Verfügung stehenden Produktionsfaktoren nur eine untergeordnete Rolle. Wirtschaftswachstum resultiert vielmehr aus qualitativen Veränderungen in der Wirtschaft. Solche werden von dynamischen „Unternehmern" durch neue Kombinationen von Produktionsfaktoren vorgenommen. Die Durchsetzung neuer Kombinationen ist nicht davon abhängig, ob etwa durch Zuwanderungen zusätzliches Humankapital zu Verfügung stehe; neue Kombinationen entstehen dadurch, daß „Unternehmer"-Persönlichkeiten die Produktionsmittel aus wenig rentablen Verwendungen abziehen und in rentableren einsetzten[56]. Im folgenden interessiert, inwieweit die Bevölkerungsentwicklung in der Vergangenheit möglicherweise zu einer Verknappung von „Unternehmern" geführt haben könnte und zuwandernde Erwerbspersonen dem entgegengewirkt haben.

Aus der Bevölkerungsentwicklung der letzten vier Dekaden lassen sich keine Engpaßfaktoren für das Auftreten von „Unternehmern" ablesen. Im Gegenteil: die Zahl der 25 bis unter 55 Jahre alten Deutschen – eine Altersgruppe, aus denen sich die Unternehmer im allgemeinen rekrutieren – nahm um über 3 Mill. auf 25,5 Mill. zu, und diese Altersgruppe wuchs anteilsmäßig um etwa 5 vH-Punkte auf über 44 vH. Trotzdem ging die Zahl der deutschen Selbständigen[57] bis 1980 insbesondere aufgrund des Bedeutungsverlustes des primären Sektors der deutschen Volkswirtschaft spürbar zurück (vgl. Tabelle 27 sowie Schaubild 22)[58], um danach wieder langsam zu steigen. Beeinflußt wurde die Selbständigkeit entscheidend von ökonomischen Variablen, unter denen dem relativen Einkommen der Selbständigen und – zumindest im Bereich der Dienstleistungen – der Arbeitslosenquote („Flucht in die Selbständigkeit") signifikante Bedeutung zukommt[59]. Dies gilt gerade auch für die ausländische Selbständigkeit, die sich in den vergangenen eineinhalb Jahrzehnten mehr als verdoppelte (1994 auf schätzungsweise 240 000). An der Erhöhung der Anzahl der Selbständigen seit 1980 um insgesamt 360 000 (Deutsche und Ausländer) waren die Ausländer fast zur Hälfte (150 000) beteiligt; ihre Selbständigenquote (Anteil der Selbständigen an den Erwerbstätigen) verdoppelte sich ebenfalls im Betrachtungszeitraum und liegt am aktuellen Rand mit reichlich 8 vH noch etwas unterhalb der der Deutschen (9 vH)[60].

---

effectivness of the Japanese state in the economic realm is to be explained in the first instance by its priorities. For more than 50 years the Japanese state has given its first priority to the economic development".

56 Vgl. J. Schumpeter, Theorie der wirtschaftlichen Entwicklung. 2. Auflage, München und Leipzig 1926, S. 103, nennt dies „Andersverwendung und nicht Sparen und Zunahme der verfügbaren Arbeitsmengen".

57 Ohne mithelfende Familienangehörige, deren Zahl von 2,7 Mill. 1960 auf 440 000 Personen 1994 zurückging.

58 Die Zuwächse konzentrierten sich vor allem auf die Handels- und Dienstleistungssektoren.

59 Vgl. H. Schrumpf, Zur Entwicklung der Zahl der Selbständigen in der Bundesrepublik Deutschland. „RWI-Mitteilungen", Jg. 37/38 (1986/87), S. 480ff., und in bezug auf die ausländische Selbständigkeit H.D. von Loeffelholz, A. Gieseck und H. Buch, S. 28ff.

60 Inwieweit die erhebliche Expansion in den letzten eineinhalb Jahrzehnten mittel- und längerfristig auf eine dauerhaft höhere selbständige bzw. unternehmerische Aktivität der ausländischen Zuwanderer hindeutet, wie es für die Vereinigten Staaten von J.L. Simon [I], S. 309, festgestellt wird, muß dahingestellt bleiben. Vgl. demgegenüber die ausführlichere Analyse und die eher skeptischen

Tabelle 27

Deutsche und ausländische Selbständige[1] in Westdeutschland

1960 bis 1994; in 1 000 bzw. vH

	Erwerbs-tätige[2]	darunter Selbständige			Selbständigenquote[3]		
		insgesamt	Deutsche	Ausländer	insgesamt	Deutsche	Ausländer
1960	26 247	3 327	3 327	0	12,7	12,8	0,0
1965	26 887	2 923	2 923	0	10,9	11,3	0,0
1970	26 668	2 698	2 658	40	10,1	10,7	2,2
1975	26 110	2 346	2 276	70	9,0	9,5	3,3
1980	27 059	2 255	2 155	100	8,3	8,6	4,7
1985	26 593	2 336	2 216	120	8,8	8,9	7,1
1990	28 486	2 481	2 331	150	8,7	8,8	7,8
1994	28 288	2 619	2 379	240	9,3	9,4	8,3

Eigene Berechnungen nach amtlichen Angaben. – [1]Ohne mithelfende Familienangehörige. – [2]Erwerbstätige Inländer. – [3]Anteil der Selbständigen an den jeweiligen Erwerbstätigen in vH. RWI ESSEN

Damit entspricht dieser Anteil gegenwärtig sowohl dem der (sozialversicherungspflichtigen) ausländischen Arbeitnehmer als auch dem der ausländischen Bevölkerung, was nach den vorliegenden Informationen im Vergleich zu Frankreich, Großbritannien und auch den Niederlanden sowie teilweise auch den Vereinigten Staaten als relativ hoch erscheint[61].

Schwerpunkte ausländischer Selbständigkeit sind immer noch das Gastgewerbe (55 000 Betriebe), der Lebensmitteleinzelhandel (43 000), das handwerksähnliche Gewerbe (19 500) sowie das Handwerk (5 500)[62]. Die Umsätze der ausländischen Selbständigen erreichen etwa 70 Mrd. DM p.a. bzw. 1 vH des Gesamtumsatzes in Westdeutschland; den absolut höchsten Umsatz erwirtschaften die 100 000 ausländischen Selbständigen im Dienstleistungsbereich (einschließlich freie Berufe): Der Jahresumsatz, der zusammen auf ca. 30 Mrd. DM bzw. 300 000 DM je Selbständigen zu veranschlagen ist, entspricht knapp 5 vH des Gesamtumsatzes in diesem Sektor und etwa 15 vH des Umsatzes aller steuerpflichtigen Einzelunternehmen. Wichtigster Einzelbereich ist das Gastgewerbe, in dem besonders viele italienische Selbständige tätig sind, vor dem Bereich Bildung, Wissenschaft, Kultur und Sport.

Das Investitionsvolumen der ausländischen Selbständigen beläuft sich auf etwa 2 Mrd. DM; auf jeden Betrieb entfallen somit durchschnittlich knapp 10 000 DM. Bei Investitionen von 15 DM je 1 000 DM Umsatz im Einzelhandel bzw. 40 DM im Gastgewerbe dürften die ausländischen Einzelhändler (Gastwirte) etwa 200 Mill. DM

Schlußfolgerungen von R. Waldinger, H. Aldrich and R. Ward, Ethnic Entrepreneurs. Immigrant Business in Industrial Societies. Newbury Park, CA, 1990, S. 79ff. sowie S. 177ff.

61 Vgl. R. Waldinger, H. Aldrich and R. Ward, S. 16ff., 79ff. sowie 177ff.

62 Zur Differenzierung nach Nationalitäten vgl. H.D. von Loeffelholz, A. Gieseck und H. Buch, S. 42ff.

Schaubild 22

Deutsche und ausländische Selbständige[1] bzw. Selbständigenquoten[2] in Westdeutschland

1960 bis 1994; in 1000 bzw. in vH

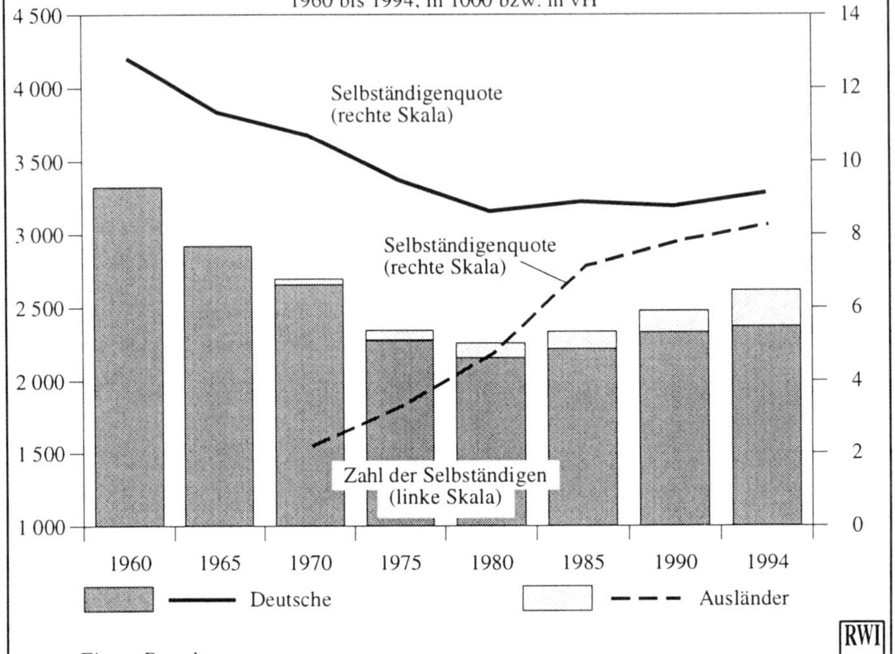

Eigene Berechnungen.

(715 Mill. DM) pro Jahr investieren. Die Investitionen der Ausländer im Verarbeitenden Gewerbe sind aufgrund der hohen Konzentration auf weniger kapitalintensive Bereiche (z.B. Flickschneidereien) als äußerst gering zu veranschlagen. Insgesamt machten die Investitionen der ausländischen Selbständigen 1992 knapp 3 vH der erwirtschafteten Bruttoumsätze und nur knapp 0,5 vH der von allen Unternehmen getätigten Anlageinvestitionen aus.

Inwieweit es aufgrund der skizzierten Zunahme von ausländischen „Unternehmern" bzw. der Selbständigkeit von ausländischen Zuwanderern zu einer Verstärkung der Innovationstätigkeit und des Strukturwandels sowie generell zu einer Dynamisierung der deutschen Wirtschaft gekommen ist und in der Zukunft weiter kommen wird, ist nicht abschließend zu beurteilen. Die bisherigen Erfahrungen lassen einen eher begrenzten Einfluß und schwache Impulse vermuten; dies gilt um so mehr, als die ausländischen „Unternehmer", wie die ausländischen Erwerbstätigen insgesamt, sektoral, beruflich und auch regional konzentriert und ihre Produktion und ihre Angebotspalette in erheblichem Ausmaß auf die eigene Ethnie ausgerichtet sind. Die ausländischen Selbständigen werden voraussichtlich auch weiterhin in solchen Bereichen tätig sein, die – wie im handwerksähnlichen Gewerbe (z.B. Schneidereien und Flickschustereien) oder im Gastgewerbe sowie im (Lebensmittel-) Einzelhandel –

mehr und mehr deutsche Angebote substituieren; sie tragen insgesamt zu einer größeren Vielfalt bei niedrigen Preisen bei und verbreitern so vor allem den tertiären Sektor.

3. Fazit

Insgesamt führte die vorstehende Analyse nicht auf solche Evidenzen und Zusammenhänge zwischen den wichtigsten Einflußfaktoren des Wirtschaftswachstums und der Zuwanderung nach Deutschland, die bisher eine wesentliche Beschleunigung oder Beeinträchtigung des Wirtschaftsverlaufs erkennen bzw. vermuten lassen. Ersteres dürfte noch am ehesten mit Blick auf die gesamtwirtschaftliche Nachfrage – und hier vor allem in der Phase vom Ende des Zweiten Weltkriegs bis zum sog. Anwerbestopp Mitte der siebziger Jahre – gelten. In bezug auf Arbeitsproduktivität und technischen Fortschritt sowie auf die Anpassungs- und Innovationsbereitschaft der Gesellschaft oder auf das bei Zuwanderung verstärkte Auftreten von „Unternehmern" erscheinen weder ein übertriebener Optimismus angebracht noch eine pessimistische Sichtweise.

Fünftes Kapitel

Zusammenfassende Bewertung

Zwischen dem Ende des Zweiten Weltkriegs und 1995 verzeichnete die Bundesrepublik Deutschland Zuwanderungen von im Saldo etwa 20 Mill. Personen, darunter 14 Mill. deutsche Vertriebene, Flüchtlinge sowie Aus- und Übersiedler aus den ehemaligen deutschen Ostgebieten bzw. aus der DDR und 6 Mill. ausländische Zuwanderer aus den sog. Anwerbeländern sowie aus Kriegs-, Bürgerkriegs- oder sonstigen Krisenregionen. Mit Ausnahme einer relativ kurzen Phase von Mitte der siebziger Jahre, als der sog. Anwerbestopp für ausländische Arbeitnehmer in Kraft trat, bis Ende der achtziger, als die politischen Umwälzungen in Ost- und Südosteuropa die Grenzen durchlässiger machten, nahm die ansässige Population dadurch spürbar zu; ein Viertel bis ein knappes Drittel der Bevölkerung in Westdeutschland 1992 und damit etwa viermal soviel wie z.B. in Frankreich, dreimal soviel wie in den Vereinigten Staaten oder doppelt soviel wie in Kanada als den beiden „klassischen" außereuropäischen Einwanderungsländern praktizierte und „erlebte" im Betrachtungszeitraum Wanderungen; sie stellte damit – sicher jeweils aus unterschiedlichen politischen, gesellschaftlichen und sozio-ökonomischen Gründen – ihre hohe Mobilität unter Beweis. Für die Aufnahmeländer bedeutete es im allgemeinen eine positive Auswahl, für die jeweiligen Herkunftsländern aber eine negative Selektion. Der Zufluß an Humankapital hat zur vergleichsweise raschen Aufwärtsentwicklung der deutschen Wirtschaft in den fünfziger und sechziger Jahren beigetragen und Anfang der neunziger Jahre den Einigungsboom verstärkt; wegen der zunehmenden Einkommensdifferentiale nahm der Wanderungsdruck auf Deutschland sogar noch zu. Mit Blick auf diese Erfahrungen ist auch in Zukunft mit erheblichen Immigrationen in die EU und speziell nach Deutschland zu rechnen, zumal die hiesige demographische Entwicklung durch einen wesentlichen Rückgang und eine spürbare Alterung der ansässigen Bevölkerung gekennzeichnet sein wird.

Ähnlich wie man sich noch hundert Jahre zuvor erhebliche Sorgen in Wirtschaft und Politik über die massiven Auswanderungen aus Europa und speziell auch aus Deutschland in die Vereinigten Staaten machte und den spürbaren Verlust an Humankapital als „Aderlaß" beklagte, dem man sogar durch die Erhebung von „Emigrations"-Steuern entgegenzuwirken versuchte, wurden in den vergangenen Jahrzehnten in Deutschland die mehr oder weniger starken Zuzüge ebenfalls mit Sorgen registriert. Waren es anfangs die zusätzlichen Belastungen der weitgehend durch den Krieg zerstörten

Infrastruktur im Verkehrs- und Wohnungsbereich und die Fragen der Versorgung der Angekommenen mit dem Nötigsten, denen besondere Aufmerksamkeit gewidmet werden mußte und die lange Zeit die politischen Prioritäten bestimmten, rückten im weiteren Verlauf – insbesondere bei zunehmender Anwerbung und Zuwanderung von ausländischen Arbeitskräften und ihrer Familienangehörigen – Bedenken hinsichtlich der Nationalität und der regionalen Herkunft der Migranten in den Vordergrund; sie bezogen sich nicht nur auf soziologische und kulturelle Implikationen von Migration, was die Kohäsion und Identität der hiesigen Gesellschaft angeht, sondern zunehmend auf ökonomische Gesichtspunkte und Auswirkungen. Dabei handelte es sich, je länger die ökonomischen Ungleichgewichte im Gefolge der beiden Ölpreiskrisen in den siebziger und achtziger Jahren anhielten und je weiter die wirtschaftliche Entwicklung hinter den Erwartungen zurückblieb, immer mehr um Fragen danach, welche Auswirkungen Immigrationen kurz- und längerfristig für die jeweiligen Arbeitsmärkte, für die Einnahmen und Ausgaben der öffentlichen Hände sowie für die Konjunktur, den sektoralen Strukturwandel und für das wirtschaftliche Wachstum haben. Die vorliegende empirische Untersuchung analysierte die genannten Effekte, wobei auch – soweit möglich und sinnvoll – die Erfahrungen in Einwanderungsländern, wie den Vereinigten Staaten, Kanada und Australien, die seit praktisch zwei Jahrhunderten vornehmliches Ziel von Einwanderern zunächst aus Europa und seit einem halben Jahrhundert aus Asien sind, Berücksichtigung gefunden haben.

Wie die Entwicklung der ausländischen Beschäftigung in den alten Bundesländern zeigt, haben sich die Ausländer in Deutschland von ihrer anfänglichen konjunkturellen Pufferfunktion gelöst. 1994 befanden sich rund 3,6 Mill. ausländische Erwerbspersonen in Deutschland, von denen gut 2,1 Mill. einer sozialversicherungspflichtigen Beschäftigung nachgingen, wobei sie in erster Linie „bad jobs“ in bezug auf die jeweiligen Arbeitsbedingungen ausübten. Es sind solche Tätigkeiten und Bereiche, aus denen sich die Deutschen wegen eingeschränkter Einkommensperspektiven, hohen Arbeitslosigkeitsrisikos und gestiegener Anspruchsniveaus weitgehend zurückgezogen haben. Dies betrifft auch die selbständigen Tätigkeiten von Ausländern; seit Anfang der siebziger Jahre hat sich deren Zahl auf 240 000 versiebenfacht. Die Selbständigenquote der Ausländer entspricht in etwa ihrem Bevölkerungsanteil und liegt noch etwas unterhalb der der Deutschen. Allerdings ist der starke Anstieg zu einem gewissen Teil auf eine „Flucht aus der Arbeitslosigkeit“ zurückzuführen, was sich auch bei ihren Tätigkeiten im Bereich Sonstige Dienstleistungen widerspiegelt. Dennoch kommt ausländischen Selbständigen eine wichtige Rolle als Arbeitgeber zu, da ungefähr 570 000 Arbeitnehmer bei ihnen beschäftigt sind. Insgesamt kann festgestellt werden, daß sie sich von ihrer anfänglichen Nischenfunktion gelöst haben und nicht mehr nur für die eigene Ethnie relevant sind. Sie tragen insoweit zur Vielfalt und Preisgünstigkeit des entsprechenden Angebots bei, was indes zunehmend auch für die neuen Bundesländern gilt, in denen in Abhängigkeit von der Zunahme des Ausländeranteils noch erhebliche Potentiale für ausländische Selbständige bestehen.

Die Untersuchung des Integrationsprozesses der in Deutschland ansässigen Ausländer anhand von strukturellen und sozioökonomischen Indikatoren hat gezeigt, daß z.T. noch erhebliche Unterschiede bestehen. Die Ausländer haben sich zwar in ihrer Erwerbsbeteiligung stark an das Verhalten der Deutschen angenähert, ihre Beschäftigung konzentriert sich indes nach wie vor auf den sekundären Sektor, für den sie vornehmlich angeworben wurden. Hätten die ausländischen Beschäftigten eine sektorale Verteilung wie die Deutschen, so wäre ihre Zahl im sekundären Sektor um 230 000 niedriger und im tertiären um 240 000 höher. Da die Angehörigen der zweiten und dritten Generation oftmals ähnliche Berufe wie die der ersten ausüben, besteht die Gefahr, daß Ausländer auch künftig nicht in dem Maß an dem strukturellen Wandel zum tertiären Sektor wie die Deutschen partizipieren. Dem ist durch eine Vielzahl von bildungs- und ausbildungspolitischen Maßnahmen entgegenzuwirken; diese sollten von der Erhöhung der Bildungsbeteiligung im Sekundar- und Primarbereich bis hin zu besonderen arbeitsmarktpolitischen Förderungsprogrammen reichen.

Denn im Vergleich zu Deutschen sind Ausländer überproportional von Arbeitslosigkeit betroffen; ihre Arbeitslosenquote ist in etwa doppelt so hoch. Da Ausländer, ebenso wie der Großteil der Zuwanderer der letzten Dekade, vielfach un- oder angelernten Beschäftigungen im sekundären Sektor nachgehen, werden sie auch künftig überproportional von Arbeitslosigkeit betroffen sein. Dies gilt auch mit Blick auf die weitere Tertiarisierung der Wirtschaft, an der vor allem auch Ausländer bzw. Zuwanderer maßgeblich beteiligt sein werden. Allerdings wäre es verfehlt, ihnen die Instabilität ihrer Beschäftigungsverhältnisse zum Vorwurf zu machen, wurden und werden sie doch gerade für solche Tätigkeiten und Beschäftigungsbereiche angeworben, in denen ein hohes Arbeitslosigkeitsrisiko besteht.

Zwischen 1984 und 1993 war denn auch jeder dritte Ausländer mindestens einmal arbeitslos, dagegen nur jeder vierte Deutsche, allerdings ist die durchschnittliche Dauer ihrer Arbeitslosigkeit um 3 Monate kürzer und der Anteil der Langzeitarbeitslosen deutlich geringer als bei Deutschen. Dies ist u.a. auf ihre relativ große berufliche Mobilität zurückzuführen und darauf, daß sie öfter als Deutsche eine berufliche Herabstufung hinnehmen. Ihre berufliche Mobilität deutet darauf hin, daß sie zunächst Positionen mit geringen Qualifikationsanforderungen belegen und später aufrücken.

Zuwanderer sind sowohl Substitute zu einheimischen Arbeitskräften mit geringen Qualifikationen als auch Komplemente zu ansässigen Beschäftigten mit besserer Qualifikation. Sie beeinflussen insoweit das Lohnniveau von Arbeitern negativ, das von Angestellten ohne Berufserfahrung eher positiv und das anderer Berufsbereiche nicht spürbar. Die beobachteten Auswirkungen sind indes so gering, daß gesamtwirtschaftlich nicht von einem nennenswerten Einfluß der Zuwanderer auf das Lohnniveau Einheimischer gesprochen werden kann.

Zwischen 1988 und 1991 wanderten 3,6 Mill. Personen in die alten Bundesländer zu, wovon etwa 1,3 Mill. einen Arbeitsplatz gefunden haben. Sie haben in erster Linie eine vorhandene Nachfrage nach Arbeitskräften gedeckt, worauf auch der Rückgang der Zahl der Arbeitslosen um über 500 000 in diesem Zeitraum hindeutet, so daß es gesamtwirtschaftlich gesehen zu keiner wesentlichen Verdrängung von einheimischen Arbeitskräften kam. Allerdings muß die Eingliederung in den Arbeitsmarkt während dieser Phase vor dem Hintergrund der günstigen konjunkturellen Entwicklung, der positiven gesamtwirtschaftlichen Einflüsse der Steuerreformschritte 1986/88/90 und der deutschen Einigung gesehen werden.

Unter den zwischen 1992 und 1995 in die alten Bundesländer zugewanderten 1,8 Mill. Personen nahmen schätzungsweise 640 000 Personen eine Beschäftigung auf. Dabei dürfte es ebenfalls kaum zu Verdrängungen gekommen sein, da die Zuwanderer überwiegend in Arbeiterberufen tätig sind und sie somit einerseits die Lücke füllen, die aufgrund des erleichterten arbeitsmarktbedingten Ausscheidens aus dem Erwerbsprozeß von Personen mit verminderter Erwerbsfähigkeit entstand, andererseits Tätigkeiten ausüben, für die nicht ausreichend einheimische Arbeitskräfte zur Verfügung stehen. Wollte man dieses „Defizit" vermindern, müßte man die Zumutbarkeitsbedingungen für Arbeitslose wesentlich verschärfen.

Die ausländischen Zuwanderer besetzen zumeist Positionen der unteren Beschäftigungshierarchie und stellen folglich – wie erwähnt – keine Konkurrenz zu deutschen Beschäftigten, wohl aber zu in Deutschland ansässigen ausländischen Arbeitskräften dar. Aussiedler gehen u.a. wegen mangelnder Sprachkenntnisse vermehrt Tätigkeiten unter ihrem Qualifikationsniveau nach und drängen somit zunehmend in Berufsbereiche der ausländischen Zuwanderer. Daher besteht mittel- und langfristig die Gefahr von Verdrängungen zwischen Aussiedlern und in Deutschland ansässigen Ausländern sowie zukünftigen ausländischen Zuwanderern. Auch hier wären spezifische arbeitsmarktpolitische Maßnahmen zu verstärken.

Die zukünftigen Arbeitsmarktperspektiven lassen eine Verminderung des Arbeitskräfteangebots in Deutschland ohne Zuwanderungen um 12 Mill. Personen erwarten. Auch bei einer zunehmenden Erwerbsbeteiligung von Frauen und der älteren Bevölkerung würde es schätzungsweise um 8 Mill. abnehmen. Bei einer unveränderten Arbeitskräftenachfrage wäre der Arbeitsmarkt ohne Zuwanderungen spätestens 2015 bzw. 2024 ausgeglichen. Durch Immigration in Höhe der zu erwartenden „demographischen Lücke" von 300 000 Personen p.a. kann bis 2030 der Rückgang bei unverändertem Erwerbsverhalten der Gesamtbevölkerung auf 6 Mill. bzw. bei einem veränderten Erwerbsverhalten auf 2 Mill. begrenzt werden. Aufgrund ihrer unterstellten Altersstruktur kann der mit dem Bevölkerungsrückgang verbundene Alterungsprozeß der Erwerbspersonen sowie der Bevölkerung insgesamt durch die Zuwanderer kaum verlangsamt werden. Dieser Prozeß bedeutet z.B. für die Zeit nach 2030 trotz Immigration zusätzliche Belastungen der sozialen Alterssicherungssysteme und verlangt eine Politik, die die Interessen der jüngeren und älteren Generationen ausbalanciert.

Für die Abschätzung und Beurteilung der fiskalischen Implikationen der Zuwanderungen spielt naturgemäß die Frage eine herausragende Rolle, wie schnell und dauerhaft die Integration in die Arbeitsmärkte erfolgt und inwieweit es dabei zu Verdrängungen kommt. Wegen der gesamtwirtschaftlichen Wirkungen von Zuwanderungen und der trotz allem im allgemeinen bemerkenswert schnellen und nachhaltigen Eingliederung stellt sich die fiskalische Bilanz nicht nur kurz-, sondern auch längerfristig eher günstig dar. Die Immigranten tragen durch namhafte Steuer- und Beitragszahlungen spürbar zur Finanzierung der öffentlichen Güter und Leistungen bei; diese werden indes von Zuwanderern eher unterproportional in Anspruch genommen. Hierfür ist eine Vielzahl von Gründen maßgebend, die von der geringeren Vertrautheit mit den institutionellen Regelungen über die Zurückhaltung wegen des vielfach noch ungesicherten aufenthaltsrechtlichen Status bis hin zu traditionellen Verhaltensmustern und Rollenverständnissen reichen. Dies manifestiert sich nicht nur in bestimmten Transfersystemen, sondern insbesondere bei der Inanspruchnahme des Bildungs- und Ausbildungssystems, in dem die ausländische Bildungsbevölkerung, speziell in den weiterführenden Bereichen, wie Realschulen, Gymnasien und Hochschulen bzw. in den qualifizierten Lehrberufen, relativ wenig vertreten ist.

Mit dem Überschuß der zusätzlichen zuwanderungsbedingten staatlichen Einnahmen über die entsprechenden Ausgaben beteiligen sich die Zuwanderer an solchen Kosten des Staates, die auch ohne ihren Zuzug und Aufenthalt anfallen würden. Hier handelt es sich um die „social overhead cost", d.h. um Aufwendungen z.B. für die Verteidigung, den staatlichen Schuldendienst oder – um aktuelle Beispiele zu nennen – um die Kosten der deutschen Einheit und der europäischen Integration.

Mit Blick auf die erwähnte unterdurchschnittliche Inanspruchnahme insbesondere des Bildungsangebots durch ausländische Zuwanderer, die wesentlicher Grund für strukturelle Defizite am Arbeitsmarkt und eine relativ hohe Betroffenheit durch Arbeitslosigkeit ist, und im Hinblick auf den erwähnten Fiskalüberschuß erscheinen zusätzliche Aufwendungen zum Abbau der Mängel erforderlich bzw. gerechtfertigt; sie wären den zusätzlichen Gewinnen ihrer verstärkten Integration in die ansässige Gesellschaft und generell in die deutsche Wirtschaft via verstärkter Ausschöpfung gegebener Wachstumspotentiale gegenüberzustellen. Damit wären höhere Steuer- und Beitragseinnahmen zu erwarten, die ihrerseits auch längerfristig die zusätzlichen staatlichen Aufwendungen übersteigen dürften. Somit werden bei verstärkter Integration von Zuwanderern immer noch zusätzliche Mittel für die Bestreitung der Kosten solcher staatlicher Aufgaben und Ausgaben bereitstehen, die von zuwanderungsbedingten Einflüssen weitgehend unabhängig sind.

Über den Arbeitsmarkt und die öffentlichen Finanzen hinaus interessiert die Immigration auch im Hinblick auf Konjunktur, Wirtschaftswachstum und sektoralen Strukturwandel. Ebenso wie bei natürlichen Bevölkerungsbewegungen ist zwischen kurz- und langfristigen bzw. zwischen transitorischen und permanenten Effekten zu unterscheiden. Kurzfristig wirken Immigrationen auf die Konjunktur, auf den Arbeitsmarkt, die Preise und die finanzwirtschaftliche Performance, längerfristig stehen die Implikationen für die ökonomischen Bedingungen anhaltenden Wirtschaftswachstums und für den (sektoralen) Strukturwandel im Vordergrund.

Am Beispiel der Zuwanderungen seit 1988 wurden die wichtigsten gesamtwirtschaftlichen Auswirkungen auf den kurzfristigen Wirtschaftsablauf deutlich: nach Berechnungen mit dem RWI-Konjunkturmodell entstanden zusätzlich 85 000 Arbeitsplätze, das Sozialprodukt lag z.B. 1991 um 5 vH höher als ohne die Zuwanderung, und die durchschnittliche Wachstumsrate war um 1,3 vH-Punkte p.a. höher, wobei der Private Verbrauch wegen der relativ hohen Konsumneigung der Immigranten um 1,4 vH-Punkte schneller expandierte, der Staatsverbrauch aber nur um 0,5 vH-Punkte. Der Fiskus und die Parafisci profitierten 1991 in Gestalt einer Entlastung von etwa 13 Mrd. DM. Aufgrund der geringeren Zuwanderungen in den vergangenen vier Jahren sind die aktuellen makroökonomischen Effekte sehr viel geringer, höchstens halb so groß zu veranschlagen. Freilich sind diese Ergebnisse nicht ohne weiteres auf andere Zuwanderungsphasen und -länder in einem anderen binnen- und weltwirtschaftlichen Umfeld zu übertragen. Darüber hinaus abstrahieren sie von den mehr oder weniger negativen Rückwirkungen auf die Herkunftsländer der Immigranten.

Angesichts des zur Bewältigung der Probleme am Arbeitsmarkt und in den Sozialsystemen absehbar zu flachen Wachstumspfads rücken immer mehr die längerfristigen gesamtwirtschaftlichen Effekte von Zuwanderungen in den Vordergrund des wissenschaftlichen und politischen Interesses. Nachfrage- und angebotsseitige Überlegungen beziehen sich darauf, inwieweit wichtige Bestimmungsfaktoren des Wirtschaftswachstums von Zuwanderungen sowie von der Zahl und der Struktur der Immigranten beeinflußt werden. Über die gesamtwirtschaftliche Nachfrage hinaus sind auch quantitative und qualitative Aspekte des Arbeitsangebots, der technische Fortschritt sowie der dynamische Wettbewerb zu berücksichtigen.

Unter Nachfrageaspekten haben demographische Expansionen zu größeren Märkten, zu höheren Investitionen und zu mehr Arbeitsteilung geführt und die Voraussetzungen für Produktivitätssteigerungen verbessert. Der Private Verbrauch sowie die öffentlichen und privaten Investitionen entwickelten sich unter dem Einfluß von Immigrationen dynamischer, letztere insbesondere deshalb, weil Zuwanderung im allgemeinen Risikoeinschätzungen und -präferenzen der Investoren verändert, was insbesondere für die Vertreibungs- und Flüchtlingsphase nach dem Zweiten Weltkrieg und auch nach dem Fall des „Eisernen Vorhangs" galt und was jeweils die Absatzaussichten und somit die Gewinn- und Investitionsperspektiven in einem günstigeren Licht erscheinen ließen.

Die angebotsseitigen ökonomischen Wirkungen der Zuwanderungen beziehen sich auf Höhe und Struktur des Arbeitsangebots, auf die Forschungs- und Innovationsaktivitäten und somit auf den technischen Fortschritt oder auf das „unternehmerische" Potential der Volkswirtschaft. „Qualitative" Indikatoren, wie z.B. Entwicklung der Anzahl der zuwandernden Erwerbspersonen mit Hochschulabschluß, Ausmaß der Forschungsaktivitäten oder die Selbständigenquote unter Ausländern sowie die sektorale Verteilung und Schwerpunkte der ausländischen Selbständigkeit, deuten nicht ohne weiteres darauf hin, daß die vergangenen und zukünftigen Immigrationen im allgemeinen die Angebotsbedingungen wesentlich verbessern; umgekehrt ist aber auch keine spürbare Beeinträchtigung zu erwarten. Insoweit empfiehlt sich zusammengenommen bei der Beurteilung von möglichen wirtschaftlichen Effekten und Implikationen von Zuwanderungen für den Arbeitsmarkt, die Produktivität und den technischen Fortschritt, für die Anpassungs- und Innovationsbereitschaft der Gesellschaft oder für das Auftreten von „Unternehmern" ein nüchterner Realismus.

Zusammengenommen wird Deutschland auch in den nächsten Jahren und Jahrzehnten wichtigstes Zielland von Immigranten insbesondere aus Ost- und Südosteuropa bleiben. Dies wird – wie in der Vergangenheit auch – positive und negative Wirkungen und Implikationen für die deutsche Wirtschaft haben, wenn auch die bisherigen Erfahrungen nicht nur in Deutschland, sondern auch in anderen Immigrationsländern dafür sprechen, daß wegen des Zuflusses an flexiblem, motiviertem und unternehmerisch orientiertem Humankapital, für das das jeweilige Aufnahmeland keine Investitionen leisten mußte, die günstigen Wirkungen im Saldo überwiegen werden. Dies schließt spürbare Nachteile für ansässige Personen mit ein; ihnen ist mit entsprechenden arbeits- und sozialpolitischen Maßnahmen zu begegnen. Diese wären gegebenenfalls auch in einem umfassenderen Regelungswerk zur stärkeren Steuerung von Zuwanderungen in Zukunft festzuhalten; darin müßten aber vor allem auch die Integrationsanstrengungen in bezug auf die schon länger in Deutschland ansässigen Ausländer kodifiziert und verstärkt werden. Letzteres bedeutet zunehmende Einbürgerungen und Erleichterungen beim Staatsbürgerschaftsrecht als wesentliche Voraussetzungen für eine stärkere Integration vor allem von jüngeren, in Deutschland geborenen Ausländern in Wirtschaft und Gesellschaft.

Literaturverzeichnis

Albrecht, G. und H.-W. Müller, Die neue Altersrente wegen Arbeitslosigkeit oder nach Altersteilzeit. „Deutsche Rentenversicherung", Frankfurt a.M., Jg. 1996, S. 142ff.

Antwort der Bundesregierung auf die Große Anfrage der Abgeordneten G. Andres u.a. und der Fraktion der SPD, Situation ausländischer Rentner und Senioren in der Bundesrepublik Deutschland. Deutscher Bundestag, Drucksache 12/5796. Bonn 1993, S. 19ff.

Antwort der Bundesregierung auf die Große Anfrage der Abgeordneten Cem Özdemir u.a. und der Fraktion BÜNDNIS 90/DIE GRÜNEN, Situation der Bundesrepublik Deutschland als Einwanderungsland. Deutscher Bundestag, Drucksache 13/5065. Bonn 1996

Bach, H.-W. [I], Arbeitslosigkeit – eine Schande für eine sozial verfaßte Gesellschaft. „Soziale Sicherheit", Köln, Jg. 45 (1996), S. 178ff.

Bach, H.-W. [II], Entwicklung und Struktur der Ausländerarbeitslosigkeit in der Bundesrepublik Deutschland seit 1960. In: E. Hönekopp (Hrsg.), S. 144ff.

Bade, K.J., Ausländer, Aussiedler, Asyl in der Bundesrepublik Deutschland. Bonn 1994.

Barabas, G., A. Gieseck, U. Heilemann und H.D. von Loeffelholz, Gesamtwirtschaftliche Effekte der Zuwanderung 1988 bis 1991. „RWI-Mitteilungen", Berlin, Jg. 43 (1992), S. 133ff.

Bauer, T. und K.F. Zimmermann, Arbeitslosigkeit und Löhne von Aus- und Übersiedlern. In: V. Steiner und L. Bellmann (Hrsg.), Mikroökonomik des Arbeitsmarktes. (Beiträge zur Arbeitsmarkt- und Berufsforschung, Nr. 192.) Nürnberg 1995, S. 89ff.

Beauftragte der Bundesregierung für die Belange der Ausländer (Hrsg.) [I], Bericht über die Lage der Ausländer in der Bundesrepublik Deutschland 1993. Bonn 1994.

Beauftragte der Bundesregierung für die Belange der Ausländer (Hrsg.) [II], Bericht über die Lage der Ausländer in der Bundesrepublik Deutschland 1995. Bonn 1995.

Bender, S. und W. Karr, Arbeitslosigkeit von ausländischen Arbeitnehmern – Ein Versuch, nationalitätenspezifische Arbeitslosenquoten zu erklären. „Mitteilungen aus der Arbeitsmarkt- und Berufsforschung", Stuttgart, Jg. 26 (1993), S. 192ff.

Birg, H., Demographische Wirkungen politischen Handelns. In: H.-U. Klose (Hrsg.), Altern hat Zukunft. Opladen 1993.

Bombach, G., Neuere Entwicklungen der Beschäftigungstheorie und ihre Relevanz für die aktuellen schweizerischen Arbeitsmarktprobleme. „Schweizerische Zeitschrift für Volkswirtschaft und Statistik", Basel, Jg. 115 (1979), S. 232f.

Borjas, G.J., The Impact of Immigrants on Employment Opportunities of Natives. In: OECD [I], The Changing Course of International Migration. Paris 1993, S. 191ff.

Bucher, H., M. Kocks und M. Siedhoff, Wanderungen von Ausländern in der Bundesrepublik Deutschland der achtziger Jahre. „Informationen zur Raumentwicklung", Köln, Jg. 1991, S. 501ff.

Bucher, H., Die Außenwanderungsbeziehungen der Bundesrepublik Deutschland. „Raumforschung und Raumordnung", Köln, Jg. 51 (1993), S. 260ff.

Bundesanstalt für Arbeit (Hrsg.) [I], Arbeitsmarkt 1994. „Amtliche Nachrichten der Bundesanstalt für Arbeit", Nürnberg, Jg. 43 (1995), Sondernummer.

Bundesanstalt für Arbeit (Hrsg.) [II], Arbeitsmarkt 1995. „Amtliche Nachrichten der Bundesanstalt für Arbeit", Nürnberg, Jg. 44 (1996), Sondernummer.

Bundesanstalt für Arbeit (Hrsg.) [III], Ausbildungslücke wird größer. (Presseinformationen, Nr. 33/95.) Nürnberg 1995.

Bundesanstalt für Arbeit (Hrsg.) [IV], Arbeitsmarkt 1991. „Amtliche Nachrichten der Bundesanstalt für Arbeit", Nürnberg, Jg. 40 (1992), Sondernummer.

Bundesanstalt für Arbeit (Hrsg.) [V], Strukturanalyse 1994, Bestände sowie Zu- und Abgänge an Arbeitslosen und offenen Stellen. Nürnberg im Mai 1995.

Bundesministerium der Finanzen (Hrsg.), Finanzbericht 1996. Bonn 1995.

Bundesministerium des Innern (Hrsg.), Modellrechnungen zur Bevölkerungsentwicklung in der Bundesrepublik Deutschland bis zum Jahr 2040. Bonn 1996.

Bundesministerium für Arbeit und Sozialordnung (Hrsg.) [I], Statistisches Taschenbuch. Bonn, versch. Jgg.

Bundesministerium für Arbeit und Sozialordnung (Hrsg.) [II], Übersicht über das Sozialrecht. 3. Auflage. Stand 1. Juli 1994. Bonn 1994.

Bundesministerium für Bildung, Wissenschaft, Forschung und Technologie (Hrsg.) [I], Grund- und Strukturdaten 1995/96. Bonn 1995.

Bundesministerium für Bildung, Wissenschaft, Forschung und Technologie (Hrsg.) [II], Grund- und Strukturdaten 1994/95. Bad Honnef 1994.

Bundesministerium für Bildung, Wissenschaft, Forschung und Technologie (Hrsg.) [III], Bundesbericht Forschung 1996. Bonn 1996.

Bundesministerium für Forschung und Technologie (Hrsg.), Bundesbericht Forschung 1984. Bonn 1984

Buttler, F. und F. Dietz, Die Ausländer auf dem Arbeitsmarkt. In: C. Höhn und D. Rein (Hrsg.), S. 99ff.

Buttler, G., Der Bevölkerungsrückgang in der Bundesrepublik. Ausmaß und Konsequenzen. Köln 1979.

Collins, R., Weberian Sociological Theory. Cambridge 1986.

Conradi, H., K. Jacobs und W. Schmähl, Vorzeitiger Rentenbezug in der Bundesrepublik Deutschland, „Sozialer Fortschritt“, Berlin, Jg. 36 (1987), S. 182ff.

Cornelsen, C., Erwerbstätigkeit der ausländischen Bevölkerung. „Wirtschaft und Statistik“, Stuttgart, Jg. 1996, S. 147ff.

De New, J.P. and K.F. Zimmermann, Native Wage Impacts of Foreign Labor: A Random Effects Panel Analysis. (Münchener wirtschaftswissenschaftliche Beiträge, Nr. 93-19.) München 1993.

Denison, E.F., Accounting for Slower Economic Growth. The United States in the 1970s. Washington, D.C., 1979.

Deutscher Bundestag (Hrsg.), Zwischenbericht der Enquete-Kommission „Demographischer Wandel. Herausforderungen unserer älter werdenden Gesellschaft an den einzelnen und die Politik“. Bonn 1994.

Deutscher Bundestag, Gesetzentwurf der Fraktionen der CDU/CSU und der F.D.P., Entwurf eines Gesetzes zur Reform der gesetzlichen Rentenversicherung (Rentenreformgesetz 1999 – RRG 1999). Deutscher Bundestag, Drucksache 13/8011. Bonn 1997.

Deutsches Institut für Wirtschaftsforschung (Hrsg.), Angebot an Arbeitskräften in Deutschland auf längere Sicht. (Bearb.: E. Kirner und E. Schulz.) „DIW-Wochenbericht“, Berlin, Jg. 57 (1990), S. 679ff.

Diekmann, A., H. Engelhardt und P. Hartmann, Einkommensungleichheit in der Bundesrepublik Deutschland: Diskriminierung von Frauen und Ausländern? „Mitteilungen aus der Arbeitsmarkt- und Berufsforschung“, Stuttgart, Jg. 26 (1993), S. 386ff.

Dietz, F., Entwicklung und Struktur der ausländischen Arbeitnehmer in der Bundesrepublik Deutschland – Ein Vergleich zwischen Deutschen und Ausländern. In: E. Hönekopp (Hrsg.), S. 67ff.

Döhrn, R., Sparerverhalten und Konsumentwicklung. „RWI-Mitteilungen“, Berlin, Jg. 35 (1984), S. 37ff.

Dudey, S., Vorausschätzung der Kostenentwicklung in der GKV – unter Berücksichtigung des demographischen Wandels für Gesamtdeutschland bis zum Jahre 2030 – aufbauend auf Kranken- und Rentenversicherungsdaten. In: Enquete-Kommission „Demographischer Wandel“ Deutscher Bundestag (Hrsg.), Herausforderungen unserer älter werdenden Gesellschaft an den einzelnen und an die Politik. Studienprogramm. Band 1, Heidelberg 1996, S. 279ff.

Dürr, E., Wachstumspolitik. Bern und Stuttgart 1977.

Eckstein, O., The DRI-Model of the U.S. Economy. New York 1983.

Economic Council of Canada (Ed.), Economic and Social Impact of Immigration. A Research Report prepared for the Economic Council of Canada. Ottawa 1991.

Engelen-Kefer, U. u.a., Beschäftigungspolitik. Dritte Auflage, Köln 1995.

Enquete-Kommission „Demographischer Wandel" des Deutschen Bundestags (Hrsg.), Herausforderungen unserer älter werdenden Gesellschaft an den einzelnen und an die Politik. Studienprogramm. Band 1, Heidelberg 1996.

Enzensberger, H.M., Die Große Wanderung. 33 Markierungen. 6. Auflage Frankfurt a.M. 1993.

Espenshade, T.J. and W.J. Serow, The Economic Consequences of Slowing Population Growth. New York u.a. 1978.

Eurostat (Hrsg.), Statistik kurzgefaßt. Bevölkerung und soziale Bedingungen. Luxemburg, 1996.

Faist, T., Ein- und Ausgliederung von Immigranten in Arbeitsmärkten: Junge Türken in Deutschland und mexikanische Amerikaner in den USA. In: W. Seifert (Hrsg.), S. 32ff.

Faist, T. u.a. (Hrsg.), Neue Migrationsprozesse: politisch-institutionelle Regulierung und Wechselbeziehungen zum Arbeitsmarkt. (Zentrum für Sozialpolitik, Arbeitspapier Nr. 6/1996.) Bremen 1996.

Feichtinger, G., Bevölkerung. In: W. Albers u.a. (Hrsg.), Handwörterbuch der Wirtschaftswissenschaft, Band 1. Tübingen 1977, S. 622.

Forschungsinstitut der Friedrich-Ebert-Stiftung (Hrsg.), Von der Ausländer- zur Einwanderungspolitik. (Gesprächskreis Arbeit und Soziales, Nr. 32.) Düsseldorf 1994.

Franz, P., Soziologie der räumlichen Mobilität. Eine Einführung. Frankfurt a.M. und New York 1984.

Franz, W., Beschäftigungsprobleme aufgrund von Inflexibilitäten auf Arbeitsmärkten? In: H. Scherf (Hrsg.), Beschäftigungsprobleme hochentwickelter Volkswirtschaften. (Schriften des Vereins für Socialpolitik, N.F. Band 178.) Berlin 1989, S. 328ff.

Frick, J., und G. Wagner, Zur sozio-ökonomischen Lage von Zuwanderern in West-Deutschland. (Diskussionspapier des Deutschen Instituts für Wirtschaftsforschung, Nr. 140.) Berlin 1996.

Fritzsche, B., Knappschaftsrenten und Subventionen: Viel Lärm um Nichts? „RWI-Mitteilungen", Berlin, Jg. 42 (1991), S. 303ff.

Fritzsche, B. u.a., Konsolidierungs- und Wachstumserfordernisse – Fiskalperspektiven in der Bundesrepublik in den neunziger Jahren. „RWI-Mitteilungen", Berlin, Jg. 46 (1995), S. 1ff.

Fuchs, L.H., The American Kaleidoscope. Race, Ethnicity, and the Civic Culture. Hanover, NH, 1995.

Gabisch, G., Konjunktur- und Wachstum. In: D. Bender u.a. (Hrsg.), Vahlens Kompendium der Wirtschaftstheorie und Wirtschaftspolitik. Band 1, 2. Auflage, München 1984.

Garten, J.E., A Cold Peace. America, Japan, Germany, and the Struggle for Supremacy. New York und Toronto 1993.

Giersch, H., K.-H. Paqué und H. Schmieding, The Fading Miracle. Four Decades of Market Economy in Germany. (Cambridge Surveys in Economic Policies and Institutions.) Cambridge 1994.

Gieseck, A., U. Heilemann und H.D. von Loeffelholz [I], Wirtschafts- und sozialpolitische Aspekte der Zuwanderung in die Bundesrepublik. „Aus Politik und Zeitgeschichte", Beilage zur Wochenzeitschrift „Das Parlament", Nr. B 7/93, Bonn 1993, S. 29ff.

Gieseck, A., U. Heilemann and H.D. von Loeffelholz [II], Economic Implications of Migration into the Federal Republic of Germany, 1988-1992. „International Migration Review", Staten Island, NY, vol. 29 (1995), S. 693ff.

Grundmann, S., Die Migration aus den neuen in die alten Bundesländer – ein Spezialfall der europäischen Ost-West-Migration? Vortrag auf der 28. Tagung der Deutschen Gesellschaft für Bevölkerungswissenschaft am 16. Februar 1994 in Bochum. Unveröffentlichtes Manuskript.

Hansen, A.H., Economic Progress and Declining Population Growth. „American Economic Review", Menasha, WI, vol. 29 (1939), S. 1ff.

Heilemann U. und H.D. von Loeffelholz, Zur kurz- und langfristigen Bedeutung der Ausländer in Deutschland für den Arbeitsmarkt, die öffentlichen Kassen und die Sozialversicherungen. Essen 1996, unveröffentlichtes Manuskript.

Heilemann, U., „Small is Beautiful?" Zur Ökonomie ökonometrischer Modelle. Vorläufiges Manuskript eines Vortrags am 20. November 1995 im Volkswirtschaftlichen Forschungsseminar des Fachbereichs Wirtschaftswissenschaft der Gerhard-Mercator-Universität GH Duisburg. Essen 1995.

Heilemann, U. und H.J. Münch, Einige Bemerkungen zum RWI-Konjunkturmodell. In: H.G. Langer u.a. (Hrsg.), Simulationsrechnungen mit ökonometrischen Makromodellen. (Berichte der GMD, Nr. 146.) München 1984, S. 355ff.

Heilemann, U. und H. Rappen, Was kostet uns die Einheit. „Hamburger Jahrbuch für Wirtschafts- und Gesellschaftspolitik", Tübingen, Jg. 41 (1996), S. 85ff.

Heilemann, U. and A. Samarov, Changes in the Determinants of the Rate of Change of Wage Rates in the FRG. „Jahrbücher für Nationalökonomie und Statistik", Stuttgart, Band 205 (1990), S. 453.

Heinacher, P., Wir stehen mit dem Rücken zur Wand. „Handelsblatt", Düsseldorf, Ausgabe vom 25./26. Oktober 1991, S.13.

Heinacher, P., und P. Thelen, Die meisten Aussiedler werden problemlos integriert. „Handelsblatt", Düsseldorf, Ausgabe vom 7. März 1996, S. 6

Herbert, U., Saisonarbeiter – Zwangsarbeiter – Gastarbeiter, Zur historischen Dimension einer aktuellen Debatte. In: Forschungsinstitut der Friedrich-Ebert-Stiftung (Hrsg.), S. 61ff.

Herrmann, H., Aus Gastarbeitern werden Rentner. „Arbeitgeber", Köln, Jg. 1993, S. 641ff.

Herrmann, H., Ursachen und Entwicklung der Ausländerbeschäftigung. (Informationen zur politischen Bildung, Nr. 237.) Bonn 1992.

Hof, B., Szenarien künftiger Zuwanderungen und ihre Auswirkungen auf Bevölkerungsstruktur, Arbeitsmarkt und soziale Sicherung. „Allgemeines Statistisches Archiv", Band 80 (1/1996), S. 139ff.

Höhn, C. und D. Rein (Hrsg.), Ausländer in der Bundesrepublik Deutschland. (Schriftenreihe des Bundesinistituts für Bevölkerungsforschung, Band 20.) Wiesbaden 1990.

Hönekopp, E., Rückkehrförderung und Rückkehr ausländischer Arbeitnehmer – Ergebnisse des Rückkehrförderungsgesetzes, der Rückkehrhilfe-Statistik und der IAB-Rückkehrerbefragung. In: E. Hönekopp (Hrsg.), S. 287ff.

Hönekopp, E. (Hrsg.), Aspekte der Ausländerbeschäftigung in der Bundesrepublik Deutschland. (Beiträge zur Arbeitsmarkt- und Berufsforschung, Nr. 114.) Nürnberg 1987.

Husmann, J., Aktuelle Probleme der Rentenversicherung. „Deutsche Rentenversicherung", Jg. 1996, S. 384ff.

Industrie- und Handelskammer zu Berlin und BAO Berlin-Marketing Service GmbH (Hrsg.), Aufenthalt und Erwerbstätigkeit von ausländischen Staatsbürgern und Unternehmen in Deutschland. Berlin o.J.

Institut für Sozialforschung und Gesellschaftspolitik (Hrsg.), Sozialversicherungsfreie Beschäftigung. Gutachten im Auftrag des Bundesministeriums für Arbeit und Sozialordnung. Köln 1992.

Jäger, K., Altersstrukturveränderungen der Bevölkerung, Ersparnis und wirtschaftliches Wachstum – Eine theoretische Analyse. Berlin 1973.

Johnson, C., MITI and the Japanese Miracle: The Growth of Industrial Policy. Stanford, CA, 1982.

Kaufmann, F.-X., Die Überalterung. Ursache, Verlauf, wirtschaftliche und soziale Auswirkungen des demographischen Alterungsprozesses. Zürich und St. Gallen 1960.

Kaufmann, F.-X., Makrosoziologische Überlegungen zu den Folgen eines Bevölkerungsrückgangs in industriellen Gesellschaften. In: F.-X. Kaufmann (Hrsg.), Bevölkerungsbewegung zwischen Quantität und Qualität. Stuttgart 1975, S. 62ff.

Keynes, J.M., Some Economic Consequences of Declining Population. „Eugenics Review", vol. 29 (1937), S. 13ff.

Klauder, W., Probleme der Außenwanderung aus der Sicht der Arbeitsmarktprognostik. In: H. Neumann und H. Niemann (Hrsg.), Migration und soziale Probleme. (Materialien des Deutschen Instituts für Urbanistik, Nr. 17/95.) Berlin 1995, S. 45ff.

Klös, H.-P., Zuwanderungsbedingter Potentialzuwachs: Substitution Arbeitsloser oder Mehrbeschäftigung? „IW-Trends", Köln, Jg. 18 (1991), Heft 3, S. 31f.

Knauth, B., Frauenerwerbsbeteiligung in den Staaten der Europäischen Gemeinschaft. In: K. Schwarz (Hrsg.), Frauenerwerbstätigkeit – Demographische, soziologische, ökonomische und familienpolitische Aspekte. (Materialien zur Bevölkerungswissenschaft, Heft 77.) Wiesbaden 1992, S. 265ff.

Koch, H., Bevölkerung und Neuerungsaktivität. Auswirkungen demographischer Faktoren auf Investition und Innovation. (Ifo-Studien zur Bevölkerungsökonomie, Heft 5.) München 1987.

Koller, B., Aussiedler nach dem Deutschkurs: Welche Gruppen kommen rasch in Arbeit? „Mitteilungen aus der Arbeitsmarkt- und Berufsforschung", Stuttgart, Jg. 26 (1993), S.207ff.

Koller, B., Fortbildungs- und Umschulungsmaßnahmen für Aussiedler. „Mitteilungen aus der Arbeitsmarkt- und Berufsforschung", Stuttgart, Jg. 28 (1995), S. 109ff.

Köpp, G., Finanzierungsprobleme der Rentenversicherung. (Sozioökonomische Forschungen, Band 33.) Bern u.a. 1995.

Körner, H., Internationale Mobilität der Arbeit. Eine empirische und theoretische Analyse der internationalen Wirtschaftsmigration im 19. und 20. Jahrhundert. Darmstadt 1990.

Krupp, H.J. und D. Edler, Wachstumsengpässe und Kapitalbildung. In: „Kapital und Wachstum in den achtziger Jahren". Beihefte der Konjunkturpolitik, Heft 30, Berlin 1983, S. 37ff.

Kruse, A., Wanderungen (II): Internationale Wanderungen. In: E. von Beckerath u.a. (Hrsg.), Handwörterbuch der Sozialwissenschaften, Band 11. Stuttgart u.a. 1961, S. 504.

Kuptsch, C., Kommentar zu vorstehendem Beitrag: Ein Vergleich mit einer ILO-Studie zu Gastarbeitnehmer- und Werkvertragsabkommen. In: T. Faist u.a. (Hrsg.), S. 105ff.

Lamberts, W., Wachstum und Strukturbildung bei Ausländerbeschäftigung. (Schriftenreihe des Rheinisch-Westfälischen Instituts für Wirtschaftsforschung, N.F., Heft 38.) Berlin 1976.

Layard, R. u.a., East-West Migration. The Alternatives. Cambridge, MA, 1992.

Leibfritz, W. u.a., Ageing populations, pension systems and government budgets: how do they affect savings? (OECD Economic Department Working Paper.) Paris 1996.

Löbbe, K. u.a., Der Wirtschaftsstandort Deutschland vor dem Hintergrund regionaler Entwicklungen in Europa. (Untersuchungen des Rheinisch-Westfälischen Instituts für Wirtschaftsforschung, Heft 22.) Essen 1997.

Loeffelholz, H.D. von [I], Der Beitrag der Ausländer zum wirtschaftlichen Wohlstand in der Bundesrepublik Deutschland. „Zeitschrift zur Politischen Bildung (Eichholz Brief)“, Bonn, Jg. 29 (1992), Heft 1, S. 60ff.

Loeffelholz, H.D. von [II], Zuwanderung: Erfahrungen und Perspektiven der Zuwanderung in die Bundesrepublik aus ökonomischer Sicht. In: Forschungsinstitut der Friedrich-Ebert-Stiftung (Hrsg.), S. 59f.

Loeffelholz, H.D. von [III], Bevölkerungsentwicklung, Wirtschaftswachstum und staatliche Leistungen. Erfahrungen und Perspektiven für die Bundesrepublik. „RWI-Mitteilungen“, Berlin, Jg. 39 (1988), S. 215ff.

Loeffelholz, H.D. von, A. Gieseck und H. Buch, Ausländische Selbständige in der Bundesrepublik. (Schriftenreihe des Rheinisch-Westfälischen Instituts für Wirtschaftsforschung, N.F., Heft 56.) Berlin 1994.

Malthus, T.R., An Essay on the Principle of Population. London 1973.

Mammey, U., 35 Jahre Ausländer in der Bundesrepublik Deutschland – die demographische Entwicklung. In: C. Höhn und D.B. Rein (Hrsg.), S. 55ff.

Marplan (Hrsg.), Ausländer in Deutschland. Soziale Situation. Offenbach 1994.

Mayo-Smith, R., Emigration and Immigration. A Study of Social Science. New York, 1892.

Mantzavinos, C., Wettbewerbstheorie. Eine kritische Auseinandersetzung. (Volkswirtschaftliche Schriften, Heft 434.) Berlin 1994.

Miegel, M., Arbeitsmarktpolitik auf Irrwegen. Zur Ausländerbeschäftigung in der Bundesrepublik Deutschland. Stuttgart 1984.

Mitteilungen der Beauftragten der Bundesregierung für die Integration der ausländischen Arbeitnehmer und ihrer Familienangehörigen. Bonn 1986.

Müller, H.-W., Zur Rentenfinanzierung bei konjunktureller Talfahrt. „Deutsche Rentenversicherung“, Frankfurt a.M., Jg. 1993, S. 378ff.

Münz, R. und R. Ulrich, Internationale Wanderungen von und nach Deutschland, 1945–1994 – Demographische, politische und gesellschaftliche Aspekte räumlicher Mobilität. „Allgemeines Statistisches Archiv“, Göttingen, Band 80 (1996), S. 5ff.

Musgrove, P., U.S. Household Consumption Income and Demographic Changes: 1975–2025. Washington, D.C., 1983.

Neumann, M., Ausgaben für Forschung und Bildung und die säkulare Wachstumsrate. „Konjunkturpolitik“, Berlin, Jg. 16 (1970), S. 180ff.

Nurkse, R., Growth in Underdeveloped Countries. „American Economic Review“, Menasha, WI, vol. 42 (1952); wieder abgedruckt in A.N. Agarwala and S.P. Singh (Eds.), The Economics of Underdevelopment. New York 1963.

Oberheitmann, A. und M. Wenke, Strukturveränderungen des westdeutschen Privaten Verbrauchs. Methoden und ausgewählte Ergebnisse einer Neuberechnung der

RWI-Konsumverflechtungstabelle. „RWI-Mitteilungen", Berlin, Jg. 45 (1994), S. 103ff.

OECD (Ed.) [I], The Changing Course of International Migration. Paris 1993.

OECD (Ed.) [II], Trends in International Migration (SOPEMI). Annual Reports 1993 und 1994. Paris 1994 und 1995.

OECD (Ed.) [III], OECD Economic Surveys – United States 1997. Paris 1997.

OECD (Ed.) [IV], OECD Economic Outlook, no. 57. Paris 1995.

OECD (Ed.) [V], The Role of Public Sector. Paris 1985.

Oppenländer, K.H., Wachstumstheorie und Wachstumspolitik. München 1988.

O.V., 580-DM-Stellen diskriminieren Frauen nicht. „Handelsblatt", Düsseldorf, Ausgabe vom 15./16. Dezember 1995, S. 3.

O.V., Immigration vorteilhaft für die wirtschaftliche Entwicklung. „Handelsblatt", Düsseldorf, Ausgabe vom 10. Dezember 1992, S. 12.

Presse- und Informationsamt der Bundesregierung (Hrsg.) [I], Ausländer in Deutschland – Aufenthaltsdauer der in Deutschland lebenden Ausländer. (Sozialpolitische Umschau, Nr. 40/1995.) Bonn 1995, S.30.

Presse- und Informationsamt der Bundesregierung (Hrsg.) [II], Beschäftigung ausländischer Saisonarbeitnehmer wird beschränkt – Verordnung zur Änderung des Arbeitserlaubnisrechts erlassen. (Sozialpolitische Umschau, Nr. 40/1996.) Bonn 1996.

Presse- und Informationsamt der Bundesregierung (Hrsg.) [III], Erwerbstätige mit ausländischem Paß in Deutschland. (Sozialpolitische Umschau, Nr. 40/1996.) Bonn 1996, S. 28.

Presse- und Informationsamt der Bundesregierung (Hrsg.) [IV], Programm der Bundesregierung für mehr Wachstum und Beschäftigung – Deutscher Bundestag weist Einsprüche des Bundesrates zurück und verabschiedet: Wachstums- und Beschäftigungsförderungsgesetz, Arbeitsrechtliches Beschäftigungsförderungsgesetz, Beitragsentlastungsgesetz. (Sozialpolitische Umschau, Nr. 36/1996) Bonn 1996.

Presse- und Informationsamt der Bundesregierung (Hrsg.) [V], Mitteilungen der Bundesanstalt für Arbeit. (Sozialpolitische Umschau, Nr. 39/1996.) Bonn 1996.

Presse- und Informationsamt der Bundesregierung (Hrsg.) [VI], 52 Mrd. Mark Sozialhilfeausgaben im Jahr 1995. (Sozialpolitische Umschau, Nr. 37/1996.) Bonn 1996, S. 4.

Presse- und Informationsamt der Bundesregierung (Hrsg.) [VII], Programm für mehr Wachstum und Beschäftigung – Gesetz zu Rentenversicherung und Arbeitsförderung vom Bundestag beschlossen –. (Sozialpolitische Umschau, Nr. 28/1996), Bonn 1996.

Reddaway, W.B., The Economics of Declining Population. New York 1939.

Rehfeld, U., Ausländische Arbeitnehmer und Rentner in der gesetzlichen Rentenversicherung. „Deutsche Rentenversicherung", Frankfurt a.M., Jg. 1991, S. 480ff.

Rein, D.B., Rechtliche Rahmenbedingungen in der Bundesrepublik Deutschland für die grenzüberschreitende Migration. In: C. Höhn und D.B. Rein (Hrsg.), S. 83ff.

Reischauer, R.D. (Ed.), Setting National Priorities. Budget Choices for the Next Century. Washington, D.C., 1997.

Rheinisch-Westfälisches Institut für Wirtschaftsforschung (Hrsg.) [I], Stellungnahme zum Entwurf eines Gesetzes zur Reform der gesetzlichen Rentenversicherung (Rentenreformgesetz 1999 – RRG 1999) – Bundestagsdrucksache 13/8011 – und zum Antrag Strukturreform statt Leistungskürzungen in der Alterssicherung – Bundestagsdrucksache 13/8032, erstattet dem Ausschuß für Arbeit und Sozialordnung des Deutschen Bundestags zur Anhörung vom 16. bis 18. Juli 1997.

Rheinisch-Westfälisches Institut für Wirtschaftsforschung (Hrsg.) [II], Aktuelle Bestandsaufnahme des deutschen Transfersystems – Eine empirische Analyse unter Effektivitäts- und Anreizgesichtspunkten. Gutachten im Auftrag des Bundesministeriums für Arbeit und Sozialordnung (Bearb.: H.D. von Loeffelholz, B. Fritzsche und G. Köpp.) Essen 1996.

Rheinisch-Westfälisches Institut für Wirtschaftsforschung (Hrsg.) [III], Vierteljährliche Prognose mit dem RWI-Konjunkturmodell 1991–3 bis 1992–4, Nr. 34. (Bearb.: G. Barabas und U. Taureg.) Essen 1991.

Rheinisch-Westfälisches Institut für Wirtschaftsforschung (Hrsg.) [IV], Vierteljährliche Prognose mit dem RWI-Konjunkturmodell 1992–1 bis 1993–4, Nr. 35. (Bearb.: G. Barabas, A. Gieseck und U. Taureg.) Essen 1992.

Rheinisch-Westfälisches Institut für Wirtschaftsforschung (Hrsg.) [V], „RWI-Konjunkturberichte". Berlin, Jg. 42 (1991), Heft 2, S. 67f.

Rheinisch-Westfälisches Institut für Wirtschaftsforschung (Hrsg.) [VI], Analyse der strukturellen Entwicklung der deutschen Wirtschaft. RWI-Strukturberichterstattung 1987. Band 5: Auswirkungen der demographischen Entwicklung auf Wachstum, Strukturwandel und das Angebot staatlicher Leistungen. Gutachten im Auftrag des Bundesministers für Wirtschaft (Bearb.: H.D. von Loeffelholz.) Essen 1988.

Rheinisch-Westfälisches Institut für Wirtschaftsforschung und Institut für Politikwissenschaft der Universität Münster (Hrsg.), Kosten der Nichtintegration ausländischer Zuwanderer. Gutachten im Auftrag des Ministeriums für Arbeit, Gesundheit und Soziales des Landes Nordrhein-Westfalen. (Bearb.: H.D. von Loeffelholz, D. Thränhardt und A. Gieseck.) Düsseldorf 1996.

Rohr, K. und G. Heyer, Differenzierte Betrachtung. „Bundesarbeitsblatt", Bonn, Jg. 1996, Heft 6, S. 9ff.

Rötheli, T.F., Exogenes und endogenes Wachstum: ein Streifzug. „Jahrbuch für Sozialwissenschaften", Göttingen, Jg. 44 (1993), S. 2ff.

Sachverständigenrat zur Begutachtung der gesamtwirtschaftlichen Entwicklung, Reformen voranbringen. Jahresgutachten 1996/97. Bonn 1996.

Sandbrink, S., Die Beschäftigung von osteuropäischen Werkvertrags-Arbeitnehmern in der BRD: Vorstellung des Forschungsprojekts. In: T. Faist u.a. (Hrsg.), S. 94ff.

Santel, B., Die Lebenslage junger Migranten: Zur Problematik der „Dritten Generation“. In: Forschungsinstitut der Friedrich-Ebert-Stiftung (Hrsg.), Die dritte Generation. (Gesprächskreis Arbeit und Soziales, Nr. 55) Bonn 1995, S. 7ff.

Sassen, S., Migranten, Siedler, Flüchtlinge. Von der Massenauswanderung zur Festung Europa. Frankfurt a.M. 1996.

Schewe, E., Aktuelle Fragen zur Rentenversicherung. „Sozialer Fortschritt“, Berlin, Jg. 45 (1996), Heft 3, S. 80ff.

Schlesinger, A.M., Jr., The Disuniting of America. Reflections on a Multicultural Society. New York, 1993.

Schmähl, W., Funktionsgerechte Finanzierung der Sozialversicherung: ein zentrales Element einer Entwicklungsstrategie für den deutschen Sozialstaat – Begründungen und quantitative Dimension. „Deutsche Rentenversicherung“, Frankfurt a.M., Jg. 1995, S. 612.

Schmidt, B.B., Zur Entwicklung der Situation und zur beruflichen Integration von Ausländern in der Bundesrepublik Deutschland. „Informationen zur Raumentwicklung“, Bonn, Jg. 1991, S. 405ff.

Schrumpf, H., Zur Entwicklung der Zahl der Selbständigen in der Bundesrepublik Deutschland. „RWI-Mitteilungen“, Berlin, Jg. 37/38 (1986/87), S. 480ff.

Schumpeter, J., Theorie der wirtschaftlichen Entwicklung. 2. Auflage, München und Leipzig 1926.

Seffen, A., Versicherungsfremde Leistungen 1994. „IW-Trends“, Köln, 1996, Nr. 1.

Seifert, W. [I], Neue Zuwanderergruppen auf dem deutschen Arbeitsmarkt. Eine Analyse der Arbeitsmarktchancen von Aussiedlern, ausländischen Zuwanderern und ostdeutschen Übersiedlern. „Soziale Welt“, Göttingen, Jg. 47 (1996), S. 180ff.

Seifert, W. [II], Berufliche und ökonomische Mobilität ausländischer Arbeitnehmer – Längsschnittanalysen mit dem Sozio-Ökonomischen Panel. In: H. Werner und W. Seifert (Hrsg.), S. 7ff.

Seifert, W. [III], „Alte“ und „neue“ Zuwanderergruppen auf dem Arbeitsmarkt, 1990–1995. In: T. Faist u.a. (Hrsg.), S. 54ff.

Seifert, W. [IV], Die Mobilität der Migranten. Berlin 1995.

Seifert, W., (Hrsg.), Wie Migranten leben – Lebensbedingungen und soziale Lage der ausländischen Bevölkerung in der Bundesrepublik. (Wissenschaftszentrum Berlin für Sozialforschung Abt. Sozialstruktur und Sozialberichterstattung, FS III 95–401.) Berlin 1995.

Serow, W.J., The Impact of Population Change on Consumption. In: G. Steinmann (Ed.), Economic Consequences of Population Change in Industrial Countries. Berlin 1984, S. 175ff.

Simon, J.L. [I], The Economic Consequences of Immigration. Cambridge, MA, 1989.

Simon, J.L. [II], The Economics of Population Growth. Princeton, NJ, 1977.

Smith, J.P. and B. Edmonston (Eds.), The New Americans: Economic, Demographic, and Fiscal Effects of Immigration. Washington, D.C., 1997

Sommer, B., Entwicklung der Bevölkerung bis 2040. Ergebnis der achten koordinierten Bevölkerungsvorausberechnung. „Wirtschaft und Statistik", Stuttgart, Jg. 1994, S. 497ff.

Standfest, E., Erste Ergebnisse aus dem Prognos-Gutachten. „Deutsche Rentenversicherung", Frankfurt a.M., Jg. 1995, S. 12ff.

Statistisches Bundesamt (Hrsg.) [I], Bevölkerungsentwicklung 1994. „Wirtschaft und Statistik", Stuttgart, Jg. 1995, S. 880ff.

Statistisches Bundesamt (Hrsg.) [II], Im Blickpunkt: Ausländische Bevölkerung in Deutschland. Stuttgart 1995.

Statistisches Bundesamt (Hrsg.) [III], Statistisches Jahrbuch für die Bundesrepublik Deutschland 1996. Wiesbaden 1996.

Statistisches Bundesamt (Hrsg.) [IV], Stand und Entwicklung der Erwerbstätigkeit. (Fachserie 1: Bevölkerung und Erwerbstätigkeit, Reihe 4.1.1.) Stuttgart, verschiedene Jahrgänge.

Statistisches Bundesamt (Hrsg.) [V], Haushalte und Familien 1993. (Fachserie 1: Bevölkerung und Erwerbstätigkeit, Reihe 3.) Stuttgart 1995, S. 228ff.

Statistisches Bundesamt (Hrsg.) [VI], Wohngeld im früheren Bundesgebiet 1992. (Fachserie 13: Sozialleistungen, Reihe 4.) Stuttgart 1994.

Straubhaar, T. und R. Weber, On the Economics of Immigration: Some Empirical Evidence for Switzerland. „Internationale Review of Applied Economics", Oxford, vol. 8 (1994), no. 2, S. 107ff.

Taureg, U. und T. Weiß, Der kurzfristige Nachfrageimpuls des Zustroms von Aus- und Übersiedlern. „RWI-Mitteilungen", Berlin, Jg. 41 (1990), S. 178ff.

Tegtmeier, W., Umbau des Sozialsystems für eine wettbewerbsfähige Wirtschaft. „IfO-Schnelldienst", Berlin und München, Jg. 49 (1996), Nr. 24, S. 6ff.

Tessaring, M., Langfristige Tendenzen des Arbeitskräftebedarfs nach Tätigkeiten und Qualifikationen in den alten Bundesländern bis zum Jahre 2010. „Mitteilungen aus der Arbeitsmarkt- und Berufsforschung", Stuttgart, Jg. 27 (1994), S. 5ff.

Thränhardt, D. [I], Ausländerinnen und Ausländer in Nordrhein-Westfalen. Die Lebenslage der Menschen aus den ehemaligen Anwerbeländern und die Handlungsmöglichkeiten der Politik. (Landessozialbericht, Band 6.) Neuss 1994.

Thränhardt, D. [II], Keine Unterschichtung aber politische Herausforderungen. Bericht über die Lebenslage der Einwanderer aus Anwerbeländern in Nordrhein-Westfalen. In: W. Seifert (Hrsg.), S. 93ff.

U.S. Bureau of Census (Ed.), Statistical Abstract of the United States: 1993 (113th Ed.) Washington, D.C., 1993.

Ulrich, R., Der Einfluß der Zuwanderung auf die staatlichen Einnahmen und Ausgaben in Deutschland. „Acta Demographica", Heidelberg, vol. 12 (1992), S. 189ff.

Ulrich, R., The Impact of Foreigners on the Public Purse. In: S. Spencer (Ed.), Immigration as an Economic Asset. Stoke-on-Trent 1994, S. 65ff.

Unterrichtung durch die Bundesregierung, Rentenversicherungsbericht 1994. Gutachten des Sozialbeirats zum Rentenversicherungsbericht 1994. (Deutscher Bundestag, Drucksache 12/8309.) Bonn 1994.

Velling, J., Immigration und Arbeitsmarkt. (Schriftenreihe des ZEW, Band 6.) Baden-Baden 1995.

Verband Deutscher Rentenversicherungsträger (Hrsg.) [I], Rentenversicherung in Zahlen 1996. Frankfurt a.M. 1996.

Verband Deutscher Rentenversicherungsträger (Hrsg.) [II], Stellungnahme zum Entwurf eines Zweiten Gesetzes zur Änderung des Sechsten Buches Sozialgesetzbuch (Zweites SGB VI-Änderungsgesetz – 2. SGB VI-ÄndG) – BT-Drucksache 13/3697. In: Deutscher Bundestag (Hrsg.), Ausschuß für Arbeit und Sozialordnung. Ausschuß-Drucksache 13/0461, Bonn 1996, S. 9ff.

Verband Deutscher Rentenversicherungsträger (Hrsg.) [III], Rentenversicherung in Zeitreihen 1992. Frankfurt a.M. 1993.

Verband Deutscher Rentenversicherungsträger (Hrsg.) [IV], Mehr als 21 Millionen Renten Ende 1996 gezahlt. VDR Info. Nr. 3/97 vom 4. August 1997.

Vogel, D., Zuwanderung und Sozialstaat. Fiskalische Effekte der Zuwanderung – ihre Messung und Interpretation. Frankfurt a.M. 1996.

Wagner, G., Ausgewählte sozialpolitische Probleme der Eingliederung von Zuwanderern. In: J. Genosko u.a. (Hrsg.), Soziale Integration in Europa II. (Schriften des Vereins für Socialpolitik, N.F., Band 222/II.) Berlin 1996, S. 57ff.

Waldinger, R., H. Aldrich and R. Ward, Ethnic Entrepreneurs. Immigrant Business in Industrial Societies. Newbury Park, CA, 1990.

Wehrmann, M., Auswirkungen der Ausländerbeschäftigung auf die Volkswirtschaft der Bundesrepublik Deutschland in Vergangenheit und Zukunft. Baden-Baden 1989.

Weidenfeld, W., America and Europe: Is the Break Inevitable? Gütersloh 1996.

Werner, H. [I], Befristete Zuwanderung von ausländischen Arbeitnehmern – Dargestellt unter besonderer Berücksichtigung der Ost-West-Wanderungen. „Mitteilungen aus der Arbeitsmarkt- und Berufsforschung", Stuttgart, Jg. 29 (1996), S. 36ff.

Werner, H. [II], Integration ausländischer Arbeitnehmer in den Arbeitsmarkt – Deutschland, Frankreich, Niederlande, Schweden. In: H. Werner und W. Seifert (Hrsg.), S. 85ff.

Werner, H. und W. Seifert (Hrsg.), Die Integration ausländischer Arbeitnehmer in den Arbeitsmarkt. (Beiträge zur Arbeitsmarkt- und Berufsforschung, Nr. 178.) Nürnberg 1994.

Wolter, F., Kapitalmangel und Unterbeschäftigung in der Weltwirtschaft. In: „Kapital und Wachstum in den achtziger Jahren", Beihefte der Konjunkturpolitik, Heft 30, Berlin 1983, S. 9ff.

Zentrum für Türkeistudien (Hrsg.), Nur der Wandel hat Bestand – Ausländische Selbständige in Deutschland. Essen 1995.

Zimmermann, H., und K.-D. Henke, Finanzwissenschaft. Eine Einführung in die Lehre von der öffentlichen Finanzwirtschaft. 7. Auflage, München 1994.

Zimmermann, K.F., Ökonomische Konsequenzen der Migration für den heimischen Arbeitsmarkt. (Münchener wirtschaftswissenschaftliche Beiträge, Nr. 93-16) München 1993.

Zimmermann, K.F., Migration Pressure in Germany: Past and Future. (Münchener wirtschaftswissenschaftliche Beiträge, Nr. 91/24.) München 1991.